体系转化

“毛泽东思想和中国特色社会主义理论体系概论”混合式教学研究

马进军 主编

燕山大学出版社

·秦皇岛·

图书在版编目（CIP）数据

体系转化：“毛泽东思想和中国特色社会主义概论”混合式教学研究 / 马进军主编. 一秦皇岛：燕山大学出版社，2022.6（2026.1 重印）

ISBN 978-7-5761-0267-3

Ⅰ. ①体… Ⅱ. ①马… Ⅲ. ①毛泽东思想－教学研究－高等学校②中国特色社会主义－社会主义建设模式－教学研究－高等学校 Ⅳ. ① A84 ② D616

中国版本图书馆 CIP 数据核字（2022）第 058991 号

体系转化——“毛泽东思想和中国特色社会主义概论”混合式教学研究

马进军　主编

出 版 人：陈　玉
责任编辑：宋梦潇　　策划编辑：裴立超
责任印制：吴　波　　封面设计：刘馨泽
出版发行：燕山大学出版社 YANSHAN UNIVERSITY PRESS
地　　址：河北省秦皇岛市河北大街西段 438 号
邮政编码：066004　　电　　话：0335-8387555
印　　刷：廊坊市印艺阁数字科技有限公司　　经　　销：全国新华书店

尺　　寸：170mm×240mm 1/16　　印　　张：16.75
版　　次：2022 年 6 月第 1 版　　印　　次：2026 年 1 月第 2 次印刷
书　　号：ISBN 978-7-5761-0267-3　　字　　数：255 千字
定　　价：68.00 元

前　言

2019 年 3 月 18 日，习近平总书记在学校思想政治理论课教师座谈会上指出：思政课是落实立德树人根本任务的关键课程。办好思政课，要放在世界百年未有之大变局、党和国家事业发展全局中来看待，要从坚持和发展中国特色社会主义、建设社会主义现代化强国、实现中华民族伟大复兴的高度来对待。“毛泽东思想和中国特色社会主义理论体系概论”是一门融思想性、政治性、知识性、综合性和实践性为一体的课程。本课程以马克思主义中国化为主线，集中阐述马克思主义中国化理论成果的主要内容、精神实质、历史地位和指导意义，充分反映中国共产党不断推进马克思主义基本原理与中国具体实际相结合的历史进程和基本经验；以马克思主义中国化最新成果为重点，全面把握中国特色社会主义进入新时代，系统阐释习近平新时代中国特色社会主义思想的主要内容和历史地位，充分反映建设社会主义现代化强国的战略部署。《体系转化——“毛泽东思想和中国特色社会主义理论体系概论”混合式教学研究》一书紧紧围绕推进习近平新时代中国特色社会主义思想进教材、进课堂、进头脑，以有效实现教材体系向教学体系转化为目标，坚持政治引领和价值引领，坚持问题导向和目标导向相结合，精准把握为思政课教师教学服务的定位，致力于满足教师教学需要，为教师提供教学建议、教学方案、教学方法和教学拓展资料。本书撰写过程中，注重从整体上阐释马克思主义中国化理论成果，既体现马克思主义中国化理论成果形成和发展的历史逻辑，又体现这些理论成果的理论逻辑；既体现马克思主义中国化理论成果的整体性，又体现各个理论成果的重点和难点，力求全面准确地理解毛泽东思想和中国特色社会主义理论体系，尤其是马克思主义中国化的最新成果——习近平新时代中国特色社会主义思想，引导学生增强中国特色社会主义道路自信、理论自信、制度自信、文化自信，努力培养德智体美劳全面发展的社会主义建设者和接班人。

本书是河北科技大学马克思主义学院近年来深化思想政治理论课教学改革成果之一。根据“概论”课教学内容与学生实践紧密相连的特点，我们围绕知识目标、价值目标、能力目标对教学内容进行了整体优化，为教师提供了大量的教学参考资料和教学优化方案。本书的内容通过三个模块呈现：

1. 教学概况

教学概况由本章概述、学时安排、教学目的与教学目标、教材分析、重点难点、教学设计等部分组成。目的在于通过对教材内容的分析与梳理，为教师提供清晰的教学线索。

2. 教学优化

教学优化是以教材的章节为依据，结合教材内容和在线开放课程特点撰写的教案。作者准确把握教材内容，以学生为中心，将国家要求与大学生成长需求和普遍关心的问题相结合，用贴近社会生活实际的语言导入教学，辅以生动、鲜活的案例，为教师提供了教学详案。结合教学设计，有效实现了线上教学和线下教学的有机结合。

3. 教学拓展

教学拓展由课后思考、备课参考、实践活动三部分组成。课后思考和备课参考尊重了教材内容的完整性，并依据马克思主义理论研究和建设工程重点教材配套用书《毛泽东思想和中国特色社会主义理论体系概论》进行了适当补充，重点在于为教师提供丰富的备课资料。实践活动目的在于为教师课后组织学生实践活动提供参考方案。

我们期待这本优化方案有厚重、实用之感，能够成为促进教师创造性、高质量完成教学任务的好帮手，由于水平和能力的限制，可能会有这样或那样的不足，恳切欢迎同行的教师和朋友们提出建设性的意见，帮助我们提高和完善。

甘玲

2022 年 1 月 23 日

目　录

导　论

第一部分　教学概况

本章概述	导论主要包含三个方面的内容：一、“马克思主义中国化”的提出及其内涵；二、马克思主义中国化的理论成果；三、学习本课程的要求和方法。
学时安排	理论学时 2 学时（含课堂活动）
教学目的与教学目标	“毛泽东思想和中国特色社会主义理论体系概论”是学习把握马克思主义中国化理论成果的必修课程，是深刻领会习近平新时代中国特色社会主义思想的重要课程，是提高中国特色社会主义道路自信、理论自信、制度自信、文化自信的重要途径，是提高运用马克思主义世界观、方法论思考问题、分析问题和解决问题能力的重要课程。 通过导论的学习，熟习课程性质和主要内容，掌握马克思主义中国化的科学内涵，理解马克思主义中国化两大理论成果及其关系，把握学习课程的主要方法和基本要求。本课程是教育部规定的高校思想政治理论系列课程之一。 本章可将教学目标分为知识、价值、能力三个目标。 知识目标：理解马克思主义中国化科学内涵、马克思主义中国化的两大理论成果。 价值目标：提高中国特色社会主义道路自信、理论自信、制度自信、文化自信。 能力目标：掌握理论联系实际的基本分析方法。

本章 教材分析	理解导论内容是学习本课程的基础，掌握马克思主义中国化科学内涵是理解毛泽东思想和中国特色社会主义理论体系的钥匙。本课程内容涵盖马克思主义中国化、毛泽东思想、邓小平理论、“三个代表”重要思想、科学发展观、习近平新时代中国特色社会主义思想。本课程以马克思主义中国化为主线，集中阐述马克思主义中国化理论成果的主要内容、精神实质、历史地位和指导意义；充分反映中国共产党不断推进马克思主义基本原理与中国具体实际相结合的历史进程和基本经验；以马克思主义中国化最新成果为重点，系统阐释习近平新时代中国特色社会主义思想的主要内容和历史地位，充分反映建设社会主义现代化强国的战略部署。 讲好导论这一部分，实现教学目的，达成教学要求，主要讲清三个问题：一是讲清马克思主义中国化的科学内涵。马克思主义是关于自然界、人类社会、人类思维发展的一般规律的理论体系，马克思主义只有中国化才能救中国、发展中国、发展中国特色社会主义。只有对马克思主义中国化的科学内涵完全准确地了解和把握，才能真正理解学习本课程的意义，掌握学习本课程的钥匙。二是讲清马克思主义中国化的两大理论体系的内容。本课程主要掌握马克思主义中国化的两大理论体系——“毛泽东思想”“中国特色社会主义理论体系”的主要内容，使学生掌握指导中国特色社会主义建设的科学理论。导论必须把马克思主义中国化的历史进程及两大理论体系相关知识讲清楚，为学生学习本课程内容打好基础。三是讲清本教材的体系结构和基本学习方法。本教材由三部分构成，讲清三部分的关系及在中国特色社会主义发展进程的指导作用。让学生真正领会学好本课程的基本方法——理论联系实际。
教学 重点难点	教学重点：马克思主义中国化的科学内涵；马克思主义中国化的两大理论体系——毛泽东思想和中国特色社会主义理论体系；毛泽东思想、邓小平理论、“三个代表”重要思想、科学发展观、习近平新时代中国特色社会主义思想，在新中国建立、中国特色社会主义发展中的历史性作用。 教学难点：认识和理解马克思主义中国化的科学内涵；理解毛泽东思想和中国特色社会主义理论体系的辩证关系；理解理论联系实际的学习方法和基本途径；切实提高政治站位和学习本课程的重要意义。

教学设计	采用线上和线下混合式教学方法。本课程线上教学在中国大学 MOOC 平台。 1. 开学第一课，指导学生完成慕课的注册、认证和选课。 2. 利用 QQ、课堂派、微信等平台，建师生互动交流群，并组织学生加群。 3. 介绍本课程的线上、线下的学习及考核方式。 线下教学专题：马克思主义中国化及其理论成果。 一、什么是马克思主义？如何看待认识马克思主义？ 二、为什么要实现马克思主义中国化？ 三、什么是马克思主义中国化？ 四、马克思主义中国化有哪些理论成果？ 五、本课程体系结构、学习方法介绍。

第二部分　教学转化

导 论 马克思主义中国化的历史进程与理论成果

同学们，大家好！欢迎大家来学习河北科技大学马克思主义学院开设的“毛泽东思想和中国特色社会主义理论体系概论”。

同学们，中国共产党从成立之日起就把马克思主义作为指导思想。马克思主义是我们认识世界、把握规律、追求真理、改造世界的强大思想武器，它是科学的理论、人民的理论、实践的理论、不断发展的开放的理论。马克思主义深刻改变了中国。中国革命、建设、改革开放的历史和现实反复证明，马克思主义只有中国化才能在中国大地上闪耀真理光芒，也只有实现中国化才能救中国、发展中国、发展社会主义。

学好这门课的关键是要充分把握“马克思主义中国化”这一知识。

我们要从以下两个方面来理解：

一、"马克思主义中国化"的提出及其内涵

首先，是马克思主义给中华民族带来了希望。

1840 年鸦片战争以后，中国逐步沦为半殖民地半封建社会，中华民族遭受了前所未有的劫难。

中国社会向何处去？中国的出路究竟在哪里？到底哪种理论和主义才能解决中国的实际问题，才能指导中国革命改变旧中国的社会性质和中国人民的悲惨命运呢？ 历史的答案是：中国化的马克思主义。

十月革命一声炮响，给中国送来了马克思列宁主义，给苦苦探寻救亡图存出路的中国人民指明了前进方向、提供了全新选择。在马克思列宁主义同中国工人运动的紧密结合中，中国共产党于 1921 年应运而生。中国共产党一经诞生，就把为中国人民谋幸福、为中华民族谋复兴确立为自己的初心使命。一百年来，中国共产党团结带领中国人民进行的一切奋斗、一切牺牲、一切创造，归结起来就是一个主题：实现中华民族伟大复兴。

其次，只有中国化的马克思主义才能指引我们实现中华民族伟大复兴。

为了实现中华民族伟大复兴，中国共产党努力探索马克思主义同中国革命实际的结合。以毛泽东为主要代表的中国共产党人逐渐认识到，面对中国的特殊国情，不能教条式地对待马克思列宁主义，必须从中国实际出发，实现马克思主义中国化，并坚持不懈地进行探索。

1938 年，毛泽东在党的六届六中全会上作了《论新阶段》的报告，强调："没有抽象的马克思主义，只有具体的马克思主义。……马克思主义的中国化，使之在其每一表现中带着中国的特性，即是说，按照中国的特点去应用它，成为全党亟待了解并亟须解决的问题。"这标志着"马克思主义中国化"这一命题的正式提出，并成为我党的自觉行为。

再次，马克思主义中国化的内涵主要体现在三个方面。

马克思主义中国化就是坚持把马克思主义基本原理同中国具体实际相结合、同中华优秀传统文化相结合，运用马克思主义的立场、观点、方法研究和解决中国革命、建设、改革中的实际问题；就是总结和提炼中国革命、建设、

改革的实践经验，从而认识和掌握客观规律，为马克思主义理论宝库增添新的内容；就是运用中国人民喜闻乐见的民族语言来阐述马克思主义理论，使之成为具有中国特色、中国风格、中国气派的马克思主义。

最后，马克思主义为什么必须中国化。

马克思主义中国化既是解决中国实际问题的客观需要，又是马克思主义理论本身发展的内在要求。马克思主义只有实现中国化，解决中国的实际问题，才能体现其科学性和生命力，彰显其强大力量。实践证明，中国共产党为什么能，中国特色社会主义为什么好，归根到底是因为马克思主义行！

二、马克思主义中国化的理论成果

（一）马克思主义中国化实现了两次历史性飞跃

中国共产党的历史，是一部不断推进马克思主义中国化的历史，是一部不断推进理论创新、进行理论创造的历史。在中国革命、建设、改革的历史进程中，马克思主义中国化实现了两次历史性飞跃，形成了毛泽东思想和中国特色社会主义理论体系。

（二）毛泽东思想使中华民族站起来

在革命和建设的长期实践中，以毛泽东为主要代表的中国共产党人，把马克思列宁主义的基本原理同中国具体实际结合起来，创立了毛泽东思想。毛泽东思想是被实践证明了的关于中国革命和建设的正确的理论原则和经验总结，是中国共产党集体智慧的结晶。在毛泽东思想的指导下，中国共产党团结带领中国人民，浴血奋战、百折不挠，创造了新民主主义革命的伟大成就，建立了人民当家作主的中华人民共和国，实现了民族独立、人民解放。中国共产党和中国人民以英勇顽强的奋斗向世界庄严宣告，中国人民站起来了，中华民族任人宰割、饱受欺凌的时代一去不复返了！

新中国成立后，在毛泽东思想的指导下，中国共产党团结带领中国人民创造了社会主义革命和建设的伟大成就，实现了中华民族有史以来最为广泛而深刻的社会变革，实现了一穷二白、人口众多的东方大国大步迈进社会主义社会的伟大飞跃，为实现中华民族伟大复兴奠定了根本政治前提和制度基础。中国共产党和中国人民以英勇顽强的奋斗向世界庄严宣告，中国人民不但善于破坏一个旧世界，也善于建设一个新世界，只有社会主义才能救中国，只有社会主义才能发展中国！

（三）邓小平理论、“三个代表”重要思想、科学发展观使中华民族富起来

1978 年召开的党的十一届三中全会，实现了新中国成立以来党的历史上具有深远意义的伟大转折，重新确立了实事求是的思想路线，开启了改革开放和社会主义现代化建设历史新时期。以邓小平为主要代表的中国共产党人，在总结社会主义建设、改革开放经验的基础上，鲜明地回答了什么是社会主义、怎样建设社会主义这个首要的基本的理论问题，逐步形成了建设中国特色社会主义的路线、方针、政策，阐明了在中国建设社会主义、巩固和发展社会主义的基本问题，创立了邓小平理论，开辟了建设中国特色社会主义的正确道路，推进了马克思主义的中国化。

20 世纪 80 年代末 90 年代初，面对严峻复杂的国内外形势，以江泽民为主要代表的中国共产党人，在建设中国特色社会主义的实践中，加深了对什么是社会主义、怎样建设社会主义和建设什么样的党、怎样建设党的认识，形成了“三个代表”重要思想，成功把中国特色社会主义推向了 21 世纪。

进入 21 世纪，以胡锦涛为主要代表的中国共产党人，在全面建设小康社会进程中，不断推进实践创新、理论创新、制度创新，根据新的发展要求，深刻认识和回答了新形势下实现什么样的发展、怎样发展等重大问题，形成了科学发展观，在新的历史起点上坚持和发展了中国特色社会主义。

从党的十一届三中全会到十八大，中国共产党高举中国特色社会主义伟大旗帜，团结带领中国人民，解放思想、锐意进取，创造了改革开放和社会主义现代化建设的伟大成就，为实现中华民族伟大复兴提供了充满新的活力的体制保证和快速发展的物质条件。中国共产党和中国人民以英勇顽强的奋斗向世界庄严宣告，改革开放是决定当代中国前途命运的关键一招，中国大踏步赶上了时代！

（四）习近平新时代中国特色社会主义思想必将使中华民族强起来

党的十八大以来，以习近平为主要代表的中国共产党人从理论和实践结合上系统回答了新时代坚持和发展什么样的中国特色社会主义、怎样坚持和发展中国特色社会主义这个重大时代课题，创立了习近平新时代中国特色社会主义思想。在习近平新时代中国特色社会主义思想的指导下，中国共产党团结带领中国人民，自信自强、守正创新，统揽伟大斗争、伟大工程、伟大事业、伟大梦想，创造了新时代中国特色社会主义的伟大成就，为实现中华民族伟大复兴提供了更为完善的制度保证、更为坚实的物质基础、更为主动的精神力量。中国共产党和中国人民以英勇顽强的奋斗向世界庄严宣告，中华民族迎来了从站起来、富起来到强起来的伟大飞跃，实现中华民族伟大复兴进入了不可逆转的历史进程！

毛泽东思想和中国特色社会主义理论体系，都是马克思主义中国化的理论成果，都是中国化的马克思主义，它们同马克思列宁主义一起，是中国共产党长期坚持的指导思想和全国各族人民团结奋斗的共同思想基础。2018 年，十三届全国人大一次会议通过的宪法修正案把马克思列宁主义、毛泽东思想、邓小平理论、“三个代表”重要思想、科学发展观、习近平新时代中国特色社会主义思想共同确立为国家指导思想。

最后，要强调的一点是，我们在学习过程中，必须紧紧把握好马克思主义中国化这条主线，深刻理解把握马克思主义中国化理论成果的主要内容、精神实质、历史地位和指导意义。通过学习，不断提高运用马克思主义立场、观点和方法认识问题、分析问题和解决问题的能力。

第三部分　教学拓展

一、课后思考

1. 马克思主义中国化的必然性和科学内涵是什么？

2. 马克思主义中国化的理论成果有哪些？如何理解它们之间的辩证关系？

3. 你认为如何才能学好这门课程。

二、备课参考

1. 习近平：《在哲学社会科学工作座谈会上的讲话》，人民出版社 2016 年版。

2. 习近平：《在纪念马克思诞辰 200 周年大会上的讲话》，新华网 2018 年 5 月 4 日。

3.《〈毛泽东思想和中国特色社会主义理论体系概论〉辅导用书》，高等教育出版社 2020 年版。

三、实践活动

1. 主题讨论

内容：当代大学生对马克思主义要真学真信真用，如何理解马克思主义中国化时代化大众化？

目的：树立马克思主义信仰，科学理解马克思主义中国化时代化大众化的科学内涵的要求。

操作：以宿舍或小组为单位，指定召集人 1 名；认真准备，积极发言，写实记录；在讨论的基础上，撰写小组总结，进行班级交流。

2. 组建学习团队

目的：组建学习团队，通过同学之间的互帮互学，共同提高学习效果。

操作：

（1）分小组。同学自愿组建学习小组，小组成员以 8 ～ 10 人为宜，选出小组长。

（2）小组起名字并制定学习目的和要求。小组长负责组织，要求小组成员群策群力，为团队起名字并制定小组活动守则。

（3）根据教师要求和教材内容设定本学期小组学习的主要任务和内容，达到学习目的。

第一章　毛泽东思想及其历史地位

第一部分　教学概况

本章概述	本章主要包含了三个方面的内容：一、毛泽东思想的形成和发展；二、毛泽东思想的主要内容和活的灵魂；三、毛泽东思想的历史地位。
学时安排	理论学时 6 学时（含课堂活动）
教学目的与教学目标	通过本章的讲授，让青年学生全面深刻把握毛泽东思想的科学内涵、发展历程、主要内容以及活的灵魂等，引导学生确立实事求是的思维方法论，运用辩证唯物主义和历史唯物主义的立场、观点和方法科学评价毛泽东及毛泽东思想的历史地位。 知识目标：掌握毛泽东思想的主要内容和活的灵魂。 价值目标：提高学生理论水平，培养学生分析问题和解决问题能力。 能力目标：运用实事求是方法论正确评价毛泽东。

本章 教材分析	本章主要讲授的是毛泽东思想及其历史地位。毛泽东思想是马克思主义中国化的第一个重大理论成果，是中国革命和建设的科学指南，是中国共产党和中国人民宝贵的精神财富，是党的指导思想的重要组成部分。对于中华民族在21世纪的振兴和长远发展，毛泽东思想仍然具有重要的时代价值和指导作用。由于我们现在所处的时代和毛泽东所处的时代已经有了很大的不同，因此，在学习、研究毛泽东思想时，应该力求完整、准确地理解毛泽东思想，掌握毛泽东思想的科学体系，深刻领会它的精神实质，着重学习其中的立场、观点和方法，并运用这些立场、观点和方法研究实践中出现的新情况，解决新问题。 讲好本章，必须讲清楚以下四个问题：一是讲清楚毛泽东思想科学内涵。结合马克思主义中国化的历史，梳理“毛泽东思想”这一科学概念的形成过程，介绍中共中央两次会议对毛泽东思想科学内涵的概括；以《关于建国以来党的若干历史问题的决议》和党的十二大通过的党章的界定为依据，紧扣“马克思列宁主义”“运用”“发展”“中国革命”“建设”“正确”“集体”等关键词，对毛泽东思想的科学涵义进行深入分析，讲清毛泽东思想同毛泽东个人的思想的关系。二是讲清楚毛泽东思想形成发展的历史必然性。系统阐述毛泽东思想形成发展的时代背景、实践基础和理论渊源；列举并概要阐明毛泽东思想在不同发展阶段的最具代表性的创新成果。三是讲清楚毛泽东思想主要内容和“活的灵魂”。梳理毛泽东思想六个方面的内容，系统阐述各个内容中的核心观点和精神实质；结合马克思主义基本原理和马克思主义中国化等，把握“活的灵魂”基本内容的科学内涵、精神实质及其时代要求。四是讲清楚毛泽东思想的历史地位。突出对毛泽东和毛泽东思想评价的科学性与辩证性，明确科学评价毛泽东的重大政治意义和深远历史影响，坚持实事求是态度，采取史论结合和中外比较的方法，对“神化”“妖魔化”“非毛化”的错误思想，给予有理有据的批驳，引导学生科学评价毛泽东，完整准确地理解毛泽东思想及其历史地位。

教学 重点难点	教学重点：准确理解毛泽东思想的科学内涵；准确把握毛泽东思想活的灵魂基本内容的科学内涵、精神实质及其时代要求。 教学难点：科学评价毛泽东，完整准确地理解毛泽东思想，分析毛泽东思想和中国特色社会主义理论体系的关系，特别是毛泽东思想和习近平新时代中国特色社会主义思想的关系，阐明坚持毛泽东思想的当代价值，驳斥毛泽东思想“过时论”观点。
教学设计	采用线上和线下混合式教学方法。本课程线上教学使用中国大学MOOC平台。 线下教学专题：毛泽东思想及其历史地位。 一、毛泽东思想的形成和发展； 二、毛泽东思想的主要内容和活的灵魂； 三、毛泽东思想的历史地位。

第二部分　教学转化

第一节　毛泽东思想的形成和发展

一、毛泽东思想的科学内涵

关于毛泽东思想科学内涵，可以从两方面来把握，一是这个科学概念是怎么提出来的？二是这个科学概念的含义是什么？如何理解？

（一）毛泽东思想科学概念的提出

毛泽东思想的科学概念是在中国革命和建设的不断实践中逐步形成的。早在延安时期，党的理论工作者张如心首先使用了“毛泽东同志的思想”这一概念。1941 年 3 月，张如心在《共产党人》杂志上发表了《论布尔什维克的教育家》一文，使用了“毛泽东同志的思想”这一提法。在此期间，1941 年 9 月至 10 月中共中央召开政治局扩大会议，与会的一些同志，充分肯定和高度赞扬毛泽东和他的理论对中国共产党和中国革命的重大意义。1942 年 7 月，为纪念中国共产党成立 21 周年，朱德发表文章指出，我们党已经在革命的实践中创造了指导革命的中国化的马克思列宁主义理论，已经有了自己的领袖毛泽东同志。陈毅发表文章阐述了毛泽东对马克思主义中国化的历史贡献，认为毛泽东的正确的思想体系已经开始确立。

王稼祥率先在党内提出了毛泽东思想这个概念并给予了科学的定义。1943 年 7 月 5 日，王稼祥在纪念中国共产党成立 22 周年而作的《中国共产党与中国民族解放的道路》一文中第一次提出了毛泽东思想这个概念。他说：毛泽东思想就是中国的马克思列宁主义，中国的布尔什维克主义，中国的共产主义。毛泽东思想这个概念由王稼祥初次提出后，逐步为党内许多人所接受。

总之，毛泽东思想这个概念在七大正式提出之前，党内已经有了较长时间的酝酿，许多党的领导人和党的理论工作者对这一概念从不同的角度和深度上作了阐述。

我们党正式提出毛泽东思想这个概念并把它确立为党的指导思想的是党的七大。1945 年 4 月 23 日至 6 月 11 日，中国共产党在延安召开了党的第七次全国代表大会，大会的主要功绩之一就是对毛泽东思想这个科学概念进行完整的概括和系统的阐述，并把它确立为我们党的指导思想。七大通过的党章规定："中国共产党，以马克思列宁主义的理论与中国革命的实践之统一的思想——毛泽东思想，作为自己一切工作的指针"。刘少奇在七大所作的《关于修改党章的报告》对毛泽东思想作了科学定义和系统阐述。

党的十一届六中全会对毛泽东思想下了完整科学的定义。1981 年 6 月，党的十一届六中全会通过的《关于建国以来党的若干历史问题的决议》，根据新的时代要求，从新的历史高度和认识水平出发，给毛泽东思想下了一个完整的科学定义。决议指出："以毛泽东同志为主要代表的中国共产党人根据马克思列宁主义的基本原理，把中国长期革命实践中的一系列独创经验作了理论概括，形成了适合中国情况的科学的指导思想，这就是马克思列宁主义普遍原理和中国革命具体实践相结合的产物——毛泽东思想。毛泽东思想是马克思列宁主义在中国的运用和发展，是被实践证明了的关于中国革命的正确的理论原则和经验总结，是中国共产党集体智慧的结晶。”1982 年，党的十二大将上述概括中的第二句话改为“是被实践证明了的关于中国革命和建设的正确的理论原则和经验总结”。

（二）毛泽东思想的概念

这个概念包括三个要点：

第一，毛泽东思想是马克思列宁主义在中国的运用和发展。

这句话是从毛泽东思想与马克思列宁主义的辩证关系角度上来说的。毛泽东思想是建立在马克思列宁主义的理论基础之上的。马克思列宁主义、毛泽东思想是一个统一的整体，毛泽东思想本身就包含了马克思列宁主义的基本原理，是马克思列宁主义基本原理在中国的具体运用和发展。同时，毛泽东思想不是马克思列宁主义的简单运用和发展，而是马克思列宁主义的中国化。毛泽东思想是在马克思列宁主义的基本原理指导下，具体分析中国革命和建设实际，正确解决中国革命和建设的一系列基本问题的理论成果。这些理论成果既是中国的，也是马克思列宁主义的，是适合中国情况的马克思列宁主义。毛泽东思想以中国共产党人特有的立场、观点和方法，丰富和发展了马克思列宁主义的世界观和方法论。

第二，毛泽东思想是被实践证明了的关于中国革命和建设的正确的理论原则和经验总结。

这句话强调的是毛泽东思想的正确性和科学性，说明毛泽东思想是已被实践证明了的关于中国革命和建设的正确的理论原则和经验总结。这些正确的理论原则和经验总结，揭示了中国革命和建设的客观规律，是在人民的实践中反复证明了的科学真理。只有被实践证明了的科学真理，才属于毛泽东思想。反之，如果被实践证明了是错误的理论，就不属于毛泽东思想的范畴，包括毛泽东的著作、言论和党的文件、决议等。

这里有一个问题必须正确认识，就是要把毛泽东思想和毛泽东晚年的错误思想区别开来。毛泽东思想作为我们党的科学指导思想和行动指南，它不是毛泽东本人全部思想言论的总汇，而是指被实践证明了的正确的理论原则和经验总结。因此，毛泽东晚年脱离毛泽东思想科学轨道的错误的东西，经实践检验不是科学的思想和理论，不属于毛泽东思想的范畴。

第三，毛泽东思想是中国共产党集体智慧的结晶。

这句话是讲在毛泽东思想的形成和发展的过程中，毛泽东个人作用和党的集体作用的关系。在毛泽东思想的形成和发展的过程中，毛泽东的贡献最大，毛泽东思想以他的名字来命名，是理所当然的。说明毛泽东是毛泽东思想的主要创立者，毛泽东的科学思想是毛泽东思想的主要代表。但是，毛泽东思想并不纯属于毛泽东个人的思想，还包括党的其他领导人的正确思想，党的许多领导人也都为毛泽东思想的形成和发展作出过贡献。毛泽东思想是党和人民共同奋斗的结果，是党和人民集体智慧的结晶。

二、毛泽东思想形成的时代背景和实践基础

关于毛泽东思想形成发展的历史条件，可以从毛泽东思想形成发展的时代背景和实践基础两个层面来把握。

（一）毛泽东思想形成发展的时代背景

毛泽东思想是在一种什么样的时代背景下形成和发展的呢？如果用一句话来概括，那就是：20 世纪上半叶帝国主义战争与无产阶级革命的时代主题，是毛泽东思想形成的时代背景。

19 世纪末 20 世纪初，世界进入帝国主义和无产阶级革命时代，战争与革命成为时代主题。1914—1918 年间发生的第一次世界大战，是帝国主义列强之间为争夺势力范围而进行的战争。参加战争的西方国家，撕下了他们宣扬的自由、平等、博爱的面纱，拼死厮杀，造成了数以千万计的人员伤亡和亿万人民的灾难。血的事实使中国人不再迷恋于资产阶级共和国的治国方案。

就在第一次世界大战期间，列宁领导的 1917 年俄国十月革命取得了胜利，俄国工人阶级夺取了国家政权，建立了无产阶级专政的新国家。新生的苏维埃政权宣布要以平等的态度对待落后民族和被剥削被压迫的劳动群众，这就使处于黑暗中摸索的中国人民看到了人类社会发展的新曙光。

俄国十月社会主义革命的胜利，开创了历史的新纪元，使世界进入了帝国主义和无产阶级革命的新时代。处在这样时代背景之下的中国的反帝反封建

的民主革命，已经不是旧式的资产阶级民主革命，不再属于资产阶级世界革命的一部分，而是新式的资产阶级民主革命，属于无产阶级世界革命的一部分。

十月革命一声炮响，给中国送来了马克思列宁主义，帮助中国的先进分子用无产阶级的世界观作为观察自己国家命运的思想武器。中国产生了无产阶级的政党——中国共产党。中国共产党运用了马克思主义的立场、观点和方法来研究中国问题，解决中国问题，使中国革命的面貌焕然一新，为毛泽东思想的产生提供了前提条件。

以毛泽东为代表的中国共产党人领导中国革命取得胜利后，又经历了第二次世界大战后在“冷战”和两大阵营激烈对抗的国际环境中恢复国民经济、进行社会主义改造、探索社会主义建设道路的艰辛历程。毛泽东思想正是在这样的时代背景下形成和发展起来的。

（二）毛泽东思想形成发展的实践基础

毛泽东思想形成发展的实践基础是什么？党领导的革命和建设的实践是毛泽东思想形成发展的实践基础。

中国共产党成立之后，为中国人民谋幸福，为中华民族谋复兴，经历了千辛万苦的奋斗历程，有成功的宝贵经验，也有失败的惨痛教训。

中国革命经过了北伐战争的胜利和失败、土地革命战争的胜利和失败以及再走向胜利的反复比较，才有了比较完整的实践经验，才使得以毛泽东为代表的中国共产党人对中国革命规律的认识有可能完整、充分和深刻。

1962 年 1 月，毛泽东在扩大的中央工作会议上的讲话中曾经这样说：“在民主革命时期，经过胜利、失败、再胜利、再失败，两次比较，我们才认识了中国这个客观世界。在抗日战争前夜和抗日战争时期，我写了一些论文，例如《中国革命战争的战略问题》《论持久战》《新民主主义论》《〈共产党人〉发刊词》，替中央起草了一些关于政策、策略的文件，都是革命经验的总结。那些论文和文件，只有在那个时候才能产生，在以前不可能，因为没有经过大风大浪，没有两次胜利和两次失败的比较，还没有充分的经验，还不能充分认识中国革命的规律。”

同样的道理，我们党领导人民在探索中国特色社会主义建设的道路上也经历了种种磨难，有成功的喜悦，也有挫折的悲伤。

这些经验教训促使以毛泽东为主要代表的中国共产党人更加深入地思考中国革命和建设问题。毛泽东思想正是对这些经验教训进行深刻总结形成的理论成果。没有中国革命和建设的丰富实践，没有对中国革命和建设的经验的深刻总结，就不可能有毛泽东思想。正是经过长期实践的反复比较，党和人民选择了毛泽东作为自己的领袖，选择了毛泽东思想作为自己的指导思想。中国共产党领导人民进行革命和建设的成功实践是毛泽东思想形成发展的实践基础。

第二节　毛泽东思想的主要内容和活的灵魂

一、毛泽东思想的科学体系和主要内容

毛泽东思想是马克思列宁主义在中国的运用和发展，是被实践证明了的关于中国革命和建设的正确理论原则和经验总结，是党集体智慧的结晶。毛泽东思想是党的科学指导思想，它紧紧围绕中国革命和建设的主题，提出了一系列相互关联的重要理论观点，构成了一个完整的科学思想体系。

这个科学思想体系有着丰富的内容。1981 年 6 月，党的十一届六中全会通过的《关于建国以来党的若干历史问题的决议》，对毛泽东思想的科学体系作了完整、准确的概括。该决议指出，毛泽东思想具有多方面的内容，在以下几个方面，以独创性的理论丰富和发展了马克思列宁主义。这就是教材中介绍的关于新民主主义革命理论、社会主义革命和社会主义建设理论、革命军队建设和军事战略的理论、政策和策略的理论、思想政治工作和文化工作的理论、党的建设理论等六个方面。

（一）新民主主义革命理论

新民主主义革命的理论，揭示了近代中国革命发展的客观规律，解决了在一个以农民为主体的、落后的半殖民地半封建的东方大国进行革命的一系列理论问题，在当时的历史条件下科学地回答了中国革命向何处去的问题，以及中国革命的发展阶段问题，极大地丰富了马克思主义的理论宝库。

这一理论内容主要包括新民主主义革命的总路线，即无产阶级领导的，人民大众的，反对帝国主义、封建主义和官僚资本主义的革命。这条总路线反映了中国革命的基本规律，指明了中国革命的对象、动力、领导力量，是新民主主义革命的指导路线。

包括新民主主义革命道路，即农村包围城市、武装夺取政权的革命道路理论。中国革命道路的理论，反映了中国半殖民地半封建社会民主革命发展的客观规律，开辟了引导中国革命走向胜利的正确道路。

包括新民主主义革命的三大法宝，即统一战线、武装斗争、党的建设是党在中国革命中战胜敌人的三个主要的法宝。

（二）社会主义革命和社会主义建设理论

关于社会主义革命理论，主要包括：从新民主主义到社会主义转变和建立人民民主专政的理论，党在过渡时期总路线的理论，具有中国特色的社会主义改造理论等。

关于社会主义建设理论，主要包括：关于调动一切积极因素为社会主义事业服务的思想，关于社会主义社会基本矛盾的学说和正确处理两类矛盾的思想，关于走中国工业化发展道路的思想，等等。

（三）革命军队建设和军事战略的理论

主要包括关于建设一支新型的人民军队的思想，关于人民战争的思想和一系列战略战术理论，以及建设现代化国防的思想。

（四）政策和策略的理论

主要包括关于革命斗争中政策和策略极端重要性的问题，如政策和策略是党的生命；关于对敌斗争的策略方针和原则，如战略上要藐视敌人，战术上要重视敌人；要掌握斗争的主要方向，不要四面出击；对敌人要区别对待、分化瓦解，实行利用矛盾、争取多数、反对少数、各个击破的策略，并做到有理、有利、有节；关于在统一战线中领导同盟者的基本政策，如无产阶级及其政党要实现自己对同盟者的领导，必须具备两个条件：一是率领被领导者向着共同的敌人作坚决斗争并取得胜利；二是对被领导者给以物质利益，至少不损害其利益，同时给以政治教育；等等。

（五）思想政治工作和文化工作的理论

主要包括关于思想政治工作是经济工作和其他一切工作的生命线，要实行政治和经济的统一、政治和技术的统一、又红又专的方针；关于发展民族的、科学的、大众的文化，实行百花齐放、百家争鸣和古为今用、洋为中用、推陈出新的文化工作的方针；关于知识分子在革命和建设中具有重要作用，知识分子要同工农相结合，通过学习马克思列宁主义、学习社会和工作实践，树立无产阶级世界观的思想；等等。

（六）党的建设理论

主要包括关于着重从思想上建党的思想，如提出党员不但要在组织上入党，而且要在思想上入党，经常注意用无产阶级思想改造和克服各种非无产阶级思想；关于加强党的优良作风建设的思想；关于在党内正确开展思想斗争的方法和目的的思想；关于保持执政党的廉洁和加强自身建设的思想；等等。

其实，除了上面讲的这几个方面外，毛泽东思想体系中还有关于国际战略和外交工作的理论、关于思想方法和工作方法的理论等等。

这里需要特别指出的是，党的十一届六中全会的决议在概括了以上六个方面的理论贡献之后，进而把贯穿于上述各个组成部分的立场、观点和方法称为毛泽东思想活的灵魂，并把它具体概括为三个基本方面，即实事求是、群众路线、独立自主。

毛泽东思想是一个完整的科学体系，我们必须完整、准确地理解和把握它。

二、毛泽东思想活的灵魂

关于毛泽东思想活的灵魂，可以从三个方面重点掌握：一是毛泽东思想活的灵魂是什么，三者之间的关系如何？二是为什么实事求是、群众路线、独立自主是毛泽东思想活的灵魂呢？三是怎样坚持毛泽东思想活的灵魂？

（一）毛泽东思想活的灵魂是什么？三者之间的关系如何

1981 年党的十一届六中全会通过的《关于建国以来党的若干历史问题的决议》，第一次对毛泽东思想活的灵魂进行了全新的概括：毛泽东思想活的灵魂，是贯穿于毛泽东思想各个组成部分的立场、观点和方法，它们有三个基本方面，即实事求是，群众路线，独立自主。

实事求是，就是一切从实际出发，理论联系实际，坚持在实践中检验真理和发展真理。毛泽东指出：“‘实事’就是客观存在着的一切事物，‘是’就是客观事物的内部联系，即规律性，‘求’就是我们去研究。”毛泽东把“实事”解释为客观存在的一切事物，就是坚持了物质第一性、意识第二性的观点；把“求是”解释为研究客观事物内部的规律性，就是坚持了世界可知性的观点。这表明“实事求是”的基本精神和本质是唯物主义。

群众路线，就是一切为了群众，一切依靠群众，从群众中来，到群众中去，把党的正确主张变为群众的自觉行动。群众路线把马克思主义关于人民群众是历史的创造者这一基本原理中国化、实践化了，是中国共产党人的独特创造。

独立自主，就是坚持独立思考，走自己的路，就是坚定不移地维护民族独立、捍卫国家主权，把国家和民族发展的立足点放在依靠自己力量的基础上，同时积极争取外援，学习外国一切对我们有益的先进事物。独立自主思想的理论依据是马克思主义哲学的辩证唯物主义和历史唯物主义。

实事求是、群众路线、独立自主是相互联系、相互贯穿、互为条件的科学体系，是毛泽东思想立场、观点和方法的不可分割的、辩证统一的整体。如何理解？

首先，三者的理论基础都是辩证唯物主义和历史唯物主义。其次，三者的内容都是从不同侧面解决了一个根本问题，即马克思主义基本原理同中国革命和建设的具体实践相结合。其中实事求是从出发点上回答了“为什么”的问题，群众路线从革命和建设的力量源泉和根本目的上回答了“如何结合”的问题，独立自主则回答了“如何结合”的基本立足点和战略方针问题。最后，三者相互依存，相互补充，相互制约。实事求是是基本、核心，群众路线和独立自主是它的必然结论和根本保证。

（二）为什么实事求是、群众路线、独立自主是毛泽东思想活的灵魂呢

所谓灵魂，是一种形象化的说法，指的是事物最本质、最核心、最富有生命力的东西，它渗透、体现在事物的各个方面。实事求是、群众路线、独立自主正是体现了毛泽东思想的本质和核心。这主要是因为：

第一，三者集中体现了马克思主义的主要原则，是马克思主义中国化的主要表现。因此，它们是毛泽东思想的精髓和核心。第二，三者是贯穿和渗透于毛泽东思想科学理论体系各个组成部分之中的具有中国共产党人特色的最基本的立场、观点和方法，它不是解决具体的、个别问题的指导思想和方法，而是本质上、全局上、宏观上的指导思想和方法，是我们党指导革命和建设所遵循的基本原则与根本的方法，毛泽东思想基本内容的各方面都是这些最基本的立场、观点和方法的具体应用。第三，三者是我们党领导革命和建设，战胜各种困难，不断取得胜利和继续胜利的根本保证，具有无限的生命力。总之，实事求是、群众路线、独立自主是毛泽东思想中最本质、最核心的内容，掌握了这三个基本方面，就掌握了毛泽东思想的精神实质。否则，就不能准确全面地掌握毛泽东思想。

（三）怎样坚持毛泽东思想活的灵魂

坚持实事求是，就要深入实际了解事物的本来面貌，把握事物内在的必然联系，按照客观规律办事。坚持实事求是，就要清醒认识和正确把握我国基本国情。坚持实事求是，就要不断推进实践基础上的理论创新。

坚持群众路线，就要坚持人民是推动历史发展的根本力量。坚持群众路线，就要坚持全心全意为人民服务的根本宗旨。坚持群众路线，就要保持党同人民群众的血肉联系。

坚持独立自主，就要坚持中国的事情必须由中国人民自己处理。坚持独立自主，就要坚持独立自主的和平外交政策，坚定不移走和平发展道路。

第三节　毛泽东思想的历史地位

一、毛泽东思想的历史地位

毛泽东思想是中国共产党和中华民族宝贵的精神财富，是马克思主义中国化的第一个重大理论成果，它具有重要的历史地位和指导意义。我们可以从三个层面来理解毛泽东思想的历史地位。

（一）毛泽东思想是马克思主义中国化的第一个重大理论成果

在中国共产党历史上，毛泽东第一个明确提出了“马克思主义中国化”的科学命题和重大任务，深刻论证了马克思主义中国化的必要性和极端重要性，系统阐述了马克思主义中国化的科学内涵和实现马克思主义中国化的正确途径，开辟了马克思主义在中国发展的道路，为党领导的革命和建设事业的发展奠定了坚实的思想理论基础。毛泽东为实现马克思主义中国化的历史任务进行了艰苦的探索，使马克思主义在中国生根、开花、结果。

毛泽东思想是马克思主义中国化的第一个理论成果，它实现了马克思主义中国化的第一次历史性的飞跃，以独创性的理论丰富和发展了马克思列宁主义。毛泽东思想所确立的马克思主义中国化的奋斗方向、基本原则和基本方法，指导着我们党不断推进马克思主义中国化，不断开辟马克思主义中国化新境界。

（二）毛泽东思想是中国革命和建设的科学指南

毛泽东思想是被实践证明了的关于中国革命和建设的正确的理论原则和经验总结。在毛泽东思想指引下，我们党领导全国人民，经过28年的浴血奋战，取得了新民主主义革命的胜利，实现了几代中国人梦寐以求的民族独立和人民解放。

新中国成立后，以毛泽东为核心的党的第一代中央领导集体又带领人民，在迅速医治战争创伤、恢复国民经济的基础上，提出了过渡时期总路线，创造性地完成了由新民主主义革命向社会主义革命的转变，使中国这个占世界四分之一人口的东方大国进入了社会主义社会，成功实现了中国历史上最深刻最伟大的社会变革。

社会主义改造基本完成后，以毛泽东为核心的党的第一代中央领导集体又带领全党全国人民对适合中国国情的社会主义建设道路进行了艰苦探索，并取得了重要的理论成果，不仅建立起独立的比较完整的工业体系和国民经济体系，为社会主义现代化建设奠定了重要的物质技术基础，而且积累了在中国这样落后的东方大国进行社会主义建设的重要经验。

虽然今天的形势有了重大变化，但是毛泽东思想中关于中国革命和建设的科学论述，尤其其中所包含的中国化的马克思主义立场、观点和方法以及关于社会主义建设的基本思想，仍具有重要的现实指导作用。

（三）毛泽东思想是中国共产党和中国人民宝贵的精神财富

当今的时代主题和实践任务与毛泽东所处的时代相比发生了重大变化，但是毛泽东思想基本原理、基本原则和科学方法，仍然具有普遍的和长久的指导意义。毛泽东追求和倡导的中华民族重新自立于世界民族之林的远大理想，实事求是的思想路线，全心全意为人民服务的奋斗宗旨，自力更生、艰苦奋斗的革命精神，等等，依然是中国人民不断奋进的强大精神动力，将长期激励和指导我们前进。

二、科学评价毛泽东的历史功过

正确认识毛泽东思想的历史地位和指导意义，是一个怎样科学评价毛泽东和毛泽东思想的问题。这个问题的解决，关系到怎样看待党和国家过去几十年奋斗的成就，关系到党的团结、国家的安定，也关系到党和国家未来的发展前途，不仅有重要的历史意义，而且有重要的现实意义。

毛泽东一生为党和人民的事业作出了杰出贡献，但晚年犯了严重错误。“文化大革命”结束后，在对毛泽东和毛泽东思想的认识问题上，存在过两种错误倾向：一种是认为凡是毛泽东作出的一切决策、指示，都必须坚决维护、始终遵循；另一种是借口毛泽东晚年犯了严重错误，全面否定毛泽东的历史地位与毛泽东思想的科学价值和指导作用。这两种态度都是没有把毛泽东思想，同毛泽东晚年所犯的错误区别开来。

在邓小平主持下，党的十一届六中全会通过的《关于建国以来党的若干历史问题的决议》，对毛泽东和毛泽东思想的历史地位作出了科学的、符合客观实际的评价。该决议指出，毛泽东是伟大的马克思主义者、伟大的无产阶级革命家、战略家和理论家。他为中国共产党和中国人民解放军的创立和发展，为中国各族人民解放事业的胜利，为中华人民共和国的缔造和社会主义事业的发展，建立了不可磨灭的功勋，为世界被压迫民族的解放和人类进步事业作出了重大贡献。

由于在中国建设社会主义是一项崭新的实践，人们对如何走出一条适合中国国情的社会主义道路还缺少规律性认识，加上当时复杂严峻的国际环境的影响，我们党在社会主义建设道路的探索中出现过曲折。毛泽东晚年特别是在“文化大革命”中的确犯有严重错误。

但是就他的一生来看，他的功绩远远大于他的过失。他的功绩是第一位的，错误是第二位的。他的错误是一个伟大的革命家、一个伟大的马克思主义者所犯的错误。将毛泽东晚年的错误同经过长期历史检验形成为科学理论的毛泽东思想区别开来，为我们完整准确地理解毛泽东思想、坚持和发展毛泽东思想指明了方向。正如邓小平所指出的：“我们要实事求是地讲毛主席后期的错误。我们还要继续坚持毛泽东思想。毛泽东思想是毛主席一生中正确的部分。毛泽东思想不仅过去引导我们取得革命的胜利，现在和将来还应该是中国党和国家的宝贵财富。”

第三部分　教学拓展

一、课后思考

1. 毛泽东思想形成和发展的社会历史条件是什么？

2. 如何把握毛泽东思想的主要内容和活的灵魂？

3. 如何科学认识毛泽东思想的历史地位？

二、备课参考

1.《中国共产党中央委员会关于建国以来党的若干历史问题的决议》，《三中全会以来重要文献选编》（下），中央文献出版社 2011 年版。

2. 邓小平：《对起草〈关于建国以来党的若干历史问题的决议〉的意见》，《三中全会以来重要文献选编》（上），中央文献出版社 2011 年版。

3. 习近平：《在纪念毛泽东同志诞辰 120 周年座谈会上的讲话》，人民出版社 2013 年版。

三、实践活动

1. 观看文献纪录片

内容：《毛泽东》、《走近毛泽东》、《百年小平》（第二集：伟人襟怀）等纪录片。

目的：了解一个客观、真实、全面和立体的毛泽东，增强学生对毛泽东的感性认识。

操作：推荐给学生课下观看，并要求学生以“怎样正确评价毛泽东的历史功过”为主题，撰写一篇 800 字左右的观后感。

2. 小组研学

内容：《反对本本主义》《实践论》《矛盾论》《关于正确处理人民内部矛盾问题》等文章。

目的：把握毛泽东思想的创新观点，感受毛泽东思想的理论魅力和精神力量。

操作：请同学们自由结组，从上列文章中任选一篇文章进行深入研究性学习。并围绕“毛泽东的实事求是哲学思想”主题，展开讨论，形成 1500 字左右的研学报告。各小组推选代表进行课堂汇报。

第二章　新民主主义革命理论

第一部分　教学概况

本章概述	本章主要包含了三个方面的内容：一、新民主主义革命理论形成的依据；二、新民主主义革命总路线和基本纲领；三、新民主主义革命道路和基本经验。
学时安排	理论学时 3 学时（含课堂活动）
教学目的与教学目标	通过本章的讲解，学生认识新民主主义革命理论的内涵及意义，了解新民主主义革命理论是适应中国革命需要的产物。新民主主义革命属于资产阶级民主革命，但是一场新式的特殊的资产阶级民主革命，探索出了一条农村包围城市、武装夺取政权的中国革命新道路，革命成功之后首先建立的是新民主主义国家，这是中国革命走向胜利的第一步，未来需要通过社会主义革命最终走向社会主义。而促使新民主主义革命走向成功离不开三大法宝，这是在新民主主义革命的探索中总结出来的重要经验。 本章可将教学目标分为知识、价值、能力三个目标。 知识目标：了解新民主主义革命的时代背景，掌握基本含义，包括新民主主义革命的总路线、基本纲领、革命道路、三大法宝的基本概念、基本含义等。 价值目标：理解无产阶级及其政党的领导是中国革命取得胜利的根本保证；新民主主义革命理论是马克思主义中国化的光辉典范，对于推进马克思主义中国化具有重要的方法论意义。 能力目标：分析新旧民主主义革命的区别与联系，革命的两步走战略；分析中国革命新道路开辟的原因与条件；分析三大法宝在中国革命中的重要意义等。

本章 教材分析	新民主主义革命理论是马克思主义中国化的重要理论成果，是毛泽东思想的核心内容。主要讲述了新民主主义革命理论的形成依据，新民主主义革命总路线、基本纲领、革命新道路和三大法宝等。突出体现了中国化思想，包括对总路线的认识和界定，对革命新道路的开辟和探索等。总结了中国革命的基本规律和基本经验，如三大法宝等。新民主主义革命理论开辟了马克思主义中国化的发展道路，并使中国化思想在当今的改革、建设和发展中继续延伸。 上好这一课，必须强调的核心问题是抓住新民主主义革命理论的中国特色这一核心。马克思主义的中国化是从探索中国前途命运的历史征程开始的，是从中国共产党领导中国革命探寻中国出路的历史征程开始的，新民主主义革命理论从中国实际出发，科学回答了中国革命向何处去以及中国革命的发展阶段，开辟了符合中国实际的革命道路，切实可行地指引中国获得革命胜利，实现了站起来的历史使命，为富起来、强起来注入了中国特色这一血脉，开创了中国历史的新纪元。
教学 重点难点	教学重点：对新革命——新民主主义革命总路线的认识；对新目标——新民主主义纲领的理解；对新道路——新民主主义革命道路的认识；对新经验——新民主主义革命三大法宝的理解；对新理论——新民主主义革命理论的总体把握。 教学难点：认识和理解新、旧民主革命的时代转换及特征；理解新民主主义革命与社会主义革命的两步走关系及特点；理解新民主主义革命道路的开辟与中国具体国情的关系；理解与把握新民主主义革命理论对当代的现实意义。
教学设计	采用线上和线下混合式教学方法。本课程线上教学使用中国大学MOOC平台。 线下教学专题： 一、新民主主义革命究竟是一场什么革命？ 二、为什么新民主主义革命道路是马克思主义中国化的光辉典范？ 三、新民主主义革命时期三大法宝的意义所在。

第二部分　教学转化

第一节　新民主主义革命理论形成的依据

有句话叫，没有革命的理论，就没有革命的行动。

中国共产党为什么能从小到大，从弱到强？中国革命为什么能在其他各种势力和主义都失败的情况下，找到中国革命的正确道路，并一举推翻帝国主义、封建主义、官僚资本主义“三座大山”，走向全国执政？这一切的答案，就蕴含在新民主主义革命理论之中。

那么新民主主义革命理论的形成依据是什么？我们不妨从时代条件和实践基础两方面来分析一下。

一、时代条件——新民主主义革命理论形成的依据

首先看时代条件。近代中国国情和中国革命的时代特征是新民主主义革命理论形成的时代条件。毛泽东指出：“认清中国社会的性质，就是说，认清中国的国情，乃是认清一切革命问题的基本的根据。”

从近代中国国情来看，鸦片战争后，西方列强的入侵以及中国封建统治的腐败，使中国逐渐成为半殖民地半封建社会，这是近代中国最基本的国情。它既不同于封建社会，也有别于资本主义社会，蕴含着特殊的社会矛盾和革命要求。

一方面，帝国主义的侵略虽然在一定程度上加速了封建社会自给自足的自然经济的解体，客观上为中国资本主义的发展创造了一定条件，但并不能使中国发展成为资本主义国家。这是因为封建制度的根基——地主阶级对农民的剥削依旧存在，而且同买办资本和高利贷资本的剥削结合在一起，在中国社会经济生活中占据着明显优势。而中国民族资本主义尽管有了某些发展，并在社会政治、文化生活中起了较大作用，但它受外国资本、官僚资本和封建势力的多重压迫，不仅没有成为中国经济的主要形式，而且也不可能在整

个社会经济中占据主导地位。虽然封建皇帝和贵族的专制政权被推翻了，但并未建立起资产阶级政权，代之而起的先是地主阶级军阀官僚的统治，接着是地主阶级和大资产阶级联盟的专政，整个社会呈现出典型的半封建性。

另一方面，西方列强通过政治、经济和文化的侵略，使中国半殖民地化。他们不但操纵了中国财政和经济命脉，而且操纵了中国政治和军事力量。中国实际上处在许多帝国主义国家的统治或半统治之下，长期处于不统一状态，经济、政治和文化的发展表现出极端的不平衡性。整个中国实际上沦为帝国主义列强的半殖民地。

因此，在半殖民地半封建的近代中国，社会矛盾呈现出错综复杂的状况。在诸多社会矛盾中，占支配地位的主要矛盾是帝国主义和中华民族的矛盾、封建主义和人民大众的矛盾。而帝国主义和中华民族的矛盾，又是各种矛盾中最主要的矛盾。这决定了近代中国革命的根本任务是推翻帝国主义、封建主义和官僚资本主义的统治，从根本上推翻反动腐朽的政治上层建筑，变革阻碍生产力发展的生产关系，为建设富强民主的国家、确立人民当家作主的政治制度、改善人民生活扫清障碍，创造必要的前提。

从近代中国革命的时代特征来看，近代中国的社会性质和主要矛盾，决定了中国革命仍然是资产阶级民主革命。但中国资产阶级民主革命不同于一般的资产阶级民主革命，经历了从旧民主主义革命向新民主主义革命的转变，具有鲜明的时代特征。

从鸦片战争到辛亥革命期间，中国人民在不同时期和不同程度上进行的反帝反封建的斗争，属于旧式民主主义革命的范畴。以俄国十月革命的胜利为标志，中国资产阶级民主革命的时代背景发生了根本转换。十月革命改变了整个世界历史的方向，开辟了世界无产阶级社会主义革命的新纪元，标志着人类历史开始了由资本主义向社会主义转变的进程。中国的资产阶级民主主义革命，也从原来属于旧的世界资产阶级民主主义革命的一部分，转变为属于世界无产阶级社会主义革命的一部分。

以五四运动的爆发为标志，中国资产阶级民主革命进入新民主主义革命的崭新阶段。理由是：中国无产阶级开始以独立的政治力量登上历史舞台，由自在阶级转变为自为的阶级；马克思主义在中国得到广泛传播，逐步成为中国革命的指导思想；革命的领导阶级是无产阶级；革命的目的不是要建立资产阶级的共和国，而是要建立各革命阶级联合专政的民主共和国，为进入社会主义社会做准备。

但是，新民主主义革命和一般意义上的社会主义革命也不相同，它只推翻帝国主义、封建主义和官僚资本主义的反动统治，而不破坏参加反帝反封建的资本主义成分。所以它不是旧范畴的民主主义革命，而是新民主主义革命。因此，近代中国革命任务的完成需要中国革命分两步走来实现，第一步是完成反帝反封建的新民主主义革命任务，第二步是完成社会主义革命任务，这是性质不同但又相互联系的两个革命过程。

二、实践基础——新民主主义革命理论形成的依据

新民主主义革命理论是适应新民主主义革命实践需要，在认真总结中国革命经验教训的基础上形成的。

鸦片战争以来，为挽救民族危机和社会危机，无数仁人志士不屈不挠、前仆后继，进行了英勇斗争，“但终究未能改变旧中国的社会性质和中国人民的悲惨命运”。事实证明，不触动封建根基的自强运动和改良主义，旧式的农民战争，资产阶级革命派领导的民主革命，以及照搬西方资本主义的其他种种方案，都不能完成反帝反封建的革命任务，都不能为中国找到真正的出路。近代中国社会和革命斗争的发展，迫切期待新的革命，呼唤新的革命理论的产生。新民主主义革命理论在近代中国革命的实践中应运而生，它的形成包含了对旧民主主义革命失败教训的深刻总结。

新民主主义革命理论形成的实践基础来自革命的艰辛探索。在党的幼年时期，由于缺乏领导革命的实践经验，加之理论上的不成熟，在革命的领导权、武装斗争、革命道路等问题上没有形成科学正确的认识，在革命实践斗争中犯过一些错误，走过一些弯路。但党始终坚持以马克思主义为指导，注重把马克思主义的基本原理与中国革命实际相结合，善于总结革命的经验教训，把握中国革命的规律性，逐步从不成熟走向成熟。尤其是经历了大革命失败及井

冈山的革命斗争后，以毛泽东为主要代表的中国共产党人总结革命的经验教训，提出了“须知政权是由枪杆子中取得的”著名论断和“工农武装割据”思想，探索出了农村包围城市、武装夺取政权的革命道路，领导革命不断向前发展。到抗日战争时期，党历经长期的革命斗争考验，积累了丰富的革命实践经验，对中国革命的认识趋于成熟，逐步形成了系统化的适合中国国情的新民主主义革命理论。可以说，新民主主义革命理论是在总结革命斗争正反两方面实践经验的基础上形成的。

搞清楚新民主主义革命的一系列理论问题，离不开革命的实践探索，这符合理论来源于实践的普遍原理。试想，没有两次国共合作的实践，怎么可能有关于统一战线的理论；没有建立和巩固农村根据地的实践，怎么可能有关于农村包围城市武装夺取政权革命道路的理论；没有革命战争的实践，怎么可能有建立人民军队和关于军事战略的理论；没有在领导中国新民主主义革命历程中，党由小到大、由弱到强的实践，怎么可能有党的建设的理论。总之，没有中国革命的实践，没有党对革命实践经验的概括和总结，新民主主义革命理论就无法形成和发展。新民主主义革命实践，是新民主主义理论得以形成的实践基础和智慧源泉。

第二节　新民主主义革命总路线和基本纲领

一、新民主主义革命基本规律——新民主主义革命总路线

总路线是相对于具体路线而言的根本指导路线。

第一次提出“新民主主义革命”这一科学概念的是在1939年毛泽东的《中国革命和中国共产党》一文中，而完整表述总路线内容的是在1948年的《在晋绥干部会议上的讲话》里，即无产阶级领导的，人民大众的，反对帝国主义、封建主义和官僚资本主义的革命。这条总路线指明了中国革命的对象、动力、领导力量，反映了中国革命的基本规律。

下面我们从革命对象、革命动力、领导力量、革命性质和前途等方面来

具体解释其基本内容。

首先，从革命对象上看，近代中国社会的性质和主要矛盾，决定了中国革命的主要对象是帝国主义、封建主义和官僚资本主义。

帝国主义是中国革命的首要对象。因为近代中国所遭受的最大压迫是帝国主义的民族压迫，帝国主义是中国进步和发展的最大障碍，是近代中国贫困落后和一切灾祸的总根源，也使近代中国由独立的封建社会变成半殖民地半封建社会。

封建地主阶级是帝国主义统治中国和封建军阀实行专制统治的社会基础，在政治、经济、文化上阻碍着中国社会前进，是中国经济现代化和政治民主化的主要障碍。帝国主义是封建地主阶级的靠山，地主阶级是帝国主义统治中国的主要社会基础，他们相互勾结，严重阻碍着中国社会的发展。

官僚资本主义是依靠帝国主义、勾结封建势力，利用国家政权发展起来的，具有封建性、买办性、垄断性特点，严重束缚了社会生产力的发展，所以也是中国革命的对象。

其次，从革命动力上看，新民主主义革命的动力包括无产阶级、农民阶级、城市小资产阶级和民族资产阶级。

其中，无产阶级是中国革命最基本的动力，是中国沦为半殖民地半封建社会过程中最早出现的一个新的社会阶级，是新的社会生产力的代表，是近代中国最进步的阶级，是中国革命的领导力量。

农民是中国革命的主力军，其中贫雇农是无产阶级最可靠的同盟军，中农是无产阶级可靠的同盟军。在半殖民地半封建社会，农民占全国人口80%以上，深受“三座大山”压迫，具有强烈的反帝反封建的革命要求。应该说，农民问题是中国革命的基本问题，中国革命战争实质上是党领导下的农民战争。

城市小资产阶级是无产阶级的可靠同盟者，主要有知识分子、小商人、手工业者和自由职业者，他们同样受到帝国主义、封建主义和官僚资本主义的压迫，是中国革命的动力。

民族资产阶级也是中国革命的动力之一，但不是主要力量或可靠同盟者。

因为民族资产阶级在半殖民地半封建社会具有两面性：一方面，受帝国主义、封建主义的压迫，具有革命性；另一方面，在经济和政治上与帝国主义、封建主义有着千丝万缕的联系，没有彻底的反帝反封建勇气，在革命关键时刻容易表现出明显的动摇性。因此，民族资产阶级既不可能充当革命的主要力量，也不可能是革命的领导力量，但可以争取参加革命，是革命动力之一。

再次，从革命领导力量上看，区别新旧民主主义革命的根本标志是革命领导权掌握在谁手里，是无产阶级还是资产阶级。无产阶级的领导权是中国革命的中心问题，也是新民主主义革命理论的核心问题。

那么，为什么领导中国革命的重任，落到了无产阶级及其政党肩上？必须由无产阶级及其政党来领导呢？

原因主要有：中国无产阶级除具有一般无产阶级的基本优点外，还具有自身特点和优点。

一般无产阶级的基本优点有三点：一是与先进的生产方式相联系，二是没有私人占有的生产资料，三是富于组织纪律性。

而中国无产阶级自身特点和优点也有三点：一是中国无产阶级的革命性坚决而彻底；二是分布集中，利于无产阶级队伍的组织团结、革命思想的传播和强大革命力量的形成；三是与农民有着天然的联系，便于和农民结成亲密联盟，共同团结战斗。

这些特点和优点，使中国无产阶级从走上革命开始，就在党领导下，成为中国社会最有觉悟的阶级，成为中国革命的领导力量。无产阶级及其政党的领导，是中国革命取得胜利的根本保证。

当然，领导权不是自然而然得来的，而是在与资产阶级争夺领导权的斗争中实现的。无产阶级及其政党实现对各革命阶级的领导，必须建立以工农联盟为基础的广泛的统一战线，这是实现领导权的关键。

最后，总路线体现了革命的性质和前途。近代中国半殖民地半封建社会的性质和中国革命的历史任务，决定了中国革命的性质不是无产阶级社会主义革命，而是资产阶级民主主义革命，但已不是旧式的、一般的资产阶级民主主义的革命，而是新的民主主义革命。

那么，新民主主义革命与一般的资产阶级民主主义革命（在我国称之为旧民主主义革命），他们相比有什么不同呢？时代背景变了，中国革命已经处于世界无产阶级社会主义革命的时代，是世界无产阶级社会主义革命的一部分；革命的领导力量变了，是中国无产阶级及其先锋队而非资产阶级；革命的指导思想变了，是马克思列宁主义而非三民主义；革命的前途变了，是社会主义而非资本主义。

那么，新民主主义革命与社会主义革命又有什么不同呢？新民主主义革命仍然属于资产阶级民主主义革命范畴，要建立的是无产阶级领导的各革命阶级的联合专政，而不是无产阶级专政，主张争取和联合民族资产阶级，保护民族工商业。社会主义革命是无产阶级性质的革命，目标是消灭资产阶级，实现生产关系的变革。

但是，新民主主义革命与社会主义革命是互相联系、紧密衔接的，中间不容横插一个资产阶级专政。毛泽东把新民主主义革命和社会主义革命比喻为文章的上篇和下篇。“两篇文章，上篇与下篇，只有上篇做好，下篇才能做好。坚决地领导民主革命，是争取社会主义胜利的条件。”“民主主义革命是社会主义革命的必要准备，社会主义革命是民主主义革命的必然趋势。”只有既认清新民主主义革命和社会主义革命的区别，又认清两者的联系，才能正确地领导中国革命。

二、新民主主义革命奋斗目标——新民主主义的基本纲领

一个政党的纲领，就像公开树立起来的一面旗帜，是表明党的性质的重要标志。1940 年，毛泽东在《新民主主义论》中，阐述了新民主主义的政治、经济和文化。1945 年又在党的七大的政治报告《论联合政府》中，进一步把新民主主义的政治、经济和文化与党的基本纲领联系起来进行了具体阐述。新民主主义基本纲领是新民主主义革命总路线的进一步展开和体现，为新民主主义革命指明了具体奋斗目标。

首先分析新民主主义的政治纲领。

政治纲领体现了国家政权的基本主张，主要包括两方面：国家组织形式

和政权组织形式，即国体和政体。

新民主主义的政治纲领是：推翻帝国主义和封建主义的统治，建立一个无产阶级领导的、以工农联盟为基础的、各革命阶级联合专政的新民主主义的共和国。这个共和国既不同于欧美式的资产阶级专政的共和国，又和苏联式的无产阶级专政的社会主义共和国相区别。

新民主主义的政治纲领体现出新民主主义国家的国体是无产阶级领导的以工农联盟为基础，包括小资产阶级、民族资产阶级和其他反帝反封建的人们在内的各革命阶级的联合专政。毛泽东指出："全世界多种多样的国家体制中，按其政权的阶级性质来划分，基本地不外乎这三种：（甲）资产阶级专政的共和国；（乙）无产阶级专政的共和国；（丙）几个革命阶级联合专政的共和国。"资产阶级共和国的道路已被实践证明在中国行不通，而中国社会的性质决定了中国革命的历史进程必须分两步走，第一步是建立新民主主义共和国（即几个革命阶级联合专政的共和国），无产阶级专政的共和国是将来才能实现的目标。

与新民主主义国体相适应的政体，是实行民主集中制的人民代表大会制度。新民主主义国家的国体决定了人民当家作主，由人民行使管理国家的一切权力，这是新民主主义国家制度的核心内容和基本准则，而人民代表大会制度能够最直接、最全面地体现这一核心内容和准则。国体——各革命阶级联合专政，政体——民主集中制的人民代表大会制度，这就是新民主主义政治。

再来分析新民主主义的经济纲领。

新民主主义社会应该建立什么样的经济制度呢？可以确定的是，既不可能建立欧美式资本主义经济制度，也不可能建立苏联式社会主义经济制度。因为资本主义经济制度要保护生产资料私有制，而社会主义经济制度要消灭生产资料私有制。这两点与新民主主义的经济形势都不太符合。

1947 年 12 月，毛泽东在《目前形势和我们的任务》中概括了新民主主义三大经济纲领，即没收封建地主阶级的土地归农民所有，没收官僚资产阶级的垄断资本归新民主主义的国家所有，保护民族工商业。

没收封建地主阶级的土地归农民所有，是新民主主义革命的主要内容。在半殖民地半封建的中国，土地制度极不合理，要解放农村生产力，改变中国贫穷落后的面貌，必须废除封建地主土地所有制，实行“耕者有其田”，把土地变为农民的私产，发展农民的个体经济，解放农村生产力。党在民主革命时期，逐步认识到土地革命的极端重要性，形成了土地革命时期的土地革命路线，即依靠贫雇农，联合中农，限制富农，保护中小工商业者，消灭地主阶级，变封建土地所有制为农民的土地所有制，以及解放战争时期的土地政策，即依靠贫农，团结中农，有步骤有分别地消灭封建剥削制度，发展农业生产。

没收官僚资本归新民主主义国家所有，是新民主主义革命的应有之义。反对官僚资本主义并非因为它是资本主义，而是因为它与外国帝国主义、本国地主阶级和旧式富农密切地结合，是一种买办的封建的国家垄断资本主义。没收官僚资本，包含着新民主主义革命和社会主义革命的双重性质。通过没收官僚资本建立起来的具有社会主义性质的国营经济，在新民主主义社会的多种经济成分中居于领导地位，为建立新民主主义的国家政权，实现向社会主义过渡奠定了坚实的基础。

保护民族工商业，是新民主主义经济纲领中极具特色的一项内容。在新民主主义条件下保护民族工商业，发展资本主义，是由中国落后的生产力和新民主主义革命的性质决定的。原因主要有三点：新民主主义革命对象是帝国主义、封建主义和官僚资本主义，它不是一般地消灭资本主义和资产阶级；同官僚资产阶级相比，民族资产阶级与帝国主义和封建主义联系较少；民族资本主义经济，是一种与新生产力相联系的先进的生产方式和经济成分，它对发展现代技术、发展社会生产力具有积极作用。因此，对民族资本主义工商业必须采取保护政策。在新民主主义的国家制度下，让私人资本主义经济在不能操纵国计民生的范围内获得发展的便利，有益于社会向前发展。当然，这种保护不是无条件的。需要保护和发展的资本主义，是有利于而不是有害于国计民生的私人资本主义经济，是不能操纵国计民生的资本主义。

最后分析新民主主义的文化纲领。

新民主主义文化从五四时期开始。五四运动以前的文化基本内容是以西方资产阶级民主主义为指导的，是资产阶级民主主义性质的文化；五四运动以后的文化基本内容是以马克思主义为指导的，属于世界无产阶级社会主义文化范畴。

新民主主义的政治和经济，必须要有与之相适应的新民主主义文化。新民主主义文化，就是无产阶级领导的人民大众的反帝反封建的文化，即民族的科学的大众的文化。

新民主主义文化是民族的，就其内容说是反对帝国主义压迫，主张中华民族的尊严和独立；就其形式说是具有鲜明的民族风格、民族形式和民族特色，要有中国作风和中国气派。新民主主义文化是科学的，是反对一切封建思想和迷信思想的，它主张实事求是、客观真理及理论和实践的一致性。对于封建时代创造的文化，应剔除其封建性的糟粕，吸收其民主性的精华。同时要尊重中国的历史，反对民族虚无主义，以历史唯物主义的态度对待古今中外文化，发展民族新文化，提高民族自信心。新民主主义文化是人民大众的文化，也就是民主的文化。文化工作者要用革命文化，教育和武装人民大众，使它成为人民大众的有力思想武器；同时又要以人民群众的实践作为创作源泉，坚持为人民大众服务的方向。

总之，新民主主义的政治、新民主主义的经济和新民主主义的文化相结合，就是新民主主义的共和国。

第三节　新民主主义革命道路和基本经验

一、新民主主义革命道路——农村包围城市、武装夺取政权

在民主革命时期，中国共产党人开辟了一条与众不同的道路，就是在农村建立革命根据地，以农村包围城市最后武装夺取全国政权，这条道路指引中国革命走向胜利，是符合中国国情的唯一正确的道路。

下面我们来谈谈新民主主义革命道路的形成、原因、内容及意义。

首先讲新民主主义革命道路的形成。

应该说，在一个以农民为主体的半殖民地半封建的国度里进行革命，选择什么样的道路，是中国革命必须面对和解决的重大问题。中国共产党在马克思主义指导下，立足中国国情，走出了一条不同于俄国十月革命的道路，即农

村包围城市、武装夺取政权的革命道路，真切地回答并践行了道路理论，实现了一次伟大创举。

但是，中国共产党对道路问题的认识，并非革命伊始就选择或确立了这一思想，对道路的探索也非一帆风顺，而是经过了一个逐步探索的过程。

党成立初期，首先把工作重心放在城市，领导工人阶级，开展工人运动，认为这样有利于扩大党的阶级基础。而对于发动农民参加革命、建立农村革命根据地的重要性缺乏足够认识。

大革命失败后，党领导了一系列城市武装起义，但以夺取中心城市为目标的武装起义接连失败，使中国共产党不得不思考革命道路到底怎么走。由此，党的工作重心开始逐步转向农村。毛泽东率先领导秋收起义队伍开赴井冈山，创建了井冈山革命根据地，把武装斗争的主攻方向首先指向农村，实践上开创了与十月革命不同的新型的革命道路，并在领导农村革命根据地的斗争实践中，相继写下《中国的红色政权为什么能够存在？》《井冈山的斗争》《星星之火，可以燎原》等文章，提出“工农武装割据”思想，初步形成了农村包围城市的革命道路理论。

红军长征到达陕北后，毛泽东深入分析近代中国所处的时代特点和国情，论述了中国革命的长期性和不平衡性等特点，进一步丰富了农村包围城市的整体战略思想。1938年11月，在党的六届六中全会上明确指出：“共产党的任务，基本地不是经过长期合法斗争以进入起义和战争，也不是先占城市后取乡村，而是走相反的道路。”从而确立了经过长期武装斗争，先占乡村后取城市，最后夺取全国胜利的革命道路。

那么，新民主主义革命道路形成的原因是什么？

我们先分析一下道路产生的依据和条件。

先讲道路产生的依据。中国革命必须走农村包围城市、武装夺取政权的道路，这是由中国所处的时代特点和具体国情决定的。

一方面，在半殖民地半封建社会，内无民主制度而受封建主义压迫，外无民族独立而受帝国主义压迫。中国无产阶级根本不可能像在资本主义国家那样，先在城市经过长期、公开的合法斗争，然后再组织武装起义，夺取政权。

中国革命的主要斗争形式只能是武装斗争，以革命的武装消灭反革命的武装，相应的主要组织形式必然是军队。

另一方面，近代中国是一个农业大国，农民占全国人口的绝大多数，是无产阶级可靠的同盟军和革命的主力军。在中国开展革命斗争，必须充分发动农民，凝聚农民阶级革命力量，否则就无法摧毁帝国主义和封建地主阶级统治的基础。这就要求无产阶级及其政党必须深入农村，从解决农民的土地问题入手，组织、发动和武装农民，使革命战争获得广大农民支持和参加，为最后夺取全国政权奠定基础。

当然，道路的产生需要一定条件。中国革命之所以能走农村包围城市、武装夺取政权的道路，同样是由中国所处的时代特点和特殊国情决定的。深入农村积蓄革命力量，建设农村革命根据地，最终实现农村包围城市并夺取政权，是因为以下几个原因：

第一，近代中国是多个帝国主义间接统治的经济落后的半殖民地国家，社会政治经济发展极端不平衡，四分五裂，军阀割据，存在不少统治薄弱环节，为党在农村开展革命斗争、建设革命根据地提供了缝隙和可能；

第二，近代中国的广大农村深受统治阶级的多重压迫和剥削，人民革命愿望强烈，加之经历过大革命的洗礼，革命的群众基础好；

第三，全国革命形势的继续向前发展，为在农村建设革命根据地提供了客观条件；

第四，相当力量正式红军的存在，为农村革命根据地的创立、巩固和发展提供了坚强后盾；

第五，党的领导的有力量及其政策的不错误，为农村革命根据地建设和发展提供了重要的主观条件。

因此，新民主主义革命道路的形成是有一定原因和条件的。

新民主主义革命道路的内容及意义又是什么？

先看内容：新民主主义革命道路的核心内容就是坚持“工农武装割据”，就是在共产党的领导下，以农村革命根据地为依托，以土地革命为主要内容，以武装斗争为主要斗争形式。要正确处理好土地革命、武装斗争、农村革命根据地建设三者之间的关系。即：

土地革命是民主革命的基本内容；武装斗争是中国革命的主要形式，是农村根据地建设和土地革命的强有力保证；农村革命根据地是中国革命的战略阵地，是进行武装斗争和开展土地革命的依托。

在党的领导下，“工农武装割据”实现了土地革命、武装斗争、农村革命根据地建设三者的密切结合和有机统一，是新民主主义革命道路得以实现的基本途径和必由之路。

再来看意义：

中国革命道路理论，反映了中国半殖民地半封建社会民主革命发展的客观规律。在探索中国革命道路的过程中，从中国实际出发，开辟了引导中国革命走向胜利的正确道路，独创性地发展了马克思列宁主义。

中国革命道路理论，是党运用马克思主义立场、观点和方法，分析、研究和解决中国革命具体问题的光辉典范，对于推进马克思主义中国化具有重要的方法论意义。

二、新民主主义革命经验——三大法宝

三大法宝是 1939 年毛泽东在《〈共产党人〉发刊词》中指出的，即统一战线、武装斗争、党的建设，是中国共产党在中国革命中的三个基本问题，是战胜敌人的三个主要法宝。统一战线和武装斗争，是战胜敌人的两个基本武器，而党的建设，则是掌握这两个武器以实行对敌冲锋陷阵的英勇战士。

（一）统一战线

关于统一战线，我们可以思考这样几个问题：什么是统一战线？为什么建立统一战线？在民主革命时期，中国共产党人建立了哪些统一战线以及是如何坚持统一战线的？等等。

首先，什么是统一战线？为什么要坚持统一战线？简单地说，统一战线是一种策略，是为战略目标服务的，是无产阶级政党策略思想的重要内容。统一战线的出发点是讲团结。在新民主主义革命中，中国共产党坚持统一战线的原则和底线是“敌人的敌人就是朋友”。

那么，建立统一战线主要由什么来决定呢？也就是说为什么要建立统一战线？主要看两个方面：一是必要性，一是可能性。

从必要性讲，有两个因素：一是由中国半殖民地半封建社会的阶级状况所决定。“中国社会是一个两头小中间大的社会，无产阶级和大地主大资产阶级都只占少数，最广大的人民是农民、城市小资产阶级以及其他的中间阶级。”作为无产阶级先锋队的中国共产党所领导的革命力量，要战胜作为地主阶级和官僚资产阶级代表的国民党所领导的强大的反革命力量，就必须把农民、城市小资产阶级以及其他中间阶级都团结在自己周围，结成最广泛的统一战线。二是，建立最广泛的统一战线，是由中国革命的长期性、残酷性及其发展的不平衡性所决定的。中国政治经济发展的不平衡性也造成了革命发展的不平衡性，这就使得无产阶级及其政党有必要采取正确的统一战线策略，把一切可以团结和利用的力量尽可能团结在自己周围，以逐步从根本上改变敌强我弱的态势，夺取中国革命的最终胜利。

从可能性讲，主要有三个因素：一是在半殖民地半封建的中国社会，诸多矛盾交织在一起，客观上为无产阶级及其政党利用这些矛盾建立和发展统一战线提供了可能性。二是近代中国社会最大的压迫是民族压迫，决定了无产阶级及其政党可以把一切爱国的、不愿受帝国主义奴役的人们团结在自己周围。三是中国资产阶级分为官僚资产阶级和民族资产阶级。民族资产阶级深受帝国主义和封建主义压迫，因而能够在一定时期和一定程度上参加反帝反封建的革命斗争；而官僚资产阶级，当革命锋芒主要是反对某一个帝国主义的时候，受别的帝国主义支持的官僚资产阶级集团也可能在一定程度和一定时期内参加统一战线。

因此，统一战线在中国新民主主义革命时期有建立的必要和可能。

那么，中国共产党在新民主主义革命时期先后领导和建立了哪几个统一战线呢？

共有四个，分别是：第一次国共合作的统一战线、工农民主统一战线、抗日民族统一战线、人民民主统一战线。

第一次国共合作的统一战线，是工人、农民、城市小资产阶级、民族资产阶级的反帝反北洋军阀的革命统一战线。

土地革命时期工农民主统一战线，是工人、农民、城市小资产阶级的反帝反国民党政权的革命统一战线。

抗战时期的统一战线，不仅包括工人、农民、城市小资产阶级、民族资产阶级，而且包括中小地主及大地主大资产阶级的当权派国民党蒋集团，是反日及其汉奸傀儡政权的全民族的抗日民族统一战线，是范围最广、成分最复杂的统一战线。

解放战争时期人民民主统一战线，包括工人、农民、城市小资产阶级、民族资产阶级以及一切爱国民主人士在内的反对美蒋的人民民主统一战线。

这四个统一战线的建立反映出不同时期，革命的参加者、联合者、反对者是不尽相同的，也说明中国革命的形势是复杂而多变的，统一战线的建立和发展也是艰难而复杂的。

那么，如何坚持统一战线的存在和发展呢？这就是要讲的第三个问题，即坚持统一战线必须：

正确处理好两个联盟的关系。两个联盟：一个是工人阶级同农民阶级、广大知识分子及其他劳动者的联盟，主要是工农联盟；另一个是工人阶级和非劳动人民的联盟，主要是与民族资产阶级的联盟。第一个联盟是统一战线的基础，只有巩固工农联盟，争取农民、知识分子和其他劳动人民，才能实现党对统一战线的领导权。同时，只有建立第二个联盟，联合一切可以联合的力量，壮大自己，孤立主要的敌人，无产阶级及其政党才能掌握中国革命的全部领导权，中国革命的胜利才有完全的保障。

坚持独立自主原则。独立自主是指在统一战线中无产阶级及其政党要保持思想上、政治上和组织上的独立性。统一战线既讲统一又讲独立，这可以说是从国共两党第一次合作的历史经验和教训中得来的。

正确处理与资产阶级的关系，实行既联合又斗争的策略。联合就是同资产阶级结成统一战线。斗争主要是在思想上、政治上、组织上进行必要斗争，但不排除武力。具体来说，与民族资产阶级的关系主要是政治上的联合和斗争。斗争方式是和平的斗争方式。与大资产阶级的关系既有政治上的联合和斗争，也有武装力量的合作和斗争。斗争方式既有和平的说理斗争，也有非和平的流血斗争，甚至不排除一定规模的武装对抗。

对统一战线内各方力量采取区别对待的方针。即“发展进步势力，争取中间势力，孤立顽固势力”。

发展进步势力，就是放手发动工人、农民和城市小资产阶级参加抗日斗争。

争取中间势力，就是争取民族资产阶级、开明绅士、地方实力派（包括有地盘的实力派和无地盘的杂牌军）。

孤立顽固势力，就是孤立英美派大地主大资产阶级，其政治代表就是国民党蒋介石集团。

需要注意的是，新民主主义革命时期，坚持统一战线最根本的经验就是正确处理好与资产阶级的关系。当能够正确处理与资产阶级的关系，建立统一战线或哪怕统一战线被迫分裂，党的发展和巩固就会前进；反之，就会后退。

（二）武装斗争

武装斗争是中国革命的特点和优点之一。自党诞生到中华人民共和国成立的 28 年革命历史中有 22 年是在武装斗争中度过的。

为什么要长期坚持武装斗争？原因是，与资本主义国家不同，在半殖民地半封建的旧中国，无产阶级和广大人民群众没有议会民主可以利用，没有组织工人举行罢工的合法权利。帝国主义和封建主义总是凭借着暴力对革命人民实行残暴镇压，革命人民只有武装起来，以武装的革命反对武装的反革命。

中国革命坚持武装斗争有两个特点：一是没有经过合法斗争阶段，便直接进入了武装斗争阶段。二是走的是农村包围城市、最终夺取城市的道路。

可以说，武装斗争是中国革命的主要斗争形式，但不是唯一的形式，还有城市工人斗争、国内外政治斗争等和平斗争形式，如解放战争时期国统区掀起的反蒋第二条战线主要采取的是和平斗争形式。革命期间武装斗争与和平斗争是相互结合、互相促进的，和平斗争为武装斗争服务，武装斗争支持和平斗争。

但是，中国革命的胜利必须坚持武装斗争，依靠中国共产党所领导的新型人民军队，通过长期人民战争战胜强大敌人。因此，坚持武装斗争必须建立一支人民军队，没有人民军队，就不可能有人民的解放和国家的独立。

而建设人民军队，一要坚持党对军队的绝对领导。这是建设新型人民军队的根本原则，是保持人民军队无产阶级性质和建军宗旨的根本前提，也是毛泽东建军思想的核心。二要建设全心全意为人民服务的人民军队。以全心全意为人民服务为唯一宗旨，是建设新型人民军队的基本前提，也是人民军队一切行动的根本准则和一切工作的出发点与归宿。三要坚持正确的战略战术原则。党在革命长期处于敌强我弱的特殊历史条件下，深入研究中国革命战争的特点和规律，形成了一整套以少胜多、以弱胜强的人民战争的理论和一系列战略战术原则。加强人民军队建设，要以科学理论为指南，坚持正确的战略战术原则。

（三）党的建设

关于党的建设，这里主要讲两点：为什么要加强党的建设？以及如何加强党的建设？

中国共产党要领导革命取得胜利，必须不断加强党的思想建设、组织建设和作风建设。原因是：第一，党长期在农村发展，党员成分复杂，农民和小资产阶级出身的党员占多数。各种非无产阶级思想，特别是小资产阶级思想必然反映到党内来，党内无产阶级思想和非无产阶级思想之间的矛盾成为党内思想上的主要矛盾。“有许多党员，在组织上入了党，思想上并没有完全入党，甚至完全没有入党。”第二，党长期处于战争环境中，如果不加强组织和作风建设，就会组织松散、软弱涣散，不可能成为坚强有力的战斗堡垒，赢得群众支持并取得革命胜利。

那么如何加强党的建设呢？

中国共产党在加强自身建设中积累了丰富经验：第一，必须把思想建设始终放在首位。要以无产阶级思想克服和改造各种非无产阶级思想。第二，必须在任何时候都重视党的组织建设。贯彻民主集中制这一根本组织原则，坚持在民主基础上的集中和在集中指导下的民主相结合，个人服从组织，少数服从多数，下级服从上级，全党服从中央。第三，必须重视党的作风建设。党在领导新民主主义革命的过程中，把党的建设作为一项“伟大的工程”，逐步形成了理论联系实际、密切联系群众、批评与自我批评相结合的三大优良作风，这是中国共产党区别于其他任何政党的显著标志。第四，必须联系党的政治路线加强党的建设。党的政治路线是党的纲领在一定历史时期的具体体现，是完成党在一定历史阶段的政治任务的总政策，必须在贯彻执行党的政治纲领和路线中推进党的建设。

中国共产党对统一战线、武装斗争和党的建设这三个基本问题的认识是逐步明确的。大革命时期，处于幼年时期的党在统一战线、武装斗争和党的建设三个基本问题上都没有经验。因此，党在这一阶段的紧要关头，没有能够巩固革命的胜利；党的组织虽然有过很大发展，但是也没有巩固；党的手里有了一批革命武装，但是没有掌握住。

大革命失败后，党对武装斗争的认识有了提高，发动了武装起义，建立了党领导的人民军队，开展了农村游击战争，开辟了建立人民政权的道路。党创造了坚强的人民军队，逐渐掌握了战争的艺术。但在这一时期，党内“左”倾教条主义对统一战线的重要性缺乏认识，把中间势力当作最危险的敌人，把反对资本主义同反帝反封建相提并论，从而使我们党在革命战争的指导上犯了“左”倾教条主义错误，革命事业遭受严重挫折。

抗日战争时期，党总结了历史经验，建立了抗日民族统一战线，取得了抗日战争的胜利。党的组织已经从狭小的圈子里走了出来，变成了全国性大党。同时，毛泽东系统地论述了三大法宝之间的关系。应该说，三大法宝的提出，是中国共产党政治上走向成熟的一个重要标志，是中国共产党成立 18 年来斗争经验总结出来的，是把马克思主义同中国革命具体实践相结合的毛泽东思想走向成熟的一个标志。

第三部分　教学拓展

一、课后思考

1. 如何理解新民主主义革命是新式的特殊的资产阶级民主革命？

2. 理解新民主主义革命三大法宝及其相互关系。

3. 如何理解新民主主义革命道路的必要性及重大意义？

4. 分析新民主主义革命时期建立统一战线的意义。

二、备课参考

1. 毛泽东：《中国社会各阶级的分析》，《毛泽东选集》第一卷，人民出版社 1991 年版。

2. 毛泽东：《星星之火，可以燎原》，《毛泽东选集》第一卷，人民出版社 1991 年版。

3. 毛泽东：《实践论》，《毛泽东选集》第一卷，人民出版社 1991 年版。

4. 毛泽东：《〈共产党人〉发刊词》，《毛泽东选集》第二卷，人民出版社 1991 年版。

5. 毛泽东：《新民主主义论》，《毛泽东选集》第二卷，人民出版社 1991 年版。

三、实践活动

1. 主题演讲

内容：找历史故事，发中国声音。

目的：追寻革命遗迹，进行主题演讲，加深对革命环境中人事物的认知与了解。

操作：以宿舍或小组为单位，分配每人工作；全员准备，积极发言，写实记录；撰写小组总结，指定 1 人演讲，进行班级交流。

2. 校园调研

内容：大学生对红色文化的认知调研。

目的：促进大学生对红色文化的重视与理性认识，将学习红色文化常态化。

操作：以小组为单位进行问卷调查和个案访谈，撰写调查报告，字数不低于 2000 字，并在班级内进行交流。

3. 合作学习

内容：阅读名篇名著。

目的：组建团队，制订阅读计划、学习目标，加深对名篇名著的理解与认识。

操作：指定阅读篇目，共同阅读讨论；撰写读后感。

第三章　社会主义改造理论

第一部分　教学概况

本章概述	本章主要包含三个方面的内容：一、从新民主主义到社会主义的转变；二、社会主义改造道路和历史经验；三、社会主义基本制度在中国的确立。
学时安排	理论学时 4 学时（含课堂活动）
教学目的与教学目标	社会主义改造理论是毛泽东思想的重要组成部分，是以毛泽东为代表的中国共产党人对马克思主义关于社会主义革命理论的创造性运用和发展。使学生了解新民主主义社会的性质及其特征，掌握党在过渡时期总路线的基本内容和理论依据，弄清社会主义改造的原则、方针、道路和历史经验及教训，理解社会主义基本制度在中国确立的伟大意义。在讲清楚以上内容的基础上，使学生掌握新民主主义社会过渡到社会主义社会的历史必然性，认识到社会主义道路是历史的选择、人民的选择，只有社会主义才能够救中国。 本章可将教学目标分为知识、价值、能力三个目标。 知识目标：掌握新民主主义社会的性质；掌握过渡时期总路线的内容和特点；掌握社会主义改造的道路和历史经验；掌握社会主义基本制度在中国确立的伟大意义。 价值目标：通过学习，坚定维护社会主义基本制度的信念，认识到社会主义道路是历史、人民的选择，只有社会主义才能够救中国。 能力目标：能够充分认识新民主主义社会的过渡性；能够正确理解我国在 20 世纪 50 年代走社会主义道路的历史必然性；能够辩证看待社会主义改造和社会主义改革的关系。

本章 教材分析	经过28年艰苦卓绝的斗争，中华人民共和国成立了，中国人民真正成为国家的主人，中华民族进入发展进步的新纪元。山河重整，百废待兴，接下来该怎么走？如何改造旧社会，建立新社会？如何尽快实现国家工业化？社会主义改造理论就是对这一系列崭新课题的创造性回答。本章教学的主要内容包括： 1. 新民主主义社会是一个过渡性的社会。它包含多种经济成分，不是一个独立的社会形态。 2. 党在过渡时期的总路线。总路线可以概括为“一化三改”或“一体两翼”。它是一条建设与改造同时并举的路线。新民主主义社会过渡到社会主义社会有其历史必然性和深厚的理论依据。 3. 适合中国特点的社会主义改造道路。对农业的社会主义改造：积极引导农民组织起来，走互助合作道路。对手工业的社会主义改造：党和政府采取了积极领导、稳步前进的方针。对资本主义工商业的社会主义改造：用和平赎买的方法改造资本主义工商业，把资本主义工商业者改造成为自食其力的社会主义劳动者。 4. 社会主义改造的历史经验和教训。宝贵经验：坚持社会主义工业化建设与社会主义改造同时并举；采取积极引导、逐步过渡的方式；用和平方法进行改造。深刻教训：存在改造要求过急、改变过快、工作过粗、形式过于简单等问题。 5. 社会主义基本制度在中国的确立及意义。1956年底“三大改造”基本完成，标志着社会主义基本制度在中国初步确立。这是中国历史上最伟大最深刻的社会变革，为当代一切发展进步奠定了制度基础，使劳动人民真正成为国家和社会的主人。社会主义基本制度的确立，是世界社会主义运动史上又一个历史性的伟大胜利，丰富和发展了马克思主义的科学社会主义理论。
教学 重点难点	教学重点：过渡时期的总路线及理论依据；适合中国特点的社会主义改造道路；我国社会主义改造的基本经验；确立社会主义基本制度的重大意义及理论根据。 教学难点：社会主义基本制度是中国的历史和人民的必然选择；社会主义改造和社会主义改革的关系。

教学设计	采用线上和线下混合式教学方法。本课程线上教学使用中国大学MOOC平台。 线下教学专题：社会主义改造理论。 一、要回答学生关切的热点问题，为什么说新民主主义社会是一个过渡性的社会？为什么说新民主主义社会过渡到社会主义是历史的必然？为什么说社会主义改造道路是适合我国国情的社会主义改造道路？如何理解社会主义改造和社会主义改革的关系？社会主义改造是为了将非公有制变为社会主义的公有制，当今在改革开放中鼓励、支持和引导非公有制经济发展，这是为什么？ 二、引导学生正确理解我国20世纪50年代走社会主义道路的历史必然性。从理论基础上看，依据的是马克思列宁主义关于过渡时期的理论与实践。从社会基础上看，人民群众心向社会主义，这为中国走向社会主义发展道路奠定了强大的社会基础。从现实条件上看，在新民主主义社会中，社会主义因素不论在经济上还是政治上都已经居于领导地位，加上当时有利于发展社会主义的国际条件，为了促进社会生产力的进一步发展，实现国家富强、民族振兴，我国新民主主义社会必须适时地逐步过渡到社会主义社会。

第二部分　教学转化

第一节　从新民主主义到社会主义的转变

一、过渡性的社会——新民主主义社会

1940年，在《新民主主义论》中，毛泽东基于我们要建立一个新中国的目的，以科学的态度和负责任的精神，创造性地提出了在新民主主义革命胜利后建立一个新民主主义国家，为中国社会历史发展的进程指明了前进的方向。

全面认识和把握新民主主义社会，需要我们了解它的性质、经济成分构成、阶级结构以及主要矛盾。

（一）新民主主义社会的性质

从1949年10月1日中华人民共和国成立到1956年底社会主义改造基本完成，是我国从新民主主义到社会主义的过渡时期。这一时期，我国社会的性质是新民主主义社会。新民主主义社会不是一个独立的社会形态，而是由新民主主义向社会主义转变的过渡性社会形态。这一社会形态不同于奴隶社会、封建社会、资本主义社会等独立的社会形态，它是近代中国由半殖民地半封建社会走向社会主义社会的中介与桥梁。

在新民主主义社会中，社会主义的因素不论在经济上还是在政治上都已经居于领导地位，但非社会主义因素仍有很大的比重。由于社会主义因素居于领导地位，加上当时有利于发展社会主义的国际条件，决定了社会主义因素将不断增长并获得最终胜利，非社会主义因素将不断受到限制和改造。社会主义因素与资本主义因素之间，不可避免地存在着限制与反限制、改造与反改造的斗争。这种斗争的结果，决定着中国社会在一定历史条件下的发展方向。为了促进社会生产力的进一步发展，为了实现国家富强、民族复兴、人民幸福，我国新民主主义社会必须适时地逐步过渡到社会主义社会。新民主主义社会是属于社会主义体系的，是逐步过渡到社会主义社会的过渡性质的社会。

（二）新民主主义社会的经济成分

1948年9月，在中共中央政治局扩大会议（“九月会议”）上，针对“既然现阶段中国的革命性质仍是资产阶级民主主义革命，它所建立起来的新民主主义社会是不是一种‘新资本主义’社会？”这一疑问，毛泽东回答说：“外面有人说是‘新资本主义’，我看这个名词是不妥当的，因为它没有说明，在我们社会经济中起决定作用的东西是国营经济、公营经济，这个国家是无产阶级领导的，所以这些经济都是社会主义性质的。农村个体经济加城市私人经济在量上是大的，但是不起决定作用，我们国营经济、公营经济在量上较小，但它是起决定作用的。”这表明，新中国成立之前，我党对未来新民主主义社会的经济成分已经有了深入的思考。

在新民主主义社会中，存在着五种经济成分，即社会主义性质的国营经济、半社会主义性质的合作社经济、农民和手工业者的个体经济、私人资本主义经济和国家资本主义经济。

国营经济包括大银行、大工业、大的交通运输业和大商业等企业，是现代化的生产和经营。新民主主义国家拥有这些企业，就掌握了国家的经济命脉。国营经济是社会主义性质的经济成分。

合作社经济是部分个体农民和手工业者按照自愿互利原则组织起来的，在调剂劳动力、生产资料的余缺和资金周转等方面发挥积极作用。合作社在中国是一种新的经济形式，是半社会主义性质的。

个体经济包括广大个体农民经济、城乡手工业和小商业。个体经济一般利用手工工具进行生产，经营方式分散落后，但人数众多，在国民经济中占有很大比重。

私人资本主义经济即民族资产阶级的中小资本主义工商企业。这部分经济在国民经济中虽然比重不大，但属于现代性经济。由于中国经济落后，因此在新民主主义革命过程中，政府对它们一直给以保护，在革命胜利后一个相当长的时期，还必须允许它们存在和有一定的发展，尽可能利用其积极的方面，同时限制其消极的方面，不能任其自由发展和泛滥。

国家资本主义经济是新民主主义国家和资本家联合经营的工商企业，是国家利用私人资本主义的一种形式，它要接受国家的管理和计划制约，同时国家又要使资本家获得一定的利益。

这五种经济成分中，半社会主义性质的合作社经济是个体经济向社会主义集体经济过渡的形式，国家资本主义经济是私人资本主义经济向社会主义国营经济过渡的形式。所以，主要的经济成分是三种：社会主义经济、个体经济和资本主义经济。新民主主义社会要继续向前发展，就要不断扩大国营经济，同时逐步将资本主义经济和个体经济改变为社会主义经济，使社会主义经济逐步成为我国的经济基础。

（三）新民主主义社会的阶级结构和矛盾

与新民主主义时期三种不同性质的主要经济成分相联系，中国社会的阶级构成主要有工人阶级、农民阶级和其他小资产阶级、民族资产阶级等基本的阶级力量。由于农民和手工业者的个体经济既可以自发地走向资本主义，也可以被引导走向社会主义，其本身并不代表一种独立的发展方向。

因此，这三种基本的经济成分及与之相联系的三种基本的阶级力量之间的矛盾，就集中表现为社会主义和资本主义两条道路、工人阶级和资产阶级两个阶级的矛盾。随着土地改革的基本完成，工人阶级和资产阶级的矛盾逐步成为国内的主要矛盾。解决了这一矛盾，才能使中国社会实现向社会主义的转变。这一时期的民族资产阶级仍然是一个具有两面性的阶级：既有剥削工人的一面，又有接受工人阶级及其政党领导的一面。因此，民族资产阶级与工人阶级的矛盾也具有两重性，既有剥削者与被剥削者的阶级利益相互对立的对抗性的一面，又有相互合作、具有相同利益的非对抗性的一面。对于工人阶级和社会主义革命来说，民族资产阶级作为一个剥削阶级是被消灭的对象，作为可以接受工人阶级及其政党领导的社会力量，又是团结和改造的对象。

二、改造和建设的“灯塔”——过渡时期总路线

没有革命的理论，就没有革命的行动。新民主主义革命的胜利需要正确路线的指引，同样，完成从新民主主义社会到社会主义社会的转变，也需要找到一条具有中国特点的改造路线。

深入理解和把握党在过渡时期的总路线，需要注意以下两个问题：第一，过渡时期的总路线是如何提出的；第二，过渡时期的总路线的主要内容及其特点。

（一）过渡时期总路线的提出

中国必须走社会主义道路，新民主主义社会要过渡到社会主义社会，这在民主革命时期已经明确。但对于何时过渡、怎样过渡的问题，毛泽东和党的其他领导人的认识经历了一个逐步发展变化的过程。

1949 年，党的七届二中全会，提出了使中国“稳步地由农业国转变为工业国，由新民主主义国家转变为社会主义国家”即“两个转变”同时并举的思想。此前，毛泽东提出在新民主主义革命取得全国胜利以后，大约还要经

过 10 年、15 年或 20 年再向社会主义过渡的设想。

1951 年前后，党内大体形成了先用三个五年计划的时间搞工业化建设，再向社会主义过渡的共识。即：在过渡的时间上，认为需要一个相当长的新民主主义建设阶段，一般估计为 15 年到 20 年时间；在转变条件上，认为只有实现了国家工业化，才能实现私营工业国有化和农业集体化；在过渡的步骤和方式上，认为当工业发展了、国营经济壮大了的时候，就可以进一步实行资本主义工商业的国有化和个体农业的集体化。

从 1949 年至 1952 年，党领导人民集中力量恢复国民经济，继续完成民主革命遗留的任务。与此同时，没收官僚资本，建立社会主义性质的国营经济；在完成土地改革之后的农村，及时开展互助合作运动；在调整工商业过程中，采取对私营工商业加工订货、经销代销等方式，广泛发展初级形式的国家资本主义等，为全面向社会主义过渡奠定了基础。

经过三年的努力，到 1952 年我国国民经济得以恢复，民主革命遗留任务已经完成，经济、政治及社会面貌发生巨大变化。这时，毛泽东和党的其他领导人对原来的设想有了新的认识，认为我国正面临着新的发展形势，在农村和城市开始逐步进行社会主义改造已经成为必要并有实现的可能，开始向社会主义过渡的时机已经到来，于是重新思考向社会主义过渡的时间和步骤问题。

1952 年 9 月，毛泽东提出，我们现在就要开始用 10 年到 15 年时间基本上完成向社会主义过渡，而不是 10 年以后才开始过渡。这是酝酿提出过渡时期总路线的开始。1953 年 6 月，毛泽东在中央政治局会议上正式提出过渡时期的总路线和总任务；9 月 25 日，《人民日报》发表的庆祝中华人民共和国成立 4 周年的口号中，正式公布了这条总路线；同年 12 月形成了关于总路线的完整表述。1954 年 2 月；中共七届四中全会通过决议，正式批准了过渡时期总路线；并于同年 9 月载入第一部《中华人民共和国宪法》。

（二）过渡时期总路线的内容

1953 年 12 月，中共中央批准并转发了《为动员一切力量把我国建设成为一个伟大的社会主义国家而斗争——关于党在过渡时期总路线的学习和宣传提纲》。在这一提纲中，对党在过渡时期的总路线作了完整的表述，即："从中华人民共和国成立，到社会主义改造基本完成，这是一个过渡时期。党在这个过渡时期的总路线和总任务，是要在一个相当长的时期内，逐步实现国家的社会主义工业化，并逐步实现国家对农业、对手工业和对资本主义工商业的社会主义改造。"同时，进一步指出，"这条路线是照耀我们各项工作的灯塔，各项工作离开它，就要犯右倾或'左'倾的错误"。

党在过渡时期总路线的主要内容被概括为"一化三改"。"一化"即社会主义工业化，"三改"即对个体农业、手工业和资本主义工商业的社会主义改造。它们之间相互联系，不可分离，可以比喻为鸟的"主体"和"两翼"。其中，"一化"是"主体"，"三改"是"两翼"，两者相辅相成、相互促进。这是一条社会主义建设和社会主义改造同时并举的路线，体现了社会主义工业化和社会主义改造的紧密结合，体现了解放生产力与发展生产力、变革生产关系与发展生产力的有机统一。

这条总路线，符合生产关系一定要适合生产力状况的规律，反映了当时全国人民的普遍愿望。在帝国主义、封建主义、官僚资本主义长期压迫下，处于贫困落后状态的中国人民，一旦掌握了国家政权和国民经济命脉以后，迫切需要把中国从一个落后的农业国变为一个先进的工业国，就必须实现国家的工业化。而在中国的具体条件下，就必须实现社会主义工业化。实现社会主义工业化，是国家独立和富强的必然要求和必要条件。

近代以来的历史证明，中国社会经济状况不允许走资本主义道路，如果搞资本主义只能成为帝国主义的附庸。而当时的时代条件和国际环境的新特点又促使中国人民选择走社会主义道路，中国革命的领导力量也决定了中国必然走社会主义道路。因此，在20世纪50年代中期实现国家工业化道路的选择上，中国不可能选择资本主义道路，而只能是选择社会主义道路。为了实现社会主义工业化，必须在充分利用原有工业潜力和进行新的工业建设的同时，对个体经济和私营资本主义工商业进行社会主义改造。

党在过渡时期的总路线，将马克思列宁主义关于过渡时期的理论在中国具体化了，形成了中国化的过渡时期理论，为中国社会主义改造提供了行动指南。

第二节 社会主义改造道路和历史经验

一、历史性难题的解决——农业社会主义改造

农业社会主义改造即指农业合作化运动，就是在人民民主专政条件下，通过合作化道路，把小农经济逐步改造成为社会主义集体经济，是中国共产党在过渡时期总路线的一个重要组成部分。

学习和掌握这一内容，我们要注意两个问题：第一，农业社会主义改造的方针、政策和办法；第二，农业社会主义改造的阶段划分。

（一）农业社会主义改造的方针、政策和办法

中国的一个特点是农民占人口的绝大多数。如何将几亿农民的个体所有制改造成集体所有制，是一个历史性的难题。以毛泽东为主要代表的中国共产党人根据马克思列宁主义关于农业社会主义改造的基本原理，从我国农村实际出发，制定并实行了一整套适合中国特色的对农业进行社会主义改造的方针、政策和办法，开辟了一条适合我国国情的农业社会主义改造道路。

第一，积极引导农民组织起来，走互助合作道路。土地改革完成后，我国广大农民的生产积极性大大提高。这种积极性表现在两个方面：一是个体经济的积极性，二是互助合作的积极性。党中央正确分析了农民这两方面的积极性，提出一方面不能挫伤个体经济的积极性，另一方面要提倡组织起来，发展互助合作的积极性。在土地改革完成后，党不失时机地引导农民走互助合作道路，受到农民的拥护和支持。

第二，遵循自愿互利、典型示范和国家帮助的原则，以互助合作的优越性吸引农民走互助合作道路。农民既是私有者又是劳动者，对农民不能采取剥夺的办法，只能引导、说服和教育，使其自愿地走合作化的道路。

第三，正确分析农村的阶级和阶层状况，制定正确的阶级政策。土地改革后，贫农、雇农由于分得了土地等生产资料，有半数人迅速上升为中农。根据中农在生产中的地位、生活状况和对社会主义的态度，毛泽东把中农分

为上中农和下中农。贫农和下中农一起，占农村人口的60%到70%，都是党在农村的依靠力量，从而解决了在农村依靠大多数农民和建立无产阶级优势的问题。在此基础上，党制定并贯彻执行了依靠贫下中农（包括原来是贫农而在土地改革后变成的下中农以及老中农中的下中农），巩固团结其他中农，发展互助合作，由逐步限制到最后消灭富农剥削的农村阶级政策。这使农业合作化有了坚实的阶级基础和群众基础。

第四，坚持积极领导、稳步前进的方针，采取循序渐进的步骤。农业社会主义改造大体上经历了互助组、初级社和高级社三个发展阶段。互助组由几户或十几户农民自愿组成，土地耕畜和其他生产资料仍归农民个人所有，但在生产方面组织起来、互帮互助，具有社会主义萌芽性质。初级社以土地入股和统一经营为特点，实行集体劳动，产品分配采取按劳分配和土地入股分红相结合，耕畜和大农具也付给一定的报酬，具有半社会主义性质。高级社实行生产资料农民集体所有、按劳付酬，取消土地分红，具有完全的社会主义性质。

（二）农业社会主义改造的阶段划分

第一阶段：从1949年10月至1953年，以办互助组为主，同时试办初级形式的农业合作社。

1951年9月，中共中央召开了第一次互助合作会议，通过了《关于农业生产互助合作的决议》，并以草案的形式发给各级党委试行。到1952年底，全国农业互助合作组织发展到830余万个，参加的农户达到全国总农户的40%，其中，各地还个别试办了农业生产合作社（初级社）3600余个。

1952年冬至1953年春，在农业互助合作运动中出现了急躁冒进倾向。为纠正这种倾向，1953年2月，中央公布了《关于农业生产互助合作的决议》。4月3日，中央农村工作部召开第一次全国农村工作会议，阐述了“稳步前进”的方针。10月15日、11月4日毛泽东两次同中央农村工作部负责人谈话，提出互助合作运动是农村中一切工作的纲领，是农村工作的主题，说“纠正急躁冒进”是一股风，吹倒了一些不应吹倒的农业生产合作社。这两次谈话，有许多正确的意见，但也表现出在农业合作化问题上急于求成、贪多图大的思想。

第二个阶段：从1954年至1955年上半年，初级社在全国普遍建立和发展。

1954年春，农业生产合作社发展到9.5万个，参加农户达170万户，大大超过了中央提出的数字。4月中央农村工作部召开第二次农村工作会议，会议分析了互助合作运动的形势，指出农村将相继出现一个社会主义革命高涨的局面。为了吸引更多的农民入社，国家从各方面大力支援农业生产合作社。到同年秋，全国新建农业生产合作社13万多个，加上原有的共22.5万多个。

1954年10月，中央农村工作部召开了全国第四次互助合作会议，决定到1955年春耕以前，将农业生产合作社发展到60万个。到1955年4月，合作社发展到67万个。由于发展速度过猛，不少地方又出现了强迫命令、违反自愿互利原则的现象。据此，中共中央在1955年1月10日，发出《关于整顿和巩固农业合作社的通知》，要求各地停止发展，集中力量进行巩固，在少数地区进行收缩。3月上旬，毛泽东提出了“停、缩、发”的三字方针，即根据不同地区的情况，停止发展、实行收缩和适当发展。中央农村工作部于4月下旬召开了全国第三次农村工作会议，总结经验，布置工作，提出要求。到1955年7月，全国原有67万个合作社，经过整顿，巩固下来的有65万个。

第三个阶段：从1955年下半年至1956年底，农业合作化运动迅猛发展。

1955年7月31日，中共中央召开省、市、自治区党委书记会议。毛泽东在会议上作了《关于农业合作化问题》的报告，对党的农业合作化的理论和政策作了系统阐述，并对合作化的速度提出新的要求。报告还严厉批评了邓子恢等人的“右倾”。10月4日至11日，中共中央在北京召开七届六中全会，通过了《关于农业合作化问题的决议》，要求到1958年春在全国大多数地方基本上普及初级农业生产合作，实现半社会主义合作化。会后，农业合作化运动急速发展，仅3个月左右的时间就在全国基本实现了农业合作化。

到1956年底，参加初级社的农户占总农户的96.3%，参加高级社的达到农户总数的87.8%，基本上实现了完全的社会主义改造，完成了由农民个体所有制到社会主义集体所有制的转变。

二、适合中国特点的改造——和平赎买

走社会主义道路是中国人民历史的选择。新中国成立后，经过几年的探索，到1953年，中共中央正式提出了过渡时期总路线。在总路线的指导下，社会主义改造开始进行。中国共产党根据马克思、恩格斯和列宁关于和平方式变革所有制的设想，结合中国的具体情况，提出了对资本主义工商业实行和平赎买的方针。所谓赎买，就是国家有偿地将私营企业改变为国营企业，将资本主义私有制改变为社会主义公有制。赎买的具体方式不是由国家支付一笔巨额补偿资金，而是让资本家在一定年限内从企业经营所得中获取一部分利润。

深入理解和平赎买政策，需要我们从这一政策的提出、实施和意义等三个方面加以把握。

（一）和平赎买的提出

1952年9月，在国民经济基本恢复的情况下，中共中央提出要在10到15年内基本上完成社会主义改造，消灭资产阶级和改造资本主义工商业。9月24日，毛泽东在中央书记处会议上指出，资本主义工商业正通过公私合营、加工订货、工人监督、资本公开等发生性质上的变化，变成新式的资本主义。中央实行资本主义工商业改造的思路逐渐清晰起来，向和平赎买的方向前进了一步。

同年10月25日，全国工商联筹备委员会第二次常委会结束后，周恩来同资本家代表座谈时说："将来用什么方法进入社会主义，现在还不能说得很完整，但总的来说，就是和平转变的道路。中国经过了反帝、反封建的流血革命后，不会再流第二次血。和平转变，是要经过一个相当长的时间，而且要转变得很自然，'水到渠成'。如经过各种国家资本主义的方式，达到阶级消灭，个人愉快。"周恩来的讲话，是对毛泽东"新式的资本主义"的发展，向和平赎买又接近了一步。

1953 年 2 月 19 日，毛泽东在武汉同中南局的几位负责人谈话时说：“对民族资产阶级，可以采取赎买的办法。”至此，中国共产党人关于和平赎买的想法基本形成。

1953 年春，中央统战部部长李维汉带领调查组，先后到武汉、南京、上海等民族工商业比较集中的城市进行调查，主要是想调查“五反”运动之后如何开展资产阶级工作的问题。但调研中，反映公私合营以及加工、订货、统购、包销等经济工作的情况非常多。李维汉适时调整调研方向，把目光集中到国家资本主义问题上来。5 月，调查组写出《资本主义工业中的公私关系问题》的调查报告，5 月 27 日报送毛泽东和中共中央。报告明确向中央提出：经过国家资本主义，特别是公私合营这一主要环节，实现对资本主义工商业的社会主义改造。

调查报告受到党中央的高度重视。毛泽东亲自给李维汉打电话，说要提交中央政治局会议讨论。这个调查报告在恰当的时间，为毛泽东正在寻求解决的重大问题提供了恰当的答案，而且同他的思路不谋而合。

1953 年 6 月 15 日，在中央政治局会议（参加会议的还有 10 个大城市的市委书记）上，李维汉提交了题为《关于利用、限制和改组资本主义工商业的若干问题》的报告。毛泽东准备把这个文件作为党的决议，提交到党的全国代表会议讨论通过，后来又觉得还不太成熟，为了慎重，改为李维汉在全国财经会议上报告。

经过中央政治局会议和全国财经会议两次讨论，作为对资本主义工商业利用、限制和改造的方针，从指导思想上确定下来了。从 1949 年 3 月党的七届二中全会提出的利用、限制资本主义的方针，到 1953 年 6 月政治局会议确定为利用、限制和改造，政策更加完整和系统，对资本主义工商业社会主义改造采取“和平赎买”的方针已基本确定。

（二）和平赎买的实施

1953 年 9 月 7 日，毛泽东在中南海颐年堂约请陈叔通等党外人士座谈。他在强调坚持“稳步前进，不能太急”的资本主义工商业改造方针和步骤的同时，回答了工商界最关心的利润分配问题，并解释说，国家资本主义企业的利润分为国家的税收、资本家的股息和红利、工人的奖金和福利、企业的公积金四个部分（“四马分肥”），分别占34.5%、20.5%、15%、30%。第二天，周恩来在政协常委扩大会议的报告中，作了一个补充：“关于资本家的所得，还可以再多一些，如能达到25%上下就更合适一些。”后来大致是按25%这个比例分配的。

总路线和对资本主义工商业改造的方针传开后，许多工商业者感到震动和不安，一部分人存在严重抵触情绪，少数人则以“三停”（停工、停伙、停薪）、抽逃资金、破坏生产等手段抗拒社会主义改造。

为了稳定工商业者的情绪，1955年10月27日、29日，毛泽东两次邀请民主建国会的负责人和出席全国工商联会议的全体执行委员分别在颐年堂、怀仁堂进行座谈。毛泽东生动阐述了和平赎买政策。他说：“我们现在对资本主义工商业的社会主义改造，实际上就是运用从前马克思、恩格斯、列宁提出过的赎买政策。它不是国家用一笔钱或者发行公债来购买资本家的私有财产，也不是用突然的方法，而是逐步地进行，延长改造的时间，比如讲15年吧，在这中间由工人替工商业者生产一部分利润。这部分利润，是工人生产的利润中间分给私人的部分，有说一年四五个亿的，有说没有这么多的，大概是一年几个亿吧，十年就是几十个亿。我们实行的就是这么一种政策。全国资本家的固定资产的估价，有这么一笔账：工业方面有25亿元，商业方面有8亿元，合计是33亿元。我想，如果15年再加恢复时期3年共18年，工人阶级替资产阶级生产的利润就会超过这个数字。对资本主义工商业，是采取1949年对官僚资本那样全部没收、一个钱不给这个办法好呢，还是拖15年、18年，由工人阶级替他们生产一部分利润，而把整个阶级逐步转过来这个办法好呢？这是两个办法：一个恶转，一个善转；一个强力的转，一个和平的转。我们现在采取的这个方法，是经过许多的过渡步骤，经过许多宣传教育，并且对资本家进行安排，应当说，这样的办法比较好。”

毛泽东的讲话，在很大程度上消除了与会的这些资产阶级代表人物的怀疑和顾虑，坚定了他们爱国守法、积极接受社会主义改造、把自己的命运同国家的前途结合在一起的信心。他们积极投身社会主义改造的时代洪流，带动、影响一批工商业者成为拥护总路线的进步骨干，成为协助中国共产党顺利推进资本主义工商业社会主义改造的重要力量。经过三年的努力，到1956年底，资本主义工商业社会主义改造顺利完成。

（三）和平赎买的重要意义

1981年6月，党的十一届六中全会通过的《关于建国以来党的若干历史问题的决议》指出：在过渡时期中，我们党创造性地开辟了一条适合中国特点的社会主义改造的道路。对资本主义工商业，我们创造了委托加工、计划订货、统购包销、委托经销代销、公私合营、全行业公私合营等一系列从低级到高级的国家资本主义的过渡形式，最后实现了马克思和列宁曾经设想过的对资产阶级的和平赎买。

事实胜于雄辩。用和平赎买方法改造资本主义工商业有很多优点：第一，这场社会大变革没有造成破坏和动乱，生产资料几乎没有损失。第二，民族工商业者从剥削者逐步转变为劳动者，他们获得定息的同时又领取工资，生活水平基本上没有下降。第三，公私合营企业生产率增长，经济效益提高。1956年公私合营工业总产值增加约32%，高出全国工业总产值增长十多个百分点，公私合营商店、合作商店和合作小组的商品零售额也增加了15%。

对资本主义工商业实行和平赎买，有利于发挥私营工商业在国计民生方面的积极作用，促进国民经济发展；有利于争取和团结民族资产阶级，有利于团结各民主党派和各界爱国人士，巩固和发展统一战线；有利于发挥民族资产阶级中大多数人的知识、才能、技术专长和管理经验，有利于团结那些原来与资产阶级相联系的知识分子为社会主义建设服务。中国共产党以新的实践丰富了科学社会主义理论，这无疑是一个伟大的创举。

三、改造与建设并举——社会主义改造的历史经验

列宁说过："判断历史的功绩，不是根据历史活动家没有提供现代所要求的东西，而是根据他们比他们的前辈提供了新的东西。"在我国进行社会主义改造，有两个事实是世界历史上罕见的：第一，一个几亿人口的大国比较顺利地实现了如此复杂、困难和深刻的社会变革，不仅没有造成生产力的破坏，

反而促进了工农业和整个国民经济的发展。第二，变革没有引起巨大的社会动荡，反而极大地加强了人民的团结，并且是在人民普遍拥护的情况下完成的。实践证明，我国社会主义改造的基本完成，确实是一个伟大的历史性胜利，是中国共产党紧紧依靠人民所做出的伟大创造。

全面、科学地把握我国社会主义改造的历史经验，客观地认识改造过程中出现的问题，需要我们从理解以下内容着手。

（一）坚持工业化建设与改造同时并举

毛泽东指出："我们现在不但正在进行关于社会制度方面的由私有制到公有制的革命，而且正在进行技术方面的由手工业生产到大规模现代化机器生产的革命，而这两种革命是结合在一起的。"社会主义革命的目的是解放生产力。社会主义改造就是变革不适应工业化发展要求的生产关系，是围绕着社会主义工业化建设这个中心任务进行的；引导个体农民、个体手工业者走集体化的道路，改造私人资本主义工商业，目的都是为了适应社会主义工业化建设的要求，更好地发展生产力。因此，在改造过程中，党和政府所采取的实际步骤，总是力求其与促进工业化进程和经济发展的要求相适应，而不允许对生产力造成破坏。我国的社会主义改造全面推进是从 1953 年开始的，与此同时，我国的社会主义工业化建设也全面展开。经过全党和全国人民的努力奋斗，到 1956 年我国社会主义改造基本完成时，"一五"计划的主要指标已提前完成，到 1957 年，各项指标均超额完成。经过"一五"期间的大规模建设，我国以重工业为重点的社会主义工业化基础已初步建立。实践证明，党坚持社会主义改造与社会主义工业化同时并举的方针，对于在深刻的社会变革中保持社会稳定，促进生产力发展，逐步改善人民生活，推动社会进步，都具有十分重要的意义。

（二）采取积极引导、逐步过渡的方式

我国对农业、手工业和资本主义工商业的改造，都采取了区别对象、积极引导、逐步过渡的方式。在农业社会主义改造方面，创造出互助组、初级社、高级社等过渡形式。这种从实际出发引导农民走向社会主义的、渐进的改造方式，可以使农民体会到组织起来力量大，可以增加生产，有利于克服

困难，防止出现两极分化，从而逐步提高农民的觉悟，逐步地改变他们的生活方式，并且能够避免出现一些农民破坏生产资料的情况。实践证明，这种逐步过渡的办法符合农民的特点和生产力状况。在手工业改造方面的逐步过渡，不仅保护和促进了手工业生产，而且为手工业逐步进行技术改造创造了条件，使广大手工业者迎来了发展的“春天”。在资本主义工商业的改造中，创造出从初级到高级的各种国家资本主义的过渡形式，实现了对资产阶级的和平赎买以及对资本主义工商业者的改造，避免了在改造期间可能发生的剧烈的社会震荡和经济衰退。中国这场巨大而深刻的社会变革，不仅没有对生产力的发展造成破坏，而且促进了生产力的发展。

（三）用和平方法进行改造

无论是资本主义工商业，还是农民和手工业者的个体所有制，都具有私有制的性质。对其进行改造，属于社会主义革命性质。毛泽东说：“我们进行社会主义革命所用的方法是和平的方法。”“在我国的条件下，用和平的方法，即用说服教育的方法，不但可以改变个体的所有制为社会主义的集体所有制，而且可以改变资本主义所有制为社会主义所有制。”坚持用和平的办法，不仅保证了我国社会主义改造的顺利进行，而且维护了社会的稳定，极大地促进了社会主义事业的发展。

我国社会主义改造取得了历史性的胜利，也有一些失误和偏差。主要是“在一九五五年夏季以后，农业合作化以及对手工业和个体商业的改造要求过急，工作过粗，改变过快，形式也过于简单划一，以致在长期间遗留了一些问题。一九五六年资本主义工商业改造基本完成以后，对于一部分原工商业者的使用和处理也不很适当”。出现这些问题，有指导思想上急于求成、不够谨慎以及工作方法上过于简单等因素，也有受当时历史条件限制而产生的认识上的一些问题，主要是：在社会主义经济模式的选择和理解上过于单一，追求纯粹的单一的社会主义经济成分；在公有制实现形式的选择和理解上过于简单化，只注意到集体所有制和全民所有制这两种基本形式，而对社会主义改造基本完成以后公有制经济可以和非公有制经济共同发展缺乏认识。党在实际工作中曾对这些问题有所觉察，对某些失误和偏差也做过纠正，但是，当时党对我国社会主义发展阶段问题还没有形成科学的理论，对什么是社会主义还没有完全搞清楚，致使一些遗留问题长期没有得到解决。总之，不能因为出现这些失误和偏差而否定社会主义改造的伟大意义。邓小平曾经指出："我们的社会主义改造是搞得成功的，很了不起。这是毛泽东同志对马克思列宁主义的一个重大贡献。"

第三节　社会主义基本制度在中国的确立

最深刻最伟大的社会变革——社会主义基本制度在中国的确立。

1956 年底，我国对农业、手工业和资本主义工商业的社会主义改造的基本完成，我国社会经济结构发生了根本变化，社会主义经济成分已占绝对优势，社会主义公有制已成为我国社会的经济基础，标志着中国历史上长达数千年的阶级剥削制度的结束和社会主义基本制度的确立。

社会主义基本制度的确立是中国历史上最深刻最伟大的社会变革，为当代中国一切发展进步奠定了制度基础，也为中国特色社会主义制度的创新和发展提供了重要条件。

深刻理解这一最深刻最伟大的社会变革，需要我们从确立社会主义基本制度的依据和意义两个方面加以把握。

一、确立的依据

与新民主主义社会相比，我国在完成社会主义改造后，许多方面都发生了很大变化。这些变化标志着社会主义基本制度的确立。主要体现在以下三个方面：

第一，社会经济结构发生根本变化。

随着社会主义改造的基本完成，社会主义经济成分已占绝对优势，社会主义公有制已成为我国社会的经济基础。据统计，在国民收入结构上，1956 年同 1952 年相比，国营经济的比重由 19.1% 上升到 32.2%，合作社经济由 1.5% 上升到 53.4%，公私合营经济由 0.7% 上升到 7.3%，个体经济由 71.8%

下降到 7.1%，资本主义经济则由 6.9% 下降到接近于零，前三种经济合计占国民收入的 92.9%。在工业总产值中，1956 年同 1952 年相比，社会主义工业由 56% 上升到 67.5%，国家资本主义工业由 26.9% 上升到 32.5%，资本主义工业由 17.1% 下降到接近于零。在商品零售额中，国营商业和供销合作社商业由 42.6% 上升到 68.3%，国家资本主义商业和由原来的小私商组织的合作化商业由 0.2% 上升到 27.5%，私营商业由 57.2% 下降到 4.2%。这表明，中国几千年来以生产资料私有制为基础的阶级剥削制度已经基本上被消灭，以生产资料公有制为基础的社会主义基本经济制度已经建立起来。

第二，人民民主政治建设有步骤地推进。

1954 年 9 月，第一届全国人民代表大会的召开和《中华人民共和国宪法》的制定及颁布施行，为各族人民参与国家政治生活提供了必要条件和保证，为逐步健全和完善我国社会主义政治制度奠定了坚实的基础，成为新中国民主政治建设的里程碑。《中华人民共和国宪法》是中国人民 100 多年来为建立新中国而英勇奋斗的历史经验总结，也是新中国成立以来新的经验总结。这部宪法明确规定了我国人民民主专政的国体和人民代表大会制度的政体。人民代表大会制度这一根本政治制度、中国共产党领导的多党合作和政治协商制度、民族区域自治制度这些基本政治制度的确立，表明我国由一个新民主主义的国家转变为社会主义国家。

第三，社会的阶级关系发生根本变化。

帝国主义侵略势力已经被清除出中国大陆；官僚资产阶级已经在中国内地被消灭；原来的地主和富农正在被改造成为自食其力的劳动者；民族资产阶级分子被改造成自食其力的社会主义劳动者；工人阶级已经成为国家的领导阶级，工人阶级队伍进一步壮大；亿万农民和其他个体劳动者已经变成社会主义的集体劳动者；知识界已经组成一支为社会主义服务的队伍。广大劳动人民从此摆脱了被剥削被奴役的地位，成为掌握生产资料的国家和社会的主人以及掌握自己命运的主人。

社会主义改造的基本完成和由此带来的社会各方面的变化，表明社会主义基本制度已经在我国的经济领域、政治领域及社会生活其他领域基本确立。

二、确立的重大意义

第一，社会主义基本制度的确立，极大地提高了工人阶级和广大劳动人民的积极性、创造性，极大地促进了我国社会生产力的发展。社会主义基本制度以其与社会化大生产的一致性和能够在经济落后条件下尽可能地集中力量办大事的优势，为发展社会生产力开辟了广阔的道路。1957 年工农业总产值达到 1241 亿元，按可比价格计算，比 1952 年增长 67.8%；其中工业总产值 704 亿元，增长 128.6%，所占比重由 1952 年的 43.1% 上升到 56.7%。重工业生产在工业总产值中的比重，由 1952 年的 35.5% 提高到 45%，旧中国重工业过分落后的面貌有所改变。一大批旧中国没有的基础工业部门和大中型工业企业相继建立，工业技术水平和工程设计能力有了较大提高，从而奠定了我国社会主义工业化的初步基础。这对于改变我国经济技术落后的面貌，改善人民生活具有重要意义。

第二，我国社会生产力的发展，初步显示了社会主义的优越性。随着社会主义建设的全面展开，我国逐步建立起独立的比较完整的工业体系和国民经济体系，积累了在中国这样一个社会生产力水平十分落后的东方大国进行社会主义建设的重要经验。我国工业化、现代化建设取得的辉煌成就，离不开选择了社会主义道路这个根本的前提条件。对此，毛泽东指出："当人民推翻了帝国主义、封建主义和官僚资本主义的统治之后，中国要向哪里去？向资本主义，还是向社会主义？……事实已经回答了这个问题：只有社会主义能够救中国。社会主义基本制度促进了我国生产力的突飞猛进的发展，这一点，甚至连国外的敌人也不能不承认了。"

第三，社会主义基本制度的确立，使广大劳动人民真正成为国家的主人。这是中国几千年来阶级关系的最根本变革，极大地巩固和扩大了工人阶级领导的、以工农联盟为基础的人民民主专政国家政权的阶级基础和经济基础，为当代中国一切发展进步奠定了根本政治前提和制度基础，实现了中华民族由近代不断衰落到根本扭转命运、持续走向繁荣富强的伟大飞跃。

第四，中国社会主义基本制度的确立，使占世界人口 1/4 的东方大国进入了社会主义社会，这是世界社会主义发展史上又一个历史性的伟大胜利。它进一步改变了世界政治经济格局，增强了社会主义的力量，对维护世界和平产生了积极影响。

社会主义基本制度的确立，是以毛泽东为主要代表的中国共产党人对一个脱胎于半殖民地半封建的东方大国如何进行社会主义革命问题的系统回答和正确解决，是马克思列宁主义关于社会主义革命理论在中国的正确运用和创造性发展的结果。它不仅再次证明了马克思列宁主义的真理性，而且以其独创性的理论原则和经验总结丰富和发展了科学社会主义理论。

第三部分　教学拓展

一、课后思考

1. 如何理解新民主主义社会是一个过渡性社会？

2. 党在过渡时期总路线的内容和特点是什么？

3. 试述社会主义改造的原则、方针、道路和历史经验。

4. 如何正确认识和看待我国社会主义改造这一重要历史事件？

二、备课参考

1.《中国共产党中央委员会关于建国以来党的若干历史问题的决议》，《三中全会以来重要文献选编》（下），中央文献出版社 2011 年版。

2. 中共中央党史研究室编写：《社会主义改造的基本完成和社会主义社会制度在中国的建立》，《中国共产党历史》第二卷，中共党史出版社 2011 年版。

3. 毛泽东：《革命的转变和党在过渡时期的总路线》，《毛泽东文集》第六卷，人民出版社 1999 年版。

4. 毛泽东：《在中国共产党第七届中央委员会第二次全体会议上的报告》，《毛泽东选集》第四卷，人民出版社 1991 年版。

三、实践活动

1. 主题演讲

内容："群众所信任的领袖人物"耿长锁。(耿长锁是农业社会主义改造中的模范典型。他通过把个体农户组织起来，领导河北省饶阳县五公村农业生产合作社，走合作化道路，推进当地农业社会主义改造的完成，被毛泽东誉为"群众所信任的领袖人物"。)

目的：引导学生更加深入地理解农业社会主义改造的"自愿互利、典型示范和国家帮助"原则，充分认识农村典型人物的重要作用，进一步领会农民走互助合作道路的重要性。

操作：以宿舍为单位，指定负责人 1 名；认真整理、学习耿长锁的先进事迹，集思广益撰写演讲稿（不超过 1000 字，时间控制在 10 分钟以内）；每个宿舍推举 1 名代表，在课上脱稿进行演讲；由老师和同学组成 7 人评委组，针对演讲内容、举止表现、时间把控等进行打分，计入平时成绩（同一宿舍成员计分相同）。

第四章　社会主义建设道路初步探索的理论成果

第一部分　教学概况

本章概述	本章主要包含两个方面的内容：一、初步探索的重要理论成果；二、初步探索的意义和经验教训。
学时安排	理论学时 2 学时（含课堂活动）
教学目的 与 教学目标	指导和帮助学生深刻理解中国特色社会主义道路的形成是一个长期的艰难曲折的摸索过程，把握以毛泽东同志为核心的党的第一代中央领导集体进行社会主义建设道路初步探索所取得的独创性重要理论成果，及其为我们在新的历史时期开创中国特色社会主义提供了宝贵经验、理论准备、物质基础，进一步坚定“四个自信”。掌握改革开放前我国社会主义建设的基本历史知识；研读毛泽东关于如何在“一穷二白”的东方大国建设社会主义的重要著作；联系改革开放以来我国从富起来到强起来的历史巨变和现实，阐明社会主义建设道路初步探索的理论成果的重大意义。 本章可将教学目标分为知识、价值、能力三个目标。 知识目标：掌握调动一切积极因素为社会主义事业服务的思想；掌握认识和处理社会主义社会矛盾的思想；掌握走中国工业化道路的思想；掌握社会主义建设道路初步探索的意义和经验教训。 价值目标：通过学习，深刻理解中国特色社会主义道路来之不易，认识到初步探索的理论成果为改革开放新时期开创中国特色社会主义提供了宝贵经验、理论准备、物质基础，进一步坚定“四个自信”。 能力目标：能够充分了解改革开放前我国社会主义建设的历史；能够自主研读毛泽东的《论十大关系》《关于正确处理人民内部矛盾的问题》等经典著述。

本章 教材分析	在中国建设社会主义，没有先例可循，如同攀登一座人迹罕至的高山，需要筚路蓝缕，披荆斩棘。成就甚为显著，经验弥足珍贵，教训十分深刻。如何正确把握艰辛探索的理论成果？如何认识这一时期与改革开放新时期的关系？这是本章要集中讲述的问题。 1. 以苏联的经验教训为鉴戒。新中国成立初期，我们的很多东西都是学习苏联的，但并没有全部照搬。毛泽东提倡要进行“第二次结合”，找出在中国进行社会主义建设的正确道路。 2. 初步探索的重要理论成果。第一，调动一切积极因素为社会主义事业服务。《论十大关系》标志着党探索中国社会主义建设道路的良好开端。第二，正确认识和处理社会主义社会矛盾的思想。这主要体现在毛泽东 1957 年 2 月所作的《关于正确处理人民内部矛盾的问题》报告中。毛泽东关于社会主义社会矛盾的学说，科学揭示了社会主义社会发展的动力，以独创性的内容丰富了马克思主义的理论宝库。第三，走中国工业化道路的思想。毛泽东提出了一整套“两条腿走路”的工业化发展思路。 3. 初步探索的意义和经验教训。党对社会主义建设道路的初步探索，取得了巨大成就，积累了丰富的经验，同时也遭受过重大挫折，留下了深刻教训。 4. 改革开放前、后两个时期的关系。改革开放前的社会主义实践探索为改革开放后的社会主义建设积累了经验并准备了条件；改革开放后的社会主义实践探索是对前一个时期探索的坚持、改革、发展。对改革开放前的实践探索，要坚持实事求是的思想路线，分清主流和支流，坚持真理，修正错误，发扬经验，吸取教训，在这个基础上把党和人民事业继续推向前进。
教学 重点难点	教学重点：调动一切积极因素为社会主义事业服务的思想；正确认识和处理社会主义社会矛盾的思想；走中国工业化道路的思想。 教学难点：党对社会主义建设道路初步探索的经验教训；改革开放前的社会主义实践探索和改革开放后的社会主义建设的关系。

教学设计	采用线上和线下混合式教学方法。本课程线上教学使用中国大学MOOC平台。 线下教学专题：社会主义建设道路初步探索的理论成果。 一、在讲解本专题时，要采用问题导入、文献研讨、历史与现实相结合的教学方法，重点讲解“调动一切积极因素为社会主义事业服务”“正确认识和处理社会主义社会矛盾的思想”“走中国工业化道路的思想”等三个方面内容，阐明社会主义建设的动力、机制和道路，概括“初步探索”的特点（开创性、摸索性、基础性成就和曲折性等），引导学生正确评价毛泽东同志在社会主义建设道路的探索中走过的弯路特别是他晚年的错误。 二、本专题教学是从讲解毛泽东思想过渡到讲解中国特色社会主义理论体系的承前启后的重要一环，因此，要注意讲清楚改革开放前的社会主义实践探索和改革开放后的社会主义建设的关系，同时，要为讲解中国特色社会主义理论体系埋下伏笔、作好铺垫。

第二部分　教学转化

第一节　初步探索的重要理论成果

一、社会主义建设的基本方针——调动一切积极因素为社会主义事业服务

在“一穷二白”的东方大国建设和巩固社会主义，没有先例可循。中国共产党面临一个亟待解决的崭新课题。新中国成立初期，我国主要是学习苏联经验，这在当时是必要的，也取得了一定的成效。但是，实践表明，照抄照搬苏联经验不符合中国国情，仍需要实现马克思主义与中国实际的“第二次结合”，积极探索适合中国国情的社会主义建设道路。在这一探索过程中，我党要发扬新民主主义革命中“团结一切可以团结的力量”的宝贵实践经验，尽最大可能调动一切积极因素为社会主义事业服务。

深刻理解“调动一切积极因素为社会主义事业服务”这一基本方针，需

要我们从方针的提出和如何贯彻落实这一方针两个方面加以把握。

（一）方针的提出

1956 年 4 月和 5 月，毛泽东先后在中央政治局扩大会议和最高国务会议上，作了《论十大关系》的报告，初步总结了我国社会主义建设的经验，明确提出要以苏为鉴，独立自主地探索适合中国情况的社会主义建设道路。他说："特别值得注意的是，最近苏联方面暴露了他们在建设社会主义过程中的一些缺点和错误，他们走过的弯路，你还想走？过去我们就是鉴于他们的经验教训，少走了一些弯路，现在当然更要引以为戒。"这就明确了建设社会主义必须根据本国情况走自己的道路这一根本思想。《论十大关系》标志着党探索中国社会主义建设道路的良好开端。

《论十大关系》确定了一个基本方针，就是"努力把党内党外、国内国外的一切积极的因素，直接的、间接的积极因素全部调动起来"，为社会主义建设服务。《论十大关系》从十个方面论述了我国社会主义建设需要重点把握的一系列重大关系。"十大关系"的前五条主要讨论经济问题，着眼于调动经济领域各个方面的积极因素，初步提出了中国社会主义经济建设的若干新方针、新思路。后五条主要讲汉族与少数民族的关系、党与非党的关系、革命和反革命的关系、是非关系、中国和外国的关系，论述的是政治生活和思想文化生活领域如何调动各种积极因素的问题。

毛泽东认为，社会主义建设中的积极因素与消极因素是一对矛盾，这一矛盾呈现出既统一又斗争的关系。充分调动一切积极因素，尽可能地克服消极因素，并且努力化消极因素为积极因素，是社会主义事业前进的现实需要。毛泽东这里讲的积极因素与消极因素，既包括党内的因素，也包括党外的因素；既包括国内的因素，也包括国外的因素；既包括直接的因素，也包括间接的因素。在社会主义事业的发展中，一般来说，积极因素是处于主导的、统治地位的，占有压倒性的优势，这是社会主义事业不断前进的可靠保证。社会主义建设的积极因素与消极因素在一定条件下是可以互相转化的。我们的任务是创造条件，大力促使消极因素比较多、比较快地向积极因素转化，并同时尽力防止积极因素向消极因素逆转。

（二）如何贯彻落实这一方针

调动一切积极因素为社会主义事业服务，是党关于社会主义建设的一条极为重要的方针，对于最大限度地团结全国各族人民，为建设社会主义现代化国家而奋斗，具有长远的指导意义。深入贯彻落实这一方针需要注意三点：

第一，调动一切积极因素为社会主义事业服务，必须坚持中国共产党的领导。

毛泽东多次强调："领导我们事业的核心力量是中国共产党。""中国共产党是全中国人民的领导核心。没有这样一个核心，社会主义事业就不能胜利。"毛泽东将"有利于巩固共产党的领导，而不是摆脱或者削弱这种领导"，作为判断人们的言论和行动是非的六条标准中最重要的一条。毛泽东还明确提出了"党领导一切"的思想，指出："工、农、商、学、兵、政、党这七个方面，党是领导一切的。党要领导工业、农业、商业、文化教育、军队和政府。"毛泽东进一步提出了党的建设问题。他指出："中国的改革和建设靠我们来领导。如果我们把作风整顿好了，我们在工作中间就会更加主动，我们的本事就会更大，工作就会做得更好。"

第二，调动一切积极因素为社会主义事业服务，必须发展社会主义民主政治。

党的八大提出，要扩大社会主义民主，开展反对官僚主义的斗争；加强对于国家工作的监督，特别是加强党对于国家机关的领导和监督，加强全国人民代表大会和它的常务委员会对中央一级政府机关的监督和地方各级人民代表大会对地方各级政府机关的监督，加强各级政府机关的由上而下的监督和由下而上的监督，加强人民群众和机关中的下级工作人员对于国家机关的监督；着手系统地制定比较完备的法律，健全社会主义法制。毛泽东还提出："我们的目标，是想造成一个又有集中又有民主，又有纪律又有自由，又有统一意志、又有个人心情舒畅、生动活泼，那样一种政治局面，以利于社会主义革命和社会主义建设。"

第三，调动一切积极因素为社会主义事业服务，必须努力认识社会主义发展阶段和建设规律。

在探索中国社会主义建设道路过程中，毛泽东提出，社会主义可分为两个阶段，第一个阶段是不发达的社会主义，第二个阶段是比较发达的社会主义。后一个阶段可能比前一个阶段需要更长的时间。毛泽东强调，在我们这样的国家，社会主义建设具有艰难性、复杂性和长期性，完成社会主义建设是一个艰巨任务，建成社会主义不要讲得过早了。建设强大的社会主义经济，在中国，50 年不行，会要 100 年，或者更多的时间。建设社会主义，必须不断在实践中积累经验，逐步克服盲目性，认识客观规律，才能实现认识上的飞跃；要大兴调查研究之风，总结正反两方面经验教训，找出社会主义建设的客观规律，制定适合中国情况的方针和政策。

二、认识和处理矛盾的创新与发展——社会主义社会矛盾理论

苏共二十大后，东欧社会主义国家弥漫着动荡不安的气氛，相继发生了波兰和匈牙利事件，帝国主义乘机掀起反苏反共反社会主义的浪潮。波匈事件对我国有一定影响。由于我国社会主义改造和建设中出现了一些失误，以及少数干部存在着官僚主义作风，严重脱离群众，引起了部分群众的不满。1956 年秋冬，在一些农村、工厂、学校出现了“闹事”的情况。面对这些新问题、新矛盾，许多党员和干部思想上缺乏准备，也缺乏处理这些问题和矛盾的经验。这表明，在全党和全国工作重心由革命转向建设的时候，面临着一个如何认识和处理社会主义社会矛盾的问题。

社会主义社会是否还存在着矛盾？存在什么性质的矛盾？如何正确认识和解决这些矛盾？这是建设社会主义面临的重大问题。只有正确回答和解决了这些问题，才能把社会主义事业推向前进。

（一）社会主义社会是否存在矛盾

关于社会主义社会的矛盾问题，马克思、恩格斯和列宁没有专门作过论述。斯大林在领导苏联社会主义建设的实践中，一开始不承认社会主义存在矛盾，后来又认为苏联社会主义社会存在着严重的阶级矛盾，在实践中造成了严重后果。毛泽东等党和国家领导人深刻汲取苏联的经验教训，认真分析和研究中国社会主义建设的新情况、新问题，在广泛调研的基础上，形成了

关于社会主义社会矛盾的学说。党在八大前后，特别是毛泽东在 1957 年 2 月所作的《关于正确处理人民内部矛盾的问题》的报告，系统论述了社会主义社会矛盾的理论。

毛泽东指出，矛盾是普遍存在的，社会主义社会同样充满着矛盾，正是这些矛盾推动着社会主义社会不断地向前发展。“矛盾不断出现，又不断解决，就是事物发展的辩证规律。”他提倡运用对立统一规律深刻分析社会主义社会的矛盾。

（二）社会主义社会的基本矛盾

关于社会主义社会的基本矛盾。毛泽东指出：“在社会主义社会中，基本的矛盾仍然是生产关系和生产力之间的矛盾，上层建筑和经济基础之间的矛盾。”但社会主义社会的基本矛盾同以往社会的基本矛盾“具有根本不同的性质和情况”。以往社会的基本矛盾，生产关系与生产力之间存在着一定程度的对抗和冲突，而社会主义社会的基本矛盾是在生产关系和生产力基本适应、上层建筑和经济基础基本适应条件下的矛盾，是在人民根本利益一致基础上的矛盾。因此，它不是对抗性的矛盾，而是非对抗性的矛盾。

社会主义社会基本矛盾运动具有“又相适应又相矛盾”的特点，一方面社会主义生产关系已经建立起来，它是和生产力的发展相适应的；另一方面它还很不完善，这些不完善的方面和生产力的发展又是相矛盾的。除了生产关系和生产力发展之间这种又相适应又相矛盾的情况以外，还有上层建筑和经济基础之间又相适应又相矛盾的情况。其中，相适应的一面是基本方面，相矛盾的一面是非基本方面。由于社会主义社会的矛盾不是对抗性的矛盾，因此“它可以经过社会主义制度本身，不断地得到解决”。毛泽东分析了社会主义社会的基本矛盾的性质、特点和解决途径，揭示了社会主义社会发展的一般规律。

（三）我国社会的主要矛盾

党的八大正确分析了社会主义改造完成后我国社会主要矛盾的变化，指出，社会主义制度在我国已经基本上建立起来了。我们国内的主要矛盾，已经是人民对于建立先进的工业国的要求同落后的农业国的现实之间的矛盾，已经是人民对于经济文化迅速发展的需要同当前经济文化不能满足人民需要的状况之间的矛盾。据此，党中央提出要把党和国家的工作重点转到技术革命和社会主义建设上来，要求各级党委要抓社会主义建设工作，全党要学科学、学技术、学新本领。

（四）社会主义社会存在两类不同性质矛盾

毛泽东强调，在我们面前有两类社会矛盾，这就是敌我矛盾和人民内部矛盾，这是两类性质完全不同的矛盾。敌我矛盾是人民同反抗社会主义革命、敌视和破坏社会主义建设的社会势力和社会集团的矛盾，这是根本利益对立基础上的矛盾，因而是对抗性的矛盾。人民内部矛盾，包括工人阶级内部的矛盾，农民阶级内部的矛盾，知识分子内部的矛盾，工农两个阶级之间的矛盾，工人、农民同知识分子之间的矛盾，工人阶级和其他劳动人民同民族资产阶级的矛盾，也包括人民政府和人民群众之间的矛盾，包括国家利益、集体利益同个人利益的矛盾，民主同集中的矛盾，领导同被领导之间的矛盾，国家机关某些工作人员的官僚主义作风同群众之间的矛盾等。一般说来，人民内部矛盾是在人民根本利益一致的基础上产生的矛盾，因而是非对抗性的矛盾。毛泽东还特别指出，在我国，由于民族资产阶级有两面性，工人阶级同民族资产阶级的矛盾属于人民内部的矛盾。

毛泽东提醒人们注意两类不同性质矛盾的转化问题，认为两类不同性质的矛盾的存在是客观的，但不是固定不变的，在一定的条件下，两类不同性质的矛盾可以互相转化。一般情况下，人民内部矛盾不是对抗性的，但如果处理不当，也可能发生对抗。反之，有些本来是对抗性的矛盾，如果处理得当，则可以转化为非对抗性的矛盾。因此，必须严格区分和正确处理两类不同性质的矛盾，特别是要正确处理已经居于主导地位的人民内部矛盾。这对于发展社会主义事业具有极为重要的意义。

毛泽东论述了正确处理两类不同性质社会矛盾的基本方法。他指出：敌我之间和人民内部这两类矛盾的性质不同，解决的方法也不同。简单地说起来，前者是分清敌我的问题，后者是分清是非的问题。他说：“我们历来就主张，在人民民主专政下面，解决敌我之间的和人民内部的这两类不同性质的矛盾，采用专政和民主这样两种不同的方法。”他指出，所谓专政方法，就是运用人民民主专政的国家机器，对于国家内部那些反抗社会主义改造、破坏社会主义建设的敌对分子和严重犯罪分子依法治罪，剥夺他们的政治权利，强迫他们从事劳动，并在劳动中尽量使他们改造成为新人。所谓民主方法，就是讨论的方法、批评的方法、说服教育的方法。

关于正确处理人民内部矛盾的方针。毛泽东指出，用民主的方法解决人民内部矛盾，这是一个总方针。针对人民内部矛盾在具体实践中的不同情况，毛泽东提出了一系列具体方针、原则：对于政治思想领域的人民内部矛盾，实行“团结—批评—团结”的方针，坚持说服教育、讨论的方法；对于物质利益、分配方面的人民内部矛盾，实行“统筹兼顾、适当安排”的方针，兼顾国家、集体和个人三方面的利益；对于人民群众和政府机关的矛盾，要坚持民主集中制原则，努力克服政府机关的官僚主义，也要加强对群众的思想教育；对于科学文化领域里的矛盾，实行“百花齐放、百家争鸣”的方针，通过自由讨论和科学实践、艺术实践去解决；对于共产党和民主党派的矛盾，实行在坚持社会主义道路和共产党领导的前提下“长期共存、互相监督”的方针；对于民族之间的矛盾，实行民族平等、团结互助的方针，着重反对大汉族主义，也要反对地方民族主义，等等。所有这些方针，都是用民主方法解决人民内部矛盾这一总方针的具体化，为解决不同形式的人民内部矛盾指明了方向。

毛泽东强调，关于正确处理人民内部矛盾的问题是社会主义国家政治生活的主题。这一论断的根本着眼点，在于调动一切积极因素，团结一切可以团结的力量，把全党的注意力转到社会主义建设上来。

毛泽东关于社会主义社会矛盾的学说，科学揭示了社会主义社会发展的动力，以独创性的内容丰富了马克思主义的理论宝库，为正确处理社会主义社会各种矛盾、创造良好的社会环境和政治环境，提供了基本的理论依据，也为后来的社会主义改革奠定了理论基础。

三、“以苏为鉴”——走中国工业化道路思想

实现工业化是中国近代以来历史发展的必然要求，也是民族独立和国家

富强的必要条件。中国共产党早在新民主主义革命时期就开始重视国家的工业化，提出保护民族工商业的政策。但在半殖民地半封建社会，我国民族工业受帝国主义和封建主义的双重压迫，难以获得大的发展。中华人民共和国的成立，为我国实现工业化提供了政治保证。

（一）有别于苏联的中国工业化道路

新中国刚刚建立的时候，我国的工业基础非常薄弱，在很多工业领域甚至还是空白。对此，党把实现国家工业化确定为新中国整个经济建设的主要任务。为了弥补社会主义工业化建设经验的不足，我国学习和借鉴了苏联工业化建设的经验。也由于受苏联工业化模式的影响，我国一度过多强调重工业和基础设施的建设，影响了农业和轻工业的发展，造成了一定程度的比例失调，这就促使毛泽东和党的其他领导同志思考如何走中国工业化道路的问题。

毛泽东在《论十大关系》中论述的第一大关系，便是重工业、轻工业和农业的关系。在《关于正确处理人民内部矛盾的问题》中，毛泽东明确提出了中国工业化道路的问题，主要是指重工业、轻工业和农业的发展关系问题，要走一条有别于苏联的中国工业化道路。

鉴于中国社会生产力落后、经济基础薄弱的情况，毛泽东指出，以工业为主导，把重工业作为我国经济建设的重点，以逐步建立独立的比较完整的基础工业体系和国防工业体系，这是维护国家独立、统一和安全，实现国家富强所必需的，是毫无疑义、必须肯定的。但同时必须充分注意发展农业和轻工业。他说，我国是一个农业大国，农村人口占全国人口的百分之八十以上，只有农业发展了，工业才有原料和市场，才有可能为建立重工业积累较多的资金。更多地发展农业、轻工业，既可以更好地供给人民生活的需要，又可以增加资金积累和扩大市场。这不仅会使重工业发展得多些和快些，而且由于保障了人民生活的需要，会使重工业发展的基础更加稳固。

毛泽东提出了以农业为基础，以工业为主导，以农轻重为序发展国民经济的总方针，以及一整套“两条腿走路”的工业化发展思路，即重工业和轻工业同时并举，中央工业和地方工业同时并举，沿海工业和内地工业同时并举，大型企业和中小型企业同时并举，等等。

（二）如何走中国工业化道路

第一，走中国工业化道路，必须明确战略目标和战略步骤。毛泽东提出，社会主义现代化的战略目标，是要把中国建设成为一个具有现代农业、现代工业、现代国防和现代科学技术的强国。为了实现这个目标，三届全国人大一次会议提出“两步走”的发展战略，第一步建成一个独立的比较完整的工业体系和国民经济体系，第二步全面实现工业、农业、国防和科学技术现代化，使中国走在世界前列。

第二，走中国工业化道路，必须采取正确的经济建设方针。党的八大提出了既反保守又反冒进、在综合平衡中稳步前进的方针。毛泽东多次阐述了统筹兼顾的方针，强调正确处理国家、集体与个人的关系，生产两大部类的关系，中央与地方的关系，积累与消费的关系，长远利益与当前利益的关系；既要顾全大局，突出重点，也要统筹兼顾，全面安排，综合平衡。同时，要在自力更生的基础上积极争取外援，开展与外国的经济交流，引进外国的先进技术、设备和资金，学习资本主义国家先进的科学技术和管理经验。

第三，走中国工业化道路，必须发展科学技术和文化教育。在科学技术方面，党中央提出了“向科学进军”的口号，强调实现四个现代化关键在于科学技术现代化，要实行重点发展、迎头赶上的科技发展战略，努力赶超世界先进水平。毛泽东强调，不搞科学技术，生产力就无法提高。在教育事业方面，毛泽东提出：“我们的教育方针，应该使受教育者在德育、智育、体育几方面都得到发展，成为有社会主义觉悟的有文化的劳动者。”刘少奇提出实行“两种劳动制度、两种教育制度”，一种是全日制的劳动制度，全日制的教育制度；一种是半日制的劳动制度，半日制的教育制度（即半工半读）。在文化工作方面，党提出了“百花齐放、百家争鸣”这一促进我国社会主义文化繁荣的方针。

第四，走中国工业化道路，必须重视知识分子工作。毛泽东提出，知识分子在革命和建设中都具有重要作用，要建设一支宏大的工人阶级知识分子队伍。周恩来提出了知识分子是工人阶级一部分的观点，强调要加强和改善党对知识分子和科学文化工作的领导，善于团结广大知识分子，使他们得以发挥自己的聪明才智，更好地为社会主义服务。

第五，走中国工业化道路，必须调整和完善所有制结构。毛泽东、刘少奇、周恩来提出了把资本主义经济作为社会主义经济的补充的思想。朱德提出了要注意发展手工业和农业多种经营的思想。陈云提出了“三个主体，三个补充”的设想，即在工商业经营方面，国家经济和集体经济是工商业的主体，一定数量的个体经济是国家经济和集体经济的补充；在生产计划方面，计划生产是工农业生产的主体，按照市场变化在国家计划许可范围内的自由生产是计划生产的补充；在社会主义的统一市场里，国家市场是它的主体，一定范围内的国家领导的自由市场是国家市场的补充。

第六，走中国工业化道路，必须积极探索适合我国国情的经济体制和运行机制。毛泽东提出了发展商品生产、利用价值规律的思想。刘少奇提出了使社会主义经济既有计划性又有多样性和灵活性的主张，以及按经济办法管理经济的思想。陈云提出了要建立“适合于我国情况和人民需要的社会主义的市场”的思想。此外，毛泽东还主张企业要建立合理的规章制度和严格的责任制，要实行民主管理，实行干部参加劳动，工人参加管理，改革不合理的规章制度，工人群众、领导干部和技术人员三结合，即“两参一改三结合”。邓小平提出了关于整顿工业企业，改善和加强企业管理，实行职工代表大会制等思想。

走中国工业化道路的思想，是党探索我国社会主义建设道路的一个重要思想，对于加快我国社会主义建设事业发展具有重要意义。它是毛泽东思想的重要组成部分，丰富和发展了科学社会主义理论，成为中国特色社会主义理论体系的重要思想来源。

第二节　初步探索的意义和经验教训

我国社会主义基本制度确立后，党对社会主义建设道路进行了初步探索，取得了重大成就，形成了一些重要理论成果。由于各种复杂原因，这一探索走了一些弯路，出现了一些失误。但是，在初步探索中取得的经验和教训都是我们前进的宝贵精神财富。

深入把握初步探索的意义和经验教训，有助于全面理解毛泽东思想的科学内涵，正确认识改革开放前后两个历史时期的关系。

一、初步探索的意义

党领导人民探索社会主义建设道路，历经艰辛和曲折，在理论和实践上取得了一系列重要成果。这些成果对于巩固我国社会主义制度，开创和发展中国特色社会主义，促进世界社会主义的发展，具有重要意义。

第一，巩固和发展了我国的社会主义制度。

社会主义制度建立以后，如何巩固和发展这一制度是我党必须认真研究和解决的一个重大课题。从国内来看，我国人口多、底子薄、经济文化比较落后，社会主义建设的任务艰巨繁重；从国际来看，以美国为首的西方国家对中国采取敌视政策，并进行封锁和遏制，企图颠覆社会主义制度。面对严峻复杂的国内外形势，党带领全国人民，坚持独立自主、自力更生，在经济、政治、文化等各方面都取得了重大成就。这些成就体现了社会主义制度的优越性，增强了广大人民群众走社会主义道路的信心，社会主义制度也在实践中得到发展。

第二，为开创中国特色社会主义提供了宝贵经验、理论准备、物质基础。

党对社会主义建设道路的探索，无论是经验还是教训，正确地加以总结，都是宝贵财富，为改革开放后中国特色社会主义的开创和发展提供了重要的思想资源。在探索中形成的正确的和比较正确的思想观点，取得的独创性理论成果，丰富和发展了毛泽东思想，对我国社会主义建设发挥了重要指导作用，为开启新时期新道路奠定了重要的思想基础。在探索过程中，我国经济保持了较快的发展速度，经济实力显著增强；基本建立了独立的比较完整的工业体系和国民经济体系，从根本上解决了工业化“从无到有”的问题。改革开放以后我国赖以进行现代化建设的物质技术基础，很大一部分是这一时期建设起来的；全国经济文化建设等方面的骨干力量和他们的工作经验，大部分也是在这一时期培养和积累起来的。这一时期的建设成就为开启新时期新道路奠定了重要的物质基础。

第三，丰富了科学社会主义的理论和实践。

中国的社会主义，既不同于马克思、恩格斯设想的在生产力高度发达基础上建立的社会主义，也不同于在资本主义有一定发展基础上建立的苏联社会主义。党领导人民探索社会主义建设道路汲取了苏联模式的经验教训，根据自己的实践形成了许多独创性成果，深化了对社会主义的认识。实践证明，社会主义建设没有一个固定不变的模式，各国应该根据国情，独立自主地选择适合自己的发展道路。这不仅丰富了中国社会主义的理论与实践，也丰富了科学社会主义的理论与实践，为其他国家的社会主义建设提供了借鉴。

二、初步探索的经验教训

党对社会主义建设道路的初步探索，取得了巨大成就，积累了丰富的经验，同时也遭受过重大挫折，造成了严重后果，留下了深刻教训。

第一，必须把马克思主义与中国实际相结合，探索符合中国特点的社会主义建设道路。在社会主义改造还未结束时，毛泽东提出探索适合中国国情的社会主义建设道路。然而，由于我们对马克思主义关于社会主义的一些基本原理的理解不够深入，对中国的基本国情缺乏深刻认识，没有能够完全搞清楚什么是社会主义、怎样建设社会主义的问题，也没有完全摆脱苏联模式的影响，采取了一些脱离实际、超越发展阶段的政策和措施，导致我国社会主义建设道路的探索遭遇严重挫折。

第二，必须正确认识社会主义社会的主要矛盾和根本任务，集中力量发展生产力。社会主义建设开始后，党对我国社会的主要矛盾有了较为正确的认识，据此提出我国的根本任务是在新的生产关系下保护和发展生产力。但是，这些认识并没有很好地坚持下来。党的八大二次会议改变了党的八大关于我国社会主要矛盾的正确判断，错误地认为在社会主义社会建成以前，无产阶级与资产阶级的矛盾、社会主义道路与资本主义道路的矛盾，始终是我国社会的主要矛盾。这是导致后来阶级斗争扩大化的重要原因。

第三，必须从实际出发进行社会主义建设，建设规模和速度要和国力相适应，不能急于求成。社会主义建设开始后，全党全国人民都有大力发展生产、迅速改变落后面貌的强烈愿望。这一方面极大地促进了社会主义建设，取得了显著成就，但同时也出现了急躁冒进、急于求成的倾向，其主要表现就是制定的路线、方针和政策一度偏离了我国社会主义初级阶段的实际，忽视了各项经济计划、经济政策、经济措施的科学论证和生产建设、经营管理的经济效果，从而造成严重的损失。实践证明，社会主义建设必须采取科学态度，深入了解和分析实际情况，努力按照客观经济规律办事。

第四，必须发展社会主义民主，健全社会主义法制。新中国成立后特别是社会主义制度确立后，我国制定宪法，颁布一系列法律，从根本上保证了人民当家作主的权利。但是，我党对于什么是社会主义民主、怎样发展社会主义民主，认识上不是完全清楚，导致在实践中出现了违背人民民主的现象。虽然制定了法律，却没有树立起法律的权威。由于民主和法制都不健全，党内外关于社会主义建设的不同意见受到压制和打击，正确的主张得不到采纳甚至被贴上资本主义的标签遭到批判，错误的决策得不到及时制止甚至被当作社会主义的原则加以固守，结果导致了“文化大革命”的严重错误。

第五，必须坚持党的民主集中制和集体领导制度，加强执政党建设。健全民主集中制和集体领导制度，加强执政党建设，是社会主义事业顺利发展的政治保证。由于我国社会主义基本制度刚刚建立，党和国家的领导制度还有许多不够完善的地方，特别是受当时苏联高度集中的政治体制的影响，加之封建专制主义的影响在短期内难以消除，党的民主集中制和党的集体领导制度一度遭到了严重破坏。

第六，必须坚持对外开放，借鉴和吸收人类文明成果建设社会主义，不能关起门来搞建设。社会主义代替资本主义，并不意味着社会主义要全盘否定和抛弃资本主义创造的一切成果，也并不意味着社会主义不同资本主义发生任何联系。新中国成立后，毛泽东曾多次指出，要在平等的基础上开展同一切国家的经济技术交流，包括同一些资本主义国家发展经济贸易关系，并提出要学习一切国家和民族的长处。但是由于帝国主义实行敌视、封锁和禁运政策，加上我们自己后来发生的“左”的错误，导致我们一度关起门来搞建设，使我国与发达资本主义国家的差距进一步拉大。

社会主义建设道路初步探索的正反两方面经验，为今天坚持和发展中国特色社会主义提供了重要借鉴。习近平强调："我们党领导人民进行社会主义建设，有改革开放前和改革开放后两个历史时期，这是两个相互联系又有重大区别的时期，但本质上都是我们党领导人民进行社会主义建设的实践探索。中国特色社会主义是在改革开放历史新时期开创的，但也是在新中国已经建立起社会主义基本制度并进行了 20 多年建设的基础上开创的。"

改革开放前的社会主义实践探索为改革开放后的社会主义实践探索积累了经验并准备了条件，改革开放后的社会主义实践探索是对前一个时期探索的坚持、改革、发展。对改革开放前的社会主义实践探索，要坚持实事求是的思想路线，分清主流和支流，坚持真理，修正错误，发扬经验，吸取教训，在这个基础上把党和人民事业继续推向前进。

第三部分　教学拓展

一、课后思考

1. 如何认识调动一切积极因素为社会主义服务的思想？

2. 毛泽东关于社会主义社会矛盾的学说的主要内容和重要意义是什么？

3. 简述如何走中国工业化道路。

4. 党对社会主义建设道路的初步探索有哪些经验教训？

二、备课参考

1. 毛泽东：《论十大关系》，《毛泽东文集》第七卷，人民出版社 1999 年版。

2. 毛泽东：《关于正确处理人民内部矛盾的问题》，《毛泽东选集》第七卷，人民出版社 1991 年版。

3. 毛泽东：《在扩大的中央工作会议上的讲话》，《毛泽东选集》第八卷，人民出版社 1991 年版。

4. 习近平：《在纪念毛泽东同志诞辰 120 周年座谈会上的讲话》，人民出版社 2013 年版。

5. 习近平：《在庆祝改革开放 40 周年大会上的讲话》，人民出版社 2018 年版。

三、实践活动

1. 经典诵读

内容：《论十大关系》（节选）；《关于正确处理人民内部矛盾的问题》（节选）。

目的：通过诵读，感受经典。这是毛泽东在社会主义建设时期最具代表性的著述，是我党历史上两篇重要文献，其中关于问题意识、矛盾分析的精髓值得学生认真学习和领会。

操作：以班为单位，指定召集人 2 名（班长、学委）；认真准备，熟悉节选内容（可以打印分发）；各班在教室有序集中，站立、齐声诵读 3 分钟，轮流进行；撰写诵读体会。

第五章 邓小平理论

第一部分 教学概况

本章概述	本章主要包含了三个方面的内容：一、邓小平理论的形成；二、邓小平理论的基本问题和主要内容；三、邓小平理论的历史地位。
学时安排	理论学时 4 学时（含课堂活动）
教学目的与教学目标	深刻认识解放思想、实事求是思想路线的时代意义；深刻认识中国特色社会主义道路的历史必然性；深刻认识什么是社会主义、怎样建设社会主义的理论创新；深刻理解邓小平理论的历史地位。 本章可将教学目标分为知识、价值、能力三个目标。 知识目标：明确邓小平理论继承了马克思主义的基本原理，同时根据中国的实践和新的时代特征进行了创新发展，进而深刻把握“解放思想、实事求是”的理论精髓。 价值目标：学生能够将邓小平理论与马克思主义中国化历程相联系、与中国社会主义建设的实践探索相联系、与社会现实的思想热点相联系。 能力目标：通过小组讨论，使学生领会改革开放是党和人民大踏步赶上时代的重要法宝，党的基本路线是党和国家的生命线、人民的幸福线，牢牢把握中国特色社会主义的理论主题。

本章 教材分析	以邓小平为主要代表的中国共产党人，顺民意，挽狂澜，实现伟大历史转折，吹响改革开放号角，开辟中国特色社会主义道路，创立邓小平理论。思想解放的滚滚洪流，冲开了神州大地创新创造的闸门，中国人民以昂扬姿态踏上富起来的新征程。当代中国为何能发生历史性巨变？改革开放如何改变了中国又改变了世界？新时期党和国家全部理论和实践的主题是什么？我们需要到邓小平理论中寻找这一切的初始密码。 上好这一课，必须解决以下问题：一是讲清邓小平理论为什么会产生。从时代背景、历史根据、现实依据，讲清邓小平理论产生的历史必然性，以邓小平为代表的中国共产党人把马克思基本原理与中国实际相结合，产生邓小平理论，解决20世纪70—80年代中国急需解决的历史课题。二是讲清邓小平理论解决的基本理论问题。什么是社会主义、怎样建设社会主义，是邓小平在领导改革开放和现代化建设这一新的革命过程中，不断提出和反复思考的首要的基本的理论问题。邓小平关于社会主义本质的概括对于我们在坚持社会主义基本制度的基础上推进改革，指导改革沿着合乎社会主义本质要求的方向发展，对于建设中国特色社会主义，具有重大的政治意义、理论意义和实践意义。三是讲清邓小平理论的主要内容。邓小平理论贯穿解放思想、实事求是的思想路线，围绕着“什么是社会主义、怎样建设社会主义”这个基本的理论问题，第一次比较系统地初步回答了建设中国特色社会主义的一系列基本问题，包括社会主义初级阶段理论，党的基本路线，社会主义根本任务的理论，“三步走”战略，改革开放理论，社会主义市场经济理论，“两手抓，两手都要硬”，“一国两制”，中国问题的关键在于党等，形成了一个比较完备的科学体系。四是讲清邓小平理论的历史地位。
教学 重点难点	教学重点：邓小平理论的形成条件——时代背景、历史根据和现实依据；社会主义的基本理论问题——社会主义本质的科学内涵；邓小平理论的主要内容——解放思想、实事求是的思想路线；社会主义初级阶段理论；党的基本路线；改革开放理论；社会主义市场经济理论。 教学难点：理解十一届三中全会是我党历史上关键性的转折点；理解改革开放以来我国的巨大成就与邓小平的改革开放理论的密切关系；理解我国的社会主义市场经济体制与社会主义市场经济理论的密切关系；理解邓小平理论为什么是中国特色社会主义理论体系的开篇之作。

<table>
<tr><td>教学设计</td><td>采用线上和线下混合式教学方法。本课程线上教学使用中国大学MOOC平台。
线上教学：督促学生观看慕课第五章教学视频，完成章节测试，积极在讨论区与老师互动，为线下专题教学打好基础。
线下教学专题：邓小平理论与中国特色社会主义的开创。
一、邓小平理论形成条件和形成过程；
二、邓小平理论的精髓；
三、邓小平理论回答的首要的基本问题；
四、邓小平理论的主要内容；
五、邓小平理论的历史地位。</td></tr>
</table>

第二部分　教学转化

第一节　邓小平理论的形成

邓小平理论是对马克思列宁主义、毛泽东思想的继承与发展，是中国特色社会主义理论体系的开篇之作。通过教学使学生了解本章内容主要是邓小平理论的形成与发展、邓小平理论的基本问题和核心要义以及其历史地位，使学生能够正确分析我国社会主义现代化的发展过程，掌握我国社会主义的本质理论、社会主义初级阶段理论、党的基本路线、社会主义市场经济理论等内容，重难点是通过学习邓小平理论使同学们能够正确看待我国社会主义初级阶段正在进行的中国特色社会主义建设问题。

一、邓小平理论的形成条件

关于邓小平理论的形成条件，总体来说，邓小平理论是在和平与发展成为时代主题的历史条件下，在总结我国社会主义建设的经验教训并借鉴其他社会主义国家兴衰成败历史经验的基础上，在我国改革开放和现代化建设的实践中，逐步形成和发展起来的。具体来说：

（一）和平与发展成为时代主题是邓小平理论形成的时代背景

20 世纪 70 年代，西方资本主义遭遇严重的经济危机，战后美苏两极对抗的冷战格局出现重大变化，两大阵营的力量对比更趋平衡，尽管局部战争仍有发生，但短时期内爆发世界大战的可能性越来越小。长期被冷战阴云笼罩的世界各国人民对和平的渴望更加强烈。新科技革命推动下的经济社会快速发展使各国人民更加珍惜发展的机遇，求发展的愿望更加强烈。求和平谋发展，逐渐成为世界各国人民的普遍愿望。邓小平敏锐地把握了国际形势的重大变化，对时代主题的转换作出了科学判断。他明确地指出："现在世界上真正大的问题，带全球性的战略问题，一个是和平问题，一个是经济问题或者说是发展问题。和平问题是东西问题，发展问题是南北问题。概括起来，就是东西南北四个字。南北问题是核心问题。"

（二）社会主义建设的经验教训是邓小平理论形成的历史根据

新中国成立后，我们顺利地恢复了国民经济，走出了一条具有鲜明中国特色的社会主义改造道路。1956 年，随着苏共二十大的召开和波匈事件的发生，苏联模式的弊端初步暴露出来；我们在第一个五年计划的实践中也觉察到这个模式的弊端。毛泽东随即提出，要以苏为鉴，总结我们自己的经验，探索适合自己的建设社会主义的道路。在这个探索中形成了一些正确的和比较正确的理论观点、方针政策和实践经验。这些思想理论成果的产生，是我们党和国家的一份珍贵的思想财富，对于邓小平理论的形成发展具有重要意义。同时，我国社会主义建设经历的曲折和失误，特别是"文化大革命"给党、国家和各族人民带来的严重灾难，促使中国共产党人和中国人民进行深刻的反思。十一届三中全会以后，以邓小平为主要代表的中国共产党人，领导全党和全国人民，果断地纠正了这些错误，深刻地分析了它出现的原因，同时又坚决地维护和继承了过去在理论上和实践上所取得的一切积极成果。

（三）改革开放和现代化建设的实践是邓小平理论形成的现实依据

我国改革开放和社会主义现代化建设的崭新实践，是人民群众生机勃勃的伟大创造，是理论发展的源泉。邓小平始终站在时代潮流的前面，热情地支持、鼓励、保护、引导群众的这种创造。他领导全党从总结群众成功实践的经验中，也从总结工作的某些失误的教训中，把经验上升为理论，揭示了我国社会主义现代化建设的规律，从而创立了邓小平理论。

二、邓小平理论的形成过程

邓小平理论从形成到发展，经历了一个不断深化的过程，大体可分为三个阶段。

第一个阶段：理论的准备和初步提出的阶段。党的十一届三中全会到党的十二大前夕，是这一理论的准备和初步提出的阶段。“文化大革命”结束后，“中国向何处去”成为摆在中国人民面前头等重要的问题。邓小平强调实事求是是毛泽东思想的精髓，旗帜鲜明地反对“两个凡是”的错误观点，支持和领导开展真理标准问题的讨论，推动进行各方面的拨乱反正。1978 年 12 月召开的党的十一届三中全会，重新确立了解放思想、实事求是的思想路线，停止使用“以阶级斗争为纲”的口号，确定把全党工作的着重点转移到社会主义现代化建设上来，作出实行改革开放的重大决策，实现了党的历史上具有深远意义的伟大转折。1981 年党的十一届六中全会作出的《关于建国以来党的若干历史问题的决议》，标志着党在指导思想上拨乱反正的胜利完成。决议在系统总结 32 年正反两方面经验的基础上，提出了适合我国情况的社会主义现代化建设正确道路的经验，成为邓小平理论的雏形。

第二个阶段：理论的初步形成阶段。党的十二大到十三大，是这一理论初步形成的阶段。从党的十二大到十三大，伴随着我国改革开放和现代化建设实践的全面开展和深入发展，邓小平围绕着“什么是社会主义、怎样建设社会主义”这个基本的理论问题和实践问题进行深层次思考，提出了关于社会主义的许多重要的科学论断。1987 年召开的党的十三大，第一次比较系统地论述了我国社会主义初级阶段理论，明确概括和全面阐发了党的“一个中心、两个基本点”的基本路线，从马克思主义哲学、政治经济学和科学社会主义等方面，对中国特色社会主义理论的主要内容作了系统概括。这是我们党第一次对中国特色社会主义理论进行系统的概括，也标志着邓小平理论轮廓的形成。

第三个阶段：理论的进一步发展和丰富的阶段。党的十三大到十四大，是这一理论的进一步发展和丰富的阶段。1992 年邓小平南方谈话针对人们思想中普遍存在的疑虑，重申了深化改革、加速发展的必要性和重要性，并从中国实际出发，站在时代的高度，深刻地总结了改革开放的经验教训，在一系列重大的理论和实践问题上，提出了一系列重要论断。南方谈话从理论上深刻地回答了当时困扰和束缚人们思想的一系列重大问题，推动改革开放和社会主义现代化建设进入新阶段，邓小平理论也逐步走向成熟。1992 年召开的党的十四大系统总结了改革开放以来 14 年取得的巨大成就。十四大报告还从九个方面概括了中国特色社会主义理论的主要内容，强调“这个理论，第一次比较系统地初步回答了中国这样的经济文化比较落后的国家如何建设社会主义、如何巩固和发展社会主义的一系列基本问题，用新的思想、观点，继承和发展了马克思主义”。党的十五大是邓小平理论正式确立命名的阶段。党的十五大明确提出和使用了邓小平理论的科学概念，进一步阐明了邓小平理论是马克思主义在中国发展的新阶段，并且把邓小平理论确立为党的指导思想，明确写进了党章。这标志着邓小平理论的正式确立和命名。

第二节　邓小平理论回答的基本问题和主要内容

一、邓小平理论回答的基本问题——社会主义本质理论

什么是社会主义、怎样建设社会主义，是邓小平在领导改革开放和现代化建设这一新的革命过程中，不断提出和反复思考的首要的基本的理论问题。而搞清楚什么是社会主义、怎样建设社会主义，关键是要在坚持社会主义基本制度的基础上进一步认清社会主义的本质。

邓小平总结多年来离开生产力抽象地谈论社会主义，把许多束缚生产力发展的、并不具有社会主义本质属性的东西，当作“社会主义原则”加以固守，把许多在社会主义条件下有利于生产力发展的东西，当作“资本主义复辟”加以反对的历史教训，经过深入的思考，科学地、精辟地、创造性地揭示

了社会主义本质。1992 年初，邓小平在南方谈话中对社会主义本质作了总结性理论概括："社会主义的本质，是解放生产力，发展生产力，消灭剥削，消除两极分化，最终达到共同富裕。"

对邓小平的社会主义本质理论我们可以这样理解：第一句，解放生产力和发展生产力，这是社会主义本质理论的基础层次，是社会主义本质理论的一个十分明显和突出的特点。从解放生产力、发展生产力的角度揭示了社会主义的优越性和发挥这种优越性的根本所在。第二句，消灭剥削，消除两极分化，这是社会主义本质理论的制度层次。从消灭剥削、消除两极分化的生产关系角度揭示了社会主义的显著特征以及与资本主义制度的区别所在。第三句，最终实现共同富裕，这是社会主义本质理论的价值层次，从最终实现共同富裕的价值角度揭示了社会主义所要达到的目标和归宿所在。

对于邓小平关于社会主义本质的内容只有站在联系和统一的高度，才能深刻认识社会主义本质的科学内涵，才会正确把握社会主义本质的内在联系。首先，这一科学概括，既包括了社会主义社会的生产力问题，又包括了以社会主义生产关系为基础的社会关系问题，是一个有机的整体。它突出地强调"解放生产力，发展生产力"，纠正了过去忽视生产力发展的错误观念，反映了中国社会主义整个历史阶段尤其是初级阶段特别需要注重生产力发展的迫切要求，明确了社会主义基本制度建立后还要通过改革进一步解放生产力，体现了在世界新科技革命推动生产力迅速发展的条件下，社会主义为应对资本主义严峻挑战所必须采取的战略决策。它突出地强调"消灭剥削，消除两极分化，最终达到共同富裕"，阐明了社会主义社会的发展目标以及实现这个目标必须以解放和发展生产力为基础，指出了我们发展生产力与剥削阶级统治的社会发展生产力的目的根本不同。其次，这一科学概括，为我们坚持公有制及完善和发展公有制指出了明确的方向。邓小平说："在改革中，我们始终坚持两条根本原则，一是以社会主义公有制经济为主体，一是共同富裕。"毫不动摇地坚持公有制和按劳分配，维护公有制和按劳分配的主体地位，是体现社会主义本质的前提。在改革中，公有制的实现形式和以公有制为主体的所有制结构，归根到底只能根据生产力解放和发展的实际要求，根据逐步实现共同富裕的实际进程来确定。最后，邓小平关于社会主义本质的概括，遵循了科学社会主义的基本原则，反映了人民的利益和时代的要求，厘清了不合乎时代进步和社会发展规律的模糊观念，摆脱了长期以来拘泥于具体模式而忽略社会主义本质的错误方向，深化了对科学社会主义的认识。这对于我们在坚持社会主义基本制度的基础上推进改革，指导改革沿着合乎社会主义本质要求的方向发展，对于建设中国特色的社会主义，具有重大的政治意义、理论意义和实践意义。

二、邓小平理论的主要内容

（一）社会主义初级阶段理论

中国社会主义到底处于一个什么样的发展阶段？对于这个问题，邓小平基于当代中国基本国情作出了科学判断，认为我国正处于社会主义初级阶段。

深入理解和把握社会主义初级阶段理论，需要注意以下两个问题：一是社会主义初级阶段理论的内容；二是社会主义初级阶段理论的基本特征。

第一个问题：社会主义初级阶段理论的内容。像中国这样一个脱胎于半殖民地半封建社会、经过新民主主义革命和时间不长的社会主义改造建立起来的社会主义社会，对它的基本国情应该怎样认识呢？可以说，从生产资料所有制的社会主义改造基本完成到党的十一届三中全会之前，我们党对此作过有益的探索，但总的来说，一直处在不完全清醒的状态。十一届三中全会以后，邓小平提出，现在搞建设，要适合中国情况，走出一条中国式的现代化道路。邓小平谈到我国社会主义建设的经验时指出：“不要离开现实和超越阶段采取一些‘左’的办法，这样是搞不成社会主义的。”十三大前夕，邓小平指出：“我们党的十三大要阐述中国社会主义是处在一个什么阶段，就是处在初级阶段，是初级阶段的社会主义。社会主义本身是共产主义的初级阶段，而我们中国又处在社会主义的初级阶段，就是不发达的阶段。一切都要从这个实际出发，根据这个实际来制订规划。”党的十三大系统地论述了社会主义初级阶段理论。明确指出，社会主义初级阶段，就是指我国在生产力落后、商品经济不发达条件下建设社会主义必然要经历的特定阶段，即从我国进入社会主义到基本实现社会主义现代化的整个历史阶段。其实，社会主义初级阶段的论断包括两层含义：第一，我国已经进入社会主义社会，必须坚持而不能离开社会主义；第二，我国的社会主义社会还处在不发达的阶段，必须正视而不能超越初级阶段。具体来说，在中国这样一个东方大国建立起社会主义制度，是一个伟大的胜利，近代以来中国的历史已经无可辩驳地证明，资本主义道路在中国走不通。中国走上社会主义道路是历史的必然。我国进入社会主义社会的历史条件和社会状况，又决定了我们进入社会主义社会以后，还必须经历一个很长的初级阶段，去实现别的许多国家在资本主义条件下实现的工业化和生产的商品化、社会化、现代化。所以，社会主义初级阶段，不是泛指任何国家进入社会主义都必须经历的起始阶段，而是特指我国在生产力落后、商品经济不发达条件下建设社会主义必然要经历的特定发展阶段。这个社会主义初级阶段，从1956 年生产资料私有制的社会主义改造基本完成起，到社会主义现代化在我国基本实现为止，至少需要 100 年的时间。

第二个问题：社会主义初级阶段的基本特征。党的十五大阐述了社会主义初级阶段的基本特征。认为我国社会主义初级阶段的基本特征包括以下九个方面：一是逐步摆脱不发达状态，基本实现社会主义现代化的历史阶段；二是由农业人口占很大比重、主要依靠手工劳动的农业国，逐步转变为非农业人口占多数、包含现代农业和现代服务业的工业化国家的历史阶段；三是由自然经济半自然经济占很大比重，逐步转变为经济市场化程度较高的历史阶段；四是由文盲半文盲人口占很大比重、科技教育文化落后，逐步转变为科技教育文化比较发达的历史阶段；五是由贫困人口占很大比重、人民生活水平比较低，逐步转变为全体人民比较富裕的历史阶段；六是地区经济文化很不平衡，通过有先有后的发展，逐步缩小差距的历史阶段；七是通过改革和探索，建立和完善比较成熟的充满活力的社会主义市场经济体制、社会主义民主政治体制和其他方面体制的历史阶段；八是广大人民群众牢固树立建设中国特色社会主义的共同理想，自强不息，锐意进取，艰苦奋斗，勤俭建国，在建设物质文明的同时努力建设精神文明的历史阶段；九是逐步缩小同世界先进水平的差距，在社会主义基础上实现中华民族伟大复兴的历史阶段。

这九个基本特征，第一个特征最基本，是逐步摆脱不发达状态，基本实现社会主义现代化的历史阶段。这种不发达，既表现在生产力上，也表现在生产关系和上层建筑上，归根结底，生产力的落后是最基本的特征。

可以从生产力、生产关系等方面来认识这个问题：（1）从生产力方面看，我国社会生产力有了很大发展，初步奠定了社会主义的物质基础。但总的来说，生产力水平还比较低，发展不平衡，存在着多层次生产力结构。（2）从生产关系方面看，我国已经建立了生产资料公有制和个人消费品的按劳分配制度。但是，公有制和按劳分配都还不成熟、不完善。就生产资料公有制来说，我国现阶段不能实行单一的公有制，而必须实行公有制为主体、多种所有制经济共同发展的所有制结构，公有制本身还存在着多种形式以及多种实现形式。分配制度以按劳分配为主，其他分配方式并存。（3）从上层建筑方面看，社会主义的基本政治制度以及与它相适应的意识形态已经在全社会范围占主导地位，但还存在着非无产阶级的意识形态。

上述九个方面系统、全面地概括和论述了社会主义初级阶段的基本特征，科学地描绘了它的整个历史进程，使我们能够更正确地认识和把握我国的基本国情，明确努力的奋斗目标。

（二）社会主义市场经济理论

改革开放 40 多年来，我国社会主义市场经济从无到有，不断发展完善，改变了我国贫穷落后的面貌，增强了我国的经济实力和综合国力，使我们迎来实现中华民族伟大复兴的光明前景。在社会主义条件下发展市场经济是中国共产党的伟大创造。在这个历史进程中，邓小平同志发挥了至关重要的作用。所以，我们下面来学习一下邓小平的社会主义市场经济理论。

深入理解和把握邓小平的社会主义市场经济理论，需要注意以下两个问题：第一个问题，是社会主义市场经济理论的探索过程。改革开放以来，农村家庭联产承包责任制的推行，乡镇企业的兴起，农村富余劳动力的转移，加速了农村经济市场化的进程。随着企业自主权的逐步扩大和经营机制的逐步转换，多种经济成分参与的流通体制的逐步形成，促进了物资、劳力、资金、技术、信息在城乡市场的流动，初步显示了市场的作用和活力。特区经济蓬勃发展，对外开放从沿海向内地扩展，有力地推动了我国经济与国际市场的衔接。

事实说明，市场作用发挥比较充分的地方，经济活力就比较强，发展态势也比较好；正是这十多年以市场为取向的改革，为我们取得建立社会主义市场经济新体制的共识提供了实践基础。

邓小平对社会主义与市场经济的关系进行了深入的探索。邓小平指出："说市场经济只存在于资本主义社会，只有资本主义的市场经济，这肯定是不正确的。社会主义为什么不可以搞市场经济，这个不能说是资本主义。""社会主义也可以搞市场经济。"十二届三中全会通过的《中共中央关于经济体制改革的决定》提出了社会主义经济是"公有制基础上有计划的商品经济"的论断。邓小平高度评价这个决定是马克思主义基本原理和中国社会主义实践相结合的政治经济学。

在南方谈话中，邓小平明确提出："计划经济不等于社会主义，资本主义也有计划；市场经济不等于资本主义，社会主义也有市场。"邓小平的这一系列重要论断，从根本上解除了把计划经济和市场经济看作属于社会基本制度范畴的思想束缚。党的十四大根据改革开放实践发展的要求和邓小平关于社会主义也可以搞市场经济的思想，特别是南方谈话的精神，确定了建立社会主义市场经济体制的改革目标。

第二个问题，是邓小平社会主义市场经济理论的内容。

建立社会主义市场经济体制是我们党的一个伟大创举，是我国经济体制改革在实践和理论上的重大突破。社会主义市场经济理论的主要内容和观点主要有以下几点：一是计划经济和市场经济不是划分社会制度的标志，计划经济不等于社会主义，市场经济也不等于资本主义；二是计划和市场都是经济手段，对经济活动的调节各有优势和长处，社会主义实行市场经济要把两者结合起来；三是市场经济作为资源配置的一种方式本身不具有制度属性，可以和不同的社会制度结合，但它和不同社会制度结合具有不同的性质。其中，坚持社会主义制度与市场经济的结合，是社会主义市场经济的特色所在。由此应正确处理好政府和市场的关系，保障社会主义市场经济健康发展。

首先，党的十八届三中全会通过的《中共中央关于全面深化改革若干重大问题的决定》中，把市场在资源配置中的"基础性作用"改为"决定性作用”。从“基础性作用”到“决定性作用”，虽只有两字之差，但实质上反映了党对社会主义市场经济规律认识的深化，是理论和实践上的重大推进。

其次，处理好政府和市场的关系，实际上就是要处理好在资源配置中市场起决定性作用还是政府起决定性作用这个问题。经济发展就是要提高资源尤其是稀缺资源的配置效率，以尽可能少的资源投入，生产尽可能多的产品，获得尽可能大的效益。理论和实践都证明，市场配置资源是最有效率的形式，市场决定资源配置是市场经济的一般规律。市场经济本质上就是市场决定资源配置的经济，发展社会主义市场经济，就要让市场在资源配置中发挥决定性作用。当然，强调市场不是不要政府，让市场在资源配置中起决定性作用，不是起全部作用。

最后，发展社会主义市场经济，既要发挥市场作用，也要发挥政府作用，但市场作用和政府作用的职能是不同的。政府的职责和作用主要是保持宏观经济稳定，加强和优化公共服务，保障公平竞争，加强市场监管，维护市场秩序，推动可持续发展，促进共同富裕，弥补市场失灵。

（三）党的基本路线

习近平总书记在纪念建党 95 周年大会上的讲话中指出：“党的基本路线是国家的生命线、人民的幸福线。”那么，党的基本路线是什么呢？

全面深刻理解和把握党在社会主义初级阶段的基本路线，需要注意以下两个问题：一是党的基本路线的内容；二是如何坚持党的基本路线。

关于党的基本路线的内容：党的十三大报告提出了党在社会主义初级阶段的基本路线，即领导和团结全国各族人民，以经济建设为中心，坚持四项基本原则，坚持改革开放，自力更生，艰苦创业，为把我国建设成为富强、民主、文明的社会主义现代化国家而奋斗。

第一，建设“富强、民主、文明的社会主义现代化国家”。这是基本路线规定的党在社会主义初级阶段的奋斗目标，体现了社会主义社会全面发展的要求。“富强”主要是经济领域的目标和要求，“民主”主要是政治领域的目标和要求，“文明”主要是思想文化领域的目标和要求。这三个方面的目标和要求，在现实中表现为经济建设、政治建设、文化建设的统一。

第二，“一个中心，两个基本点”。这是基本路线最主要的内容，是实现社会主义现代化奋斗目标的基本途径。“以经济建设为中心”回答了社会主义的根本任务问题，体现了发展生产力的本质要求：“坚持四项基本原则”，回答了解放和发展生产力的政治保证问题，体现了社会主义基本制度的要求；“坚持改革开放”，回答了社会主义的发展动力和外部条件问题，体现了解放生产力的本质要求。“一个中心，两个基本点”是一个整体，集中体现了我国社会主义现代化建设的战略布局，揭示了中国特色社会主义的客观规律和发展道路。全面坚持和正确处理“一个中心，两个基本点”的相互关系，是正确认识和处理经济基础与上层建筑之间、生产力与生产关系之间辩证统一关系的内在要求。

第三，“领导和团结全国各族人民”。这是实现社会主义现代化奋斗目标的领导力量和依靠力量。中国共产党是中国特色社会主义事业的领导核心，中国特色社会主义事业要紧紧依靠全国各族人民，有了这两者的结合，社会主义现代化事业就必定能够胜利。

第四，“自力更生，艰苦创业”。这是我们党的优良传统，也是实现社会主义初级阶段奋斗目标的根本立足点。把“自力更生，艰苦创业”方针概括到党的基本路线之中，不仅是改变我国不发达现状的需要，也体现了社会主义的奋斗精神。

关于如何坚持党的基本路线：第一，坚持党的基本路线，必须紧紧围绕经济建设这一中心。以经济建设为中心的确定，是我们党根据社会主义初级阶段主要矛盾，即人民日益增长的物质文化需要和落后的社会生产之间的矛盾得出的科学判断，是党在新时期实现的最根本的拨乱反正。以经济建设为中心是兴国之要，是党和国家兴旺发达、长治久安的根本要求。

第二，坚持党的基本路线，必须把坚持四项基本原则同坚持改革开放结合起来，正确处理改革开放和四项基本原则的关系。既要以四项基本原则保证改革开放的正确方向，又要通过改革开放赋予四项基本原则新的时代内涵，坚持把以经济建设为中心同四项基本原则、改革开放这两个基本点统一于发展中国特色社会主义的伟大实践。

第三，党的基本路线高度概括了党在社会主义初级阶段的奋斗目标、基本途径和根本保证、领导力量和依靠力量以及实现这一目标的基本方针，既紧紧抓住了中国现阶段的主要矛盾，又体现了运用社会主义社会基本矛盾运动的规律，全面推动历史进步，实现民富国强、民族振兴的要求。党的基本路线是党和国家的生命线、人民的幸福线。

第三节　邓小平理论的历史地位

邓小平理论是在和平与发展成为时代主题的历史条件下，在总结我国社会主义胜利和挫折的历史经验并借鉴其他社会主义国家兴衰成败历史经验的基础上，在我国改革开放和现代化建设的实践中，逐步形成和发展起来的。那么，我们应该如何看待邓小平理论的历史地位呢？

整体来说，我们应从以下三个方面来认识。

一、邓小平理论是马克思列宁主义、毛泽东思想的继承和发展

邓小平理论坚持解放思想、实事求是，在新的实践基础上继承前人又突破陈规，开拓了马克思主义的新境界。实事求是是马克思列宁主义的精髓，是毛泽东思想的精髓，也是邓小平理论的精髓。邓小平理论坚持马克思列宁主义、毛泽东思想的基本原理，坚持辩证唯物主义和历史唯物主义的立场、观点、方法，坚持马克思主义思想路线，围绕什么是社会主义、怎样建设社会主义的问题，系统回答了在中国这样经济文化比较落后的东方大国建设、巩固和发展社会主义的一系列基本问题，用一系列独创性的思想、观点，继承、丰富和发展了马克思列宁主义、毛泽东思想。

二、邓小平理论是中国特色社会主义理论体系的开篇之作

邓小平作为中国特色社会主义理论的创立者，紧紧抓住“什么是社会主义、怎样建设社会主义”这个基本问题，响亮提出“走自己的道路，建设有中国特色的社会主义”的伟大号召，从此中国特色社会主义成为我们党全部理论

和实践一以贯之的主题。

首先，邓小平同志深刻总结我国社会主义建设正反两方面经验，借鉴世界社会主义历史经验，作出把党和国家工作中心转移到经济建设上来、实行改革开放的历史性决策，深刻揭示社会主义本质，确立社会主义初级阶段基本路线，明确提出走自己的路、建设有中国特色的社会主义，科学回答了建设中国特色社会主义的一系列基本问题，成功开创了中国特色社会主义。

其次，邓小平开创性地提出了社会主义本质、社会主义初级阶段、党的基本路线、改革开放、“一国两制”等具有浓厚中国特色的新概念新范畴，建构了中国特色社会主义理论的基本框架。

最后，邓小平理论第一次比较系统地初步回答了中国社会主义的发展道路、发展阶段、根本任务、发展动力、外部条件、政治保证、战略步骤、党的领导和依靠力量以及祖国统一等一系列基本问题，指导我们党制定了党在社会主义初级阶段的基本路线。它是贯通哲学、政治经济学、科学社会主义等领域，涵盖经济、政治、科技、教育、文化、民族、军事、外交、统一战线、党的建设等方面比较完备的科学体系。这一科学理论体系为我们坚持走自己的路，建设中国特色社会主义提供了根本遵循。

三、邓小平理论是改革开放和社会主义现代化建设的科学指南

首先，邓小平理论指导了改革开放的伟大实践。邓小平强调必须坚持以经济建设为中心，坚持四项基本原则，坚持改革开放，领导我们党制定了党在社会主义初级阶段的基本路线；指导我们党正确认识我国所处的发展阶段和根本任务，制定了现代化建设“三步走”发展战略；突出强调“改革是中国的第二次革命”，领导我们党有步骤地展开各方面体制改革，勇敢打开对外开放的大门；反复强调“两手抓、两手都要硬”，必须抓好社会主义精神文明建设和民主法制建设，实现社会全面进步；创造性提出“一国两制”科学构想，指导我们实现香港、澳门平稳过渡和顺利回归，推动海峡两岸关系打开新局面；明确提出和平与发展是当代世界的两大主题，领导我们党及时调整各方面政策，为改革开放和社会主义现代化建设创造了难得历史机遇和良好外部环境；强调

加强党的领导必须改善党的领导，必须聚精会神抓党的建设，使党的建设充满新的生机活力。十一届三中全会以后，我们党作出的这一系列重大决策，把改革开放和社会主义现代化建设一步一步推向前进。

其次，邓小平理论使改革开放后的中国发生天翻地覆的变化，我国社会生产力、综合国力和人民生活都上了一个大台阶，社会主义中国巍然屹立在世界东方。邓小平理论的贡献，是历史性的，也是世界性的，不仅改变了中国人民的历史命运，而且改变了世界的历史进程。正如习近平在纪念邓小平同志诞辰 110 周年座谈会上的讲话所重申的："如果没有邓小平同志，中国人民就不可能有今天的新生活，中国就不可能有今天改革开放的新局面和社会主义现代化的光明前景。"

最后，邓小平理论是邓小平留给我们的最重要的思想遗产。邓小平理论经过改革开放和现代化建设实践的检验，已经被证明是指导中国人民建设中国特色社会主义、保证中国在改革开放中实现国家繁荣富强和人民共同富裕的系统的科学理论。

因此，邓小平理论是中国共产党和中国人民宝贵的精神财富，是改革开放和社会主义现代化建设的科学指南，是党和国家必须长期坚持的指导思想。

第三部分　教学拓展

一、课后思考

1. 如何认识邓小平理论形成的社会历史条件？

2. 结合改革开放以来我国取得的巨大成就，谈谈社会主义的本质。

3. 结合社会主义初级阶段的内涵，谈谈为什么要有社会主义初级阶段这一特殊阶段。

4. 结合我国社会主义初级阶段的现实状况，谈谈党在社会主义初级阶段的基本路线。

5. 结合我国社会主义市场经济实践，谈谈邓小平的社会主义市场经济理论内容。

二、备课参考

1. 邓小平：《解放思想，实事求是，团结一致向前看》，《邓小平文选》第二卷，人民出版社 1994 年版。

2. 邓小平：《在武昌、深圳、珠海、上海等地的谈话要点》，《邓小平文选》第三卷，人民出版社 1993 年版。

3. 习近平：《在纪念邓小平同志诞辰 110 周年座谈会上的讲话》，人民出版社 2014 年版。

4. 中共中央宣传部：《邓小平同志建设有中国特色社会主义理论学习纲要》，学习出版社 1995 年版。

三、实践活动

1. 小组展示

内容：改革开放以来我国各方面的对比变化。

目的：使学生认识到在邓小平同志改革开放理论的引导下，我国改革开放以来取得了巨大的成就，我国各方面发生了天翻地覆的变化。

操作：以宿舍或小组为单位，指定召集人 1 名；认真准备，积极发言，写实记录；在讨论的基础上，撰写 PPT，进行课堂展示。

2. 校园调研

内容：大学校园内的市场经济状况。

目的：使学生认识到我国已经成为社会主义市场经济国家，大学校园内部同样存在着市场经济主体、市场经济行为。

操作：以小组为单位，进行问卷调查和个案访谈，撰写一篇有关大学校园内市场的经济运行状况，存在问题和改进措施调查报告，字数不低于 2000 字，并在班级进行交流。

3. 小组讨论

内容：“一国两制”——以 ××× 为案例。

目的：使学生认识到完成祖国统一大业，是中华民族的根本利益所在，“一国两制”是解决我国统一问题的重要构想和措施。

操作：分小组、选出小组长；选取案例、谈论案例；分析原因并结合具体措施提出解决方案；形成2000字小组讨论总结。

第六章　“三个代表”重要思想

第一部分　教学概况

本章概述	本章主要包含了三个方面的内容：一、“三个代表”重要思想的形成；二、“三个代表”重要思想的核心观点和主要内容；三、“三个代表”重要思想的历史地位。
学时安排	理论学时 4 学时（含课堂活动）
教学目的与教学目标	通过本章的讲解，使大学生认识“三个代表”重要思想的核心观点和主要内容，引导大学生正确理解“三个代表”重要思想是在科学判断党的历史方位和总结历史经验的基础上提出来的，是加强和改进党的建设、推进我国社会主义自我完善和发展的强大理论武器，是党和国家必须长期坚持的指导思想。 本章教学目标包括知识、价值、能力三个目标。 知识目标：通过本章的学习，让学生深入了解“三个代表”重要思想形成的背景和过程，以更好理解并掌握“三个代表”重要思想的内容，从中认识其现实意义。 价值目标：通过本章的学习和训练，查阅相关资料，能拓展学生知识面，增进对“三个代表”重要思想的认识，增强对现实问题的判断能力和思考能力，增强对中国特色社会主义理论体系的认同感。 能力目标：通过演讲，让学生切身体会“三个代表”重要思想的现实意义，领会“三个代表”重要思想的真谛，提高大学生的理性思维和表达能力，在潜移默化中提高自身的综合素质。

本章 教材分析	“三个代表”重要思想是本书的第六章。教材以“三个代表”重要思想的形成条件和形成过程为逻辑起点，概括了“三个代表”重要思想的核心观点和主要内容，阐述了“三个代表”重要思想的历史地位。 上好这一课，必须解决两个问题：一是把“三个代表”重要思想的核心观点和丰富内容讲清讲透。“三个代表”重要思想是一个结构完整、内容丰富的科学体系，在教学中要全面系统地讲授核心观点和丰富内容。一方面，其三个核心观点是统一的整体，在教学中要坚持三者的有机统一，结合时代背景、理论逻辑和实践经验，把其中的内在关系讲清讲透，绝不能将其割裂开来甚至对立起来；另一方面，要在深入讲解理论内容的基础上，将“三个代表”重要思想的科学体系系统完整地展现给学生。二是引导学生深刻认识“三个代表”重要思想的历史地位。“三个代表”重要思想反映了当代世界和中国的发展变化对党和国家工作的新要求，是加强和改进党的建设、推进我国社会主义自我完善和发展的强大理论武器，是党和国家必须长期坚持的指导思想。因此，要在全面讲解“三个代表”重要思想科学体系的基础上，引导学生深刻认识“三个代表”重要思想的理论意义和实践价值。
教学 重点难点	教学重点：“三个代表”重要思想的形成条件；“三个代表”重要思想的核心观点和主要内容。 教学难点：如何把握“三个代表”重要思想的核心观点和主要内容；如何把握“三个代表”重要思想的历史地位和指导意义。
教学设计	采用线上和线下混合式教学方法。本课程线上教学在中国大学 MOOC 平台。 线下教学专题：“三个代表”重要思想。 一、“三个代表”重要思想的形成； 二、“三个代表”重要思想的核心观点和主要内容； 三、“三个代表”重要思想的历史地位。

第二部分　教学转化

第一节　“三个代表”重要思想的形成

20 世纪 80 年代末以来，尽管我们所面临的时代主题、主要矛盾和主要任务没有根本性的改变，但是国际、国内和党内的情况都发生了重大变化，党所处的地位和环境、党所肩负的历史任务、党的自身状况，都出现了许多新的情况。正是在世情、国情、党情新变化的背景下，党的十三届四中全会以来，以江泽民为核心的党的第三代中央领导集体，高举邓小平理论伟大旗帜，在科学判断党的历史方位的基础上，在建设中国特色社会主义的伟大实践中，逐步将治党治国治军新的经验加以概括和总结，创立了“三个代表”重要思想。

“三个代表”重要思想是对马克思列宁主义、毛泽东思想、邓小平理论的继承和发展，反映了当代世界和中国的发展变化对党和国家工作的新要求，是加强和改进党的建设、推进我国社会主义自我完善和发展的强大理论武器，是中国共产党集体智慧的结晶。

一、“三个代表”重要思想是在对冷战结束后国际局势科学判断的基础上形成的

苏联解体以后，美国作为唯一的超级大国，极力使世界向单极化方向发展，谋求建立以其为领导的世界秩序。但和平与发展仍然是时代的主题，世界多极化仍然在曲折中获得了发展，这也为我国的社会主义建设带来了一个难得的相对稳定的和平的外部环境。

世界多极化和经济全球化的趋势在曲折中发展，和平与发展仍是时代的主题。在千年更迭、世纪交替之际，我们所处的国际环境已经发生并还在经历着前所未有的巨大变化，这是“三个代表”重要思想产生的最重要的时代背景。

二、“三个代表”重要思想是在科学判断党的历史方位和总结历史经验的基础上提出来的

我们党历经革命、建设和改革，已经从领导人民为夺取全国政权而奋斗的党，成为领导人民掌握全国政权并长期执政的党；已经从受到外部封锁和实行计划经济条件下领导国家建设的党，成为对外开放和发展社会主义市场经济条件下领导国家建设的党。党所处的地位和环境、党所肩负的历史任务、党的自身状况，都发生了新的重大变化。

进一步提高党的领导水平和执政水平、提高拒腐防变和抵御风险的能力，是我们党必须解决好的两大历史性课题。

三、“三个代表”重要思想是在建设中国特色社会主义伟大实践的基础上形成的

伴随着改革开放和发展社会主义市场经济的进程，我国社会生活发生了广泛而深刻的变化，社会经济成分、组织形式、利益分配和就业方式等的多样化进一步发展，这给国家的政治经济文化和社会生活的各个方面带来深刻影响。

第二节 “三个代表”重要思想的核心观点和主要内容

一、中国特色社会主义理论体系的接续发展——“三个代表”重要思想

“中国共产党必须始终代表中国先进生产力的发展要求，代表中国先进文化的前进方向，代表中国最广大人民的根本利益。”这是对“三个代表”重要思想的集中概括。

（一）始终代表先进生产力的发展要求

中国共产党之所以要始终代表先进生产力的发展要求，这是因为：第一，生产力决定生产关系进而决定社会的形态及其性质。有什么样的生产力就会形成什么样的生产关系，从而也就会形成什么样的社会形态和社会性质。第

二，生产力的发展是实现社会全面进步的根本条件。任何社会的发展都具有多种目标，如物质生活水平的不断提高，政治制度的不断完善，思想文化的不断进步，生活方式的更加合理，等等。有中国特色的社会主义就是以发展生产力为中心的全面进步的社会。第三，生产力的发展是实现人的全面发展的根本条件。生产力是在人们物质实践活动中形成的、能够直接掌握的社会力量。在这个意义上，发展生产力也就是发展人类的力量。第四，生产力的发展是社会发展的集中体现。社会的发展体现在经济、政治和文化等多方面的发展上，但集中体现在生产力的发展上。

我们党要做到始终代表先进生产力的发展要求，就必须坚持以经济建设为中心，坚持改革开放，把发展作为执政兴国的第一要务，根据经济社会发展的要求，适时进行经济、政治、文化等方面体制改革；就要坚持不断提高全体人民的思想道德素质和科学文化素质，不断提高他们的劳动技能和创造才能，充分激发人民群众的主动性和创造精神，集中全国人民的智慧，聚精会神搞建设，一心一意谋发展；就必须大力发展现代科学技术，实施科教兴国战略优先发展教育，形成全民学习、全党学习、终身学习的学习型社会，用先进科学技术改造和提高国民经济，走新型工业化道路，努力实现我国生产力的跨越式发展。

（二）始终代表先进文化的前进方向

中国共产党之所以要始终代表先进文化的前进方向，是因为文化特别是先进文化的重要地位和作用决定的。首先，文化是民族的灵魂，是维系国家统一和民族团结的精神纽带。要实现中华民族的伟大复兴，就要大力发展社会主义文化，使人们保持奋发有为、昂扬向上的精神状态，不断增强中华民族的凝聚力、创造力和发展动力，把亿万人民紧紧吸引在中国特色社会主义文化的伟大旗帜下。其次，文化是科学的先导，是认识世界和改造世界的武器。科学的思想认识、科学的理论指导、科学的研究实践不仅依靠先进文化提供的智力支持，而且依赖于先进文化的发展状况，文化不发达，科学就不发展。再次，文化是综合国力的主要组成部分，是影响国家发展水平和社会进步的条件。经济全球化的发展，不仅使货物、服务、人员、资本等在各国之间频繁流动，而且使思想意识、价值观念在世界范围激烈碰撞，要改变西方文化一统天下的格局和中国文化的弱势地位，为人类的文明与进步事业作出较大贡献，就必须高扬自己的文化理想和文化旗帜，把我国建设成为文化强国，使我国的总体实力不断提升。最后，文化是社会的基本需求，丰富健康的文化生活是衡量人民生活质量的重要标志。全面建设小康社会，不断满足人们的精神文化生活需要，提高人的素质和实现人的全面发展，必须依赖社会主义文化事业的发展繁荣。

我们党要做到始终代表先进文化的前进方向，就必须坚持为人民服务、为社会主义服务的方向和百花齐放、百家争鸣的方针，弘扬主旋律，提倡多样化。坚持以科学的理论武装人，以正确的舆论引导人，以高尚的精神塑造人，以优秀的作品鼓舞人。大力发展先进文化，支持健康有益文化，努力改造落后文化，坚决抵制腐朽文化，抛弃危害社会主义事业的有害文化。坚持马克思主义在意识形态的指导地位，弘扬和培育民族精神，使爱国主义、集体主义、社会主义思想道德不断发扬光大，使崇尚科学知识、科学方法、科学思想、科学精神成为社会普遍风气，使全体人民的自立意识、竞争意识、效率意识、民主法制意识和开拓创新精神不断增强，用人类优秀文化丰富人们的精神世界。

（三）始终代表最广大人民的根本利益

中国共产党之所以要始终代表最广大人民的根本利益。首先，是由党的性质和宗旨决定的。全心全意为人民服务，立党为公，执政为民，是我们共产党同一切剥削阶级政党的根本区别，人民利益高于一切，党的一切工作都要以最广大人民的根本利益为最高准则。其次，是由党与人民的关系决定的。我们党来自人民，又不脱离人民，与人民是血肉关系和鱼水关系。因为它没有自己特殊的利益，所以维护人民的根本利益，也就是维护党的根本利益；只有维护人民的根本利益，才能从中汲取不竭的力量。最后，是由党的领导地位和作用决定的，我们党不仅要一切为了人民，还要一切依靠人民，要依靠、团结和领导人民前进，就必须为人民谋利益，否则人民就不会接受党的领导，也不会跟党走，更不会在关键时刻与党紧密团结、同舟共济、共渡危难。

我们党要做到始终代表最广大人民的根本利益，就必须以最广大人民的根本利益为最高标准，在任何时候和任何情况下，都要想人民之所想、急人民之所急、谋人民之所谋、解人民之所忧，真正代表人民掌好权、用好权，努力实现好、维护好和发展好最广大人民的利益。人民的整体利益总是由各方面的具体利益构成的。在根本利益上，全国人民是一致的，各种具体的利益关系和内部矛盾可以在这个基础上进行调节。我们所有的政策措施和工作，都应该正确反映并有利于妥善处理各种利益关系，都应该认真考虑和兼顾不同阶层、不同方面群众的利益。但最重要的是必须首先考虑并满足最大多数人的利益要求。最大多数人的利益是最紧要和最具有决定性的因素，党的一切工作都要把最广大人民群众的根本利益放在第一位，把人民是否赞成、是否拥护、是否高兴、是否答应作为想问题、作决策、办事情的根本依据。

（四）“三个代表”是一个统一的整体

尽管“三个代表”中的每个“代表”，都有其特定的内涵和要求，但他们各自不是孤立的，而是统一的整体，相互联系、相互促进。先进生产力是社会历史发展的基础。历史唯物主义认为，生产力与生产关系、上层建筑与经济基础是社会基本矛盾，在基本矛盾中，生产力不仅是生产中最活跃、最革命的因素，而且是社会进步和发展的最终决定因素，这种生产关系一定要适应生产力发展状况的规律是人类社会发展的一般规律。遵循这一规律，要发展先进文化，要代表人民的根本利益和不断满足他们的物质文化需要，就要首先代表和发展先进生产力。由于先进生产力的这种决定地位和作用，就使它成为促进先进文化发展和实现最广大人民根本利益的前提和基础条件。只有发展先进生产力，才能为发展先进文化和满足最广大人民群众的根本利益创造物质条件。

先进文化是实现人民群众根本利益的“文化需要”的内容，它与由生产力直接决定的“物质需要”一样是必须的和根本的，离开先进文化的作用和它所提供的基本需要，人民群众根本利益的体现就不充分和不完整。在这个意义上，它也是代表最广大人民根本利益的前提和基础。所不同的是，生产力是社会发展首要的和最终的决定力量，因而在三者关系中它是前提和基础；文化自身是被决定的对象，也存在对生产力的反作用和决定社会其他方面的作用，是重要的前提和基础；它们与实现人民群众的根本利益相互联系，互相促进。只有发展先进文化，才能为发展先进生产力提供精神动力和智力支持，为人民提供最好的精神食粮。

人民群众的根本利益是共产党人的最高利益，全心全意为人民服务是党的宗旨，除此之外我们党没有其他利益。代表无产阶级和大多数人民的根本利益，是我们党区别其他政党的标志之一，更是我们能够永葆先进性的条件。所以党的一切工作、一切目标、一切标准都必须根据这个原则来确定，都必须紧紧围绕这个中心来进行。只有满足最广大人民群众的根本利益，才能为先进生产力和先进文化进一步发展提供永不衰竭的动力。

可见，代表先进生产力的发展要求是我们党保持先进性的前提和基础，代表先进文化的前进方向就是我们党保持先进性的重要条件，代表人民群众的根木利益则是党保持先进性的出发点和归宿。归根到底，“三个代表”是我们党永远站在时代前列，始终保持先进性的根本体现和根本要求。

二、经济体制改革的目标——社会主义市场经济体制

我国社会主义制度建立后，建设社会主义应当实行什么样的经济体制，这是党执政后面临的一个重大问题。随着国民经济的恢复，第一个五年计划的实施，以及对生产资料私有制的社会主义改造的全面展开，我国逐步形成了高度集中的计划经济体制。选择这样的经济体制，是由当时的主客观条件决定的。

从客观条件看，我国的生产力水平十分低下，国民经济实力十分薄弱，现代工业很少。在这样的基础上进行工业化建设，建立高度集中的计划经济体制，有利于迅速、有效地集中全国的经济力量，为大规模经济建设创造各种条件。苏联在计划经济体制下社会主义建设取得的世人瞩目的巨大成就，对我国经济体制的选择产生了直接的影响。同时，在经济结构简单、科技水平不高、社会利益关系相对单纯的情况下，计划经济体制也能够比较顺利地运行。这也是中国选择计划经济的客观条件。从主观条件来说，当时在理论上普遍把计划经济看作是社会主义区别于资本主义的重要特征。在这样的背景下，在我国建立高度集中的计划经济体制自然成为合乎逻辑的选择。

但是，高度集中的计划经济体制在运行过程中也暴露出了不少问题。它

的主要弊端是：政企职责不分。国家对企业统得过多过死，权力过于集中，忽视商品生产、价值规律和市场机制的作用，分配中平均主义严重。这就造成了企业缺乏应有的自主权，企业吃国家“大锅饭”、职工吃企业“大锅饭”的局面，严重压抑了企业和广大职工群众的积极性、主动性、创造性，使本来应该生机盎然的社会主义经济在很大程度上失去了活力。

针对经济建设中出现的这些问题，以毛泽东为核心的党的第一代中央领导集体对如何建立符合中国国情的经济体制进行了积极的探索。但是，由于在思想上没有摆脱把计划经济和市场经济分别看作是社会主义和资本主义两种不同社会制度的基本特征的束缚，当时提出的改革措施至多只是加强一些市场调节的力度和作用，不可能突破计划经济体制总的框架。

以党的十一届三中全会为标志，中国进入了改革开放的新时期。改革开放以后，随着经济体制改革的不断深化和理论的创新，建立社会主义市场经济体制最终成为我国经济体制改革选择的目标模式。经济体制改革的一个主要方面是正确认识和处理社会主义与市场经济的关系。20 世纪 70 年代末 80 年代初的改革，在实践上为发展商品经济、遵循价值规律、发挥市场调节的作用提供了许多新鲜经验。实践的发展要求在理论上实现创新，以更好地推进改革深入发展。

党的十四届三中全会通过的《中共中央关于建立社会主义市场经济体制若干问题的决定》，进一步明确了建立社会主义市场经济体制的基本框架，其基本内容是：建立现代企业制度、培育和发展市场体系、建立健全宏观经济调控体系、建立合理的个人收入分配和社会保障制度。经过 20 世纪 90 年代的不断深化改革和建设，20 世纪末，我国已经初步建立了社会主义市场经济体制。在此基础上，2003 年，党的十六届三中全会作出的《中共中央关于完善社会主义市场经济体制若干问题的决定》，根据实践发展的要求，对进一步完善社会主义市场经济体制提出了明确的目标和任务。2007 年，党的十七大根据在新的历史时期要实现的经济发展目标，提出了在完善社会主义市场经济体制方面要取得重大进展的要求，从制度上更好发挥市场在资源配置中的基础性作用，形成有利于科学发展的宏观调控体系。

社会主义市场经济体制是社会主义基本制度与市场经济的结合。由这一结合而形成的市场经济体制，一方面，它必然体现社会主义的制度特征；另一方面，它又具有市场经济的一般特征。社会主义的制度特征主要表现在以下几个方面：一是在所有制结构上，以公有制为主体、多种所有制经济共同发展，一切符合“三个有利于”标准的所有制形式都可以而且应该用来为社会主义服务。在公有制为主体的前提下，公有制企业与其他企业在市场经济中平等竞争、共同发展，国有经济在国民经济中发挥主导作用。二是在分配制度上，以按劳分配为主体、多种分配方式并存。运用包括市场在内的各种调节手段，既鼓励先进，促进效率，合理拉开收入差距，又防止两极分化，注重社会公平，逐步实现共同富裕。三是在宏观调控上，以实现最广大劳动人民利益为出发点和归宿，社会主义国家能够把人民的当前利益与长远利益、局部利益与整体利益结合起来，使市场在社会主义国家宏观调控下对资源配置起基础性作用，更好地发挥计划和市场两种手段的长处。

从市场经济运行的一般规律和要求看，社会主义市场经济与资本主义市场经济两者具有共性。所以，发达资本主义国家在发展市场经济过程中一切有益的做法和经验都值得我们借鉴和吸收。但社会主义市场经济与资本主义市场经济又是两种不同的社会制度与市场经济的结合，它们体现的是不同社会经济制度下的市场经济。市场经济与不同的经济制度结合就会体现出不同的制度特征。市场经济与社会主义制度结合，就要坚持以公有制为主体，坚持以按劳分配为主体，坚持以实现共同富裕为目标。离开了这些特征就不是社会主义市场经济，而资本主义市场经济则不具有这样的特征。坚持走社会主义市场经济的发展道路，建设中国特色社会主义经济，最重要的就是坚持社会主义基本制度与市场经济的结合。这是我们的创造性和特色所在。如果离开了社会主义基本制度，就会走向资本主义。那种认为市场经济就是市场经济，没有什么社会主义市场经济与资本主义市场经济之分的观点是错误的。原因在于这样的观点只看到市场经济具有的共性，没有看到与市场经济相结合的社会制度的不同个性特征。建设中国特色社会主义经济，就是建设社会主义市场经济，离开了社会主义基本制度，抽象地讲市场经济，不是中国特色的社会主义市场经济。

总结改革开放以来我国经济建设和发展的成功经验，就是必须把坚持社会主义基本制度同发展市场经济结合起来，发挥社会主义制度的优越性和市场配置资源的有效性，使全社会充满改革发展的创造活力。40年来，我们既在深刻而广泛的变革中坚持社会主义基本制度，又创造性地在社会主义条件下发展市场经济，使经济活动遵循价值规律的要求，不断解放和发展社会生产力，增强综合国力，提高人民生活水平，更好地实现经济建设这个中心任务。建立和完善社会主义市场经济体制，是我们党对马克思主义和社会主义的历史性贡献。

三、承上启下发展阶段——全面建设小康社会

全面建设小康社会是党和国家到2020年的奋斗目标，是全国各族人民的根本利益所在。经过全党和全国各族人民的共同努力，20世纪末，我国人民生活总体上开始达到小康水平，这是中华民族发展史上的一个新的里程碑。党的十六大深刻分析了党和国家面临的新形势和新任务，从我国总体上达到的小康还是低水平、不全面、发展很不平衡的小康的实际出发，提出了大体用20年时间，从社会主义经济建设，社会主义民主法制建设，全民族的思想道德素质、科学文化素质和健康素质的提高，生态环境的改善等方面，全面建设一个惠及十几亿人口的更高水平的小康社会的奋斗目标，并围绕实现这个目标制定了推进各方面工作的方针政策。这是实现现代化第三步战略目标必经的承上启下的发展阶段，是中国特色社会主义发展新阶段的重要战略，为我们指明了新世纪新阶段继续前进的方向。

党的十六大以来，我们已经朝着全面建设小康社会的目标迈出了坚实的步伐。党的十七大顺应国内外形势的新变化和各族人民过上更好生活的新期待，把握经济社会发展趋势和规律，坚持中国特色社会主义经济建设、政治建设、文化建设、社会建设的基本目标和基本政策构成的基本纲领，在十六大确立的全面建设小康社会目标的基础上，对我国的发展提出了五个方面新的更高要求。党的十八大指出，新世纪新阶段，党中央抓住重要战略机遇期，在全面建设小康社会进程中推进实践创新、理论创新、制度创新，强调坚持以人为

本、全面协调可持续发展，提出构建社会主义和谐社会，加快生态文明建设，形成中国特色社会主义事业总体布局，着力保障和改善民生，促进社会公平正义，推动建设和谐世界，推进党的执政能力建设和先进性建设，成功在新的历史起点上坚持和发展了中国特色社会主义。

十八大根据我国经济社会发展实际，对全面建设小康社会目标提出了新的要求。

经济持续健康发展。转变经济发展方式取得重大进展，在发展平衡性、协调性、可持续性明显增强的基础上，实现国内生产总值和城乡居民人均收入比 2010 年翻一番。科技进步对经济增长的贡献率大幅上升，进入创新型国家行列。工业化基本实现，信息化水平大幅提升，城镇化质量明显提高，农业现代化和社会主义新农村建设成效显著，区域协调发展机制基本形成。对外开放水平进一步提高，国际竞争力明显增强。

人民民主不断扩大。民主制度更加完善，民主形式更加丰富，人民积极性、主动性、创造性进一步发挥。依法治国基本方略全面落实，法治政府基本建成，司法公信力不断提高，人权得到切实尊重和保障。

文化软实力显著增强。社会主义核心价值体系深入人心，公民文明素质和社会文明程度明显提高。文化产品更加丰富，公共文化服务体系基本建成，文化产业成为国民经济支柱性产业，中华文化走出去迈出更大步伐，社会主义文化强国建设基础更加坚实。

人民生活水平全面提高。基本公共服务均等化总体实现。全民受教育程度和创新人才培养水平明显提高，进入人才强国和人力资源强国行列，教育现代化基本实现。就业更加充分。收入分配差距缩小，中等收入群体持续扩大，扶贫对象大幅减少。社会保障全民覆盖，人人享有基本医疗卫生服务，住房保障体系基本形成，社会和谐稳定。

资源节约型、环境友好型社会建设取得重大进展。主体功能区布局基本形成，资源循环利用体系初步建立。单位国内生产总值能源消耗和二氧化碳排放大幅下降，主要污染物排放总量显著减少。森林覆盖率提高，生态系统稳定性增强，人居环境明显改善。

全面建成小康社会，必须以更大的政治勇气和智慧，不失时机深化重要领域改革，坚决破除一切妨碍科学发展的思想观念和体制机制弊端，构建系统完备、科学规范、运行有效的制度体系，使各方面制度更加成熟更加定型。要加快完善社会主义市场经济体制，完善公有制为主体、多种所有制经济共同发展的基本经济制度，完善按劳分配为主体、多种分配方式并存的分配制度。加快推进社会主义民主政治制度化、规范化、程序化，从各层次各领域扩大公民有序政治参与，实现国家各项工作法治化。加快完善文化管理体制和文化生产经营机制，基本建立现代文化市场体系，健全国有文化资产管理体制，形成有利于创新创造的文化发展环境。加快形成科学有效的社会管理体制，完善社会保障体系，健全基层公共服务和社会管理网络，建立确保社会既充满活力又和谐有序的体制机制。加快建立生态文明制度，健全国土空间开发、资源节约、生态环境保护的体制机制，推动形成人与自然和谐发展现代化建设新格局。

十九大对全面建设小康社会目标提出新的更高要求，即从 2017 到 2020 年，是全面建成小康社会决胜期。要按照十六大、十七大、十八大提出的全面建成小康社会各项要求，紧扣我国社会主要矛盾变化，统筹推进经济建设、政治建设、文化建设、社会建设、生态文明建设，坚定实施科教兴国战略、人才强国战略、创新驱动发展战略、乡村振兴战略、区域协调发展战略、可持续发展战略、军民融合发展战略，突出抓重点、补短板、强弱项，特别是要坚决打好防范化解重大风险、精准脱贫、污染防治的攻坚战，使全面建成小康社会得到人民认可、经得起历史检验。

综合分析国际国内形势和我国发展条件，从 2020 年到本世纪中叶可以分两个阶段来安排。第一个阶段，从 2020 年到 2035 年，在全面建成小康社会的基础上，再奋斗 15 年，基本实现社会主义现代化。第二个阶段，从 2035 年到本世纪中叶，在基本实现现代化的基础上，再奋斗 15 年，把我国建成富强民主文明和谐美丽的社会主义现代化强国。

全面建设小康社会，是实现现代化建设第三步战略目标必经的承上启下的发展阶段，也是完善社会主义市场经济体制和扩大对外开放的关键阶段。这是一个既体现时代精神，又具有中国特色；既实事求是、切实可行又鼓舞人心、催人奋进的目标。这是一个能够充分体现社会主义制度优越性的目标。

四、社会主义现代化建设的重要目标——建设社会主义政治文明

党的十六大报告，把发展社会主义民主政治，建设社会主义政治文明，确定为全面建设小康社会的一个重要目标。十六大在党章中也作出了建设社会主义政治文明的规定。这是我们党在全国代表大会的文件中，第一次明确地对建设社会主义政治文明作出部署，并将它与建设社会主义物质文明和建设社会主义精神文明一起，确定为社会主义现代化建设的三大基本目标。社会主义政治文明，指的是社会主义国家的执政党以马克思主义为指导，领导人民所形成的与物质生产相适应的在政治上的一种进步过程、进步状态和取得的积极成果的总和。

建设社会主义政治文明，是我国改革开放和社会主义现代化建设发展的必然要求，是我们党领导人民坚持和发展人民民主长期实践的必然结论，进一步深化了我们党对中国特色社会主义事业的规律性认识。

建设社会主义政治文明涉及政治思想、政治制度、行政管理、法制建设等方面，是一个系统工程。建设社会主义政治文明，最根本的就是要坚持党的领导、人民当家作主和依法治国的有机统一。这是我们推进政治文明建设必须遵循的基本方针，也是我国社会主义政治文明区别于资本主义政治文明的本质特征。党的领导是人民当家作主和依法治国的根本保证，人民当家作主是社会主义民主政治的本质要求，依法治国是党领导人民治理国家的基本方略。没有民主就没有社会主义，就没有社会主义的现代化。发展社会主义民主政治，就是要健全民主制度，丰富民主形式，扩大公民有序的政治参与，保证人民依法实行民主选举、民主决策、民主管理和民主监督，享有广泛的权利和自由，把广大人民群众的积极性和主动性充分调动起来。建设民主政治必须坚持人民代表大会制度，中国共产党领导的多党合作和政治协商制度，民族区域自治制度，进一步扩大基层民主。

建设社会主义政治文明，必须坚持依法治国，建设社会主义法治国家。江泽民在党的十五大报告中明确指出：“依法治国，就是广大人民群众在党的

领导下，依照宪法和法律规定，通过各种途径和形式管理国家事务，管理经济文化事业，管理社会事务，保证国家各项工作都依法进行，逐步实现社会主义民主的制度化、法律化，使这种制度和法律不因领导人的改变而改变，不因领导人看法和注意力的改变而改变。依法治国，是党领导人民治理国家的基本方略，是发展社会主义市场经济的客观需要，是社会文明进步的重要标志，是国家长治久安的重要保障。”依法治国，必须坚持法律面前人人平等，严格依法办事，任何组织和个人都不允许有超越宪法和法律的特权。实行依法治国，必须坚持有法可依、有法必依、执法必严、违法必究。要适应社会主义市场经济发展、社会全面进步的新形势，加强立法工作，提高立法质量，形成中国特色社会主义法律体系。推进依法行政，维护司法公正，提高执法水平，确保法律的严格实施。维护法制的统一和尊严。拓展和规范法律服务。加强法制宣传教育，提高全民法律素质。

建设社会主义政治文明，必须进行政治体制改革。政治体制改革是社会主义政治制度的自我完善和发展。推进政治体制改革，要有利于增强党和国家的活力，体现和发挥社会主义制度的特点和优势，充分调动人民群众的积极性创造性，维护国家统一、民族团结和社会稳定，促进经济发展和社会全面进步。要坚持从我国国情出发，总结实践经验，同时借鉴人类政治文明的有益成果，绝不照搬西方政治制度的模式。政治体制改革要着重加强制度建设，实现社会主义民主政治的制度化、规范化和程序化。

发展社会主义民主政治，建设社会主义政治文明，是全面建设小康社会的重要目标。必须在坚持四项基本原则的前提下，继续积极稳妥地推进政治体制改革，扩大社会主义民主，健全社会主义法制，建设社会主义法治国家，巩固和发展民主团结、生动活泼、安定和谐的政治局面。

发展社会主义民主政治，建设社会主义政治文明是一项十分艰巨的任务，只有在党的领导下，才能有计划、有步骤地推进社会主义民主建设的进程。苏联解体和东欧剧变的教训证明，离开共产党的领导，改革就会变成改向，社会主义民主就会变成资本主义民主。民主建设是一个长期的过程，它客观上要求民主建设必须有计划、有步骤、有秩序地进行。目前中国尚处在社会主义初级阶段，建设高度民主所必需的一系列经济文化条件很不充分，民主的实现条件受到很多历史的、现实的条件限制。例如，生产力和市场经济不发达、传统的封建专制主义影响、人民群众文化知识水平相对较低等等，都是民主政治发展的制约因素。这就决定了建设社会主义政治文明只能是一个逐步发展的、渐进的过程。对社会主义政治文明建设既不要盲目乐观、急于求成，又不能裹足不前、无所作为，必须采取坚决、积极而又审慎的方针，依据国情，脚踏实地，有领导、有步骤、有秩序地推进。

第三节 “三个代表”重要思想的历史地位

一、立党之本、执政之基、力量之源——“三个代表”重要思想的历史地位

我们党从诞生之日起，就把马克思列宁主义确立为自己的指导思想。党的七大把毛泽东思想确立为党的指导思想，对于中国革命的胜利产生了极为重要的作用。党的十五大把邓小平理论确立为党的指导思想，对于中国特色社会主义事业的发展产生了极为重要的作用。党的十六大把“三个代表”重要思想确立为党的指导思想，对于全面开创中国特色社会主义事业新局面产生了极为重要的作用。十三届四中全会以来，以江泽民同志为主要代表的中国共产党人，在建设中国特色社会主义的伟大实践中，积累了治党治国治军新的宝贵经验，创立了“三个代表”重要思想。它反映了当代世界和中国的发展变化对党和国家工作的新要求，是加强和改进党的建设、推进我国社会主义自我完善和发展的强大理论武器，是中国共产党集体智慧的结晶，是党必须长期坚持的指导思想。始终做到“三个代表”，是我们党的立党之本、执政之基、力量之源。

“三个代表”重要思想作为党和国家必须长期坚持的指导思想，在理论和实践上都有着重要的历史地位。

（一）中国特色社会主义理论体系的接续发展

马克思列宁主义、毛泽东思想、邓小平理论是“三个代表”重要思想形

成的理论基础。马克思列宁主义、毛泽东思想、邓小平理论和“三个代表”重要思想，虽然形成于不同的历史时期，面对着不同的历史任务，但都贯穿了辩证唯物主义和历史唯物主义的世界观和方法论，都代表着最广大人民的根本利益，是一脉相承的科学思想体系。“三个代表”重要思想是面向21世纪的中国化的马克思主义，坚持“三个代表”重要思想，就是真正坚持马克思列宁主义、毛泽东思想和邓小平理论。在即将进入21世纪的时候，中国特色社会主义实践的发展提出了推进理论创新的新要求。“三个代表”重要思想继承和发展了马克思主义关于人类社会前进最终是由生产力发展决定的，同时是由先进文化引导的，由人民群众推动的等基本原理，揭示了中国特色社会主义是社会主义市场经济、社会主义民主政治和社会主义先进文化的有机统一，社会主义物质文明、政治文明和精神文明全面发展，党领导的伟大事业同党的建设新的伟大工程相互促进的进程。“三个代表”重要思想的形成，表明党对共产党的执政规律、社会主义建设规律和人类社会发展规律的认识，达到了新的理论高度。

（二）加强和改进党的建设、推进中国特色社会主义事业的强大理论武器

党在新世纪新阶段最重要的任务，就是全面建设小康社会。“三个代表”重要思想作为面向21世纪的中国化的马克思主义，是指引全党全国人民为实现全面建设小康社会的宏伟目标而奋斗的根本指针。我们在实现这个宏伟目标的征程中，将长期面对着如何科学判断和全面把握国际形势的发展变化、如何科学判断和全面把握我国将长期处于社会主义初级阶段的基本国情、如何科学判断和全面把握党所处的历史方位和肩负的历史使命等重大课题。“三个代表”重要思想为我们正确认识和处理这些重大课题提供了科学理论和科学方法。同时，“三个代表”重要思想提出的一系列关于中国特色社会主义的发展道路、发展阶段、发展战略、根本目的、根本任务、发展动力、依靠力量、国际战略等重要思想，对我们正在进行的改革开放和现代化建设事业具有长期的指导意义。

二、坚持贯彻“三个代表”重要思想

“三个代表”重要思想创造性地回答了建设什么样的党、怎样建设党的问题，把党的建设新的伟大工程同中国特色社会主义伟大事业紧密联系起来，赋予党的性质、宗旨、指导思想和任务以丰富的时代内容，确定了党的建设的总体部署。“三个代表”重要思想全面体现党的基本理论、基本路线、基本纲领和基本经验，是坚持和发展社会主义的必然要求。创造性地把党的建设同当今世界和当代中国的发展趋势，同我国社会主义的自我完善和发展，同实现中国特色社会主义的宏伟目标和各项任务联系起来。坚持贯彻“三个代表”重要思想，必须紧紧围绕新时期党的建设所面临的两大历史性课题，以加强党的执政能力建设为重点，不断提高党的创造力、凝聚力和战斗力，不断巩固党的阶级基础和扩大党的群众基础，永远保持党的先进性。这样，党就能在世界形势发生深刻变化的历史进程中始终走在时代前列，在应对国内外各种风险考验的历史进程中始终成为全国人民的主心骨，在建设中国特色社会主义的历史进程中始终成为领导核心。坚持贯彻“三个代表”重要思想，必须牢牢把握建设中国特色社会主义这个主题，进一步深刻认识和科学回答什么是社会主义、怎样建设社会主义这个根本问题，更好地把中国特色社会主义伟大事业推向前进。

第三部分　教学拓展

一、课后思考

1. 如何把握“三个代表”重要思想形成的社会历史条件？

2. 怎样准确把握“三个代表”重要思想的集中概括？

3. 联系实际，谈谈“三个代表”重要思想的历史地位和指导意义。

二、备课参考

1. 江泽民：《始终做到“三个代表”是我们党的立党之本、执政之基、力量之源》，《江泽民文选》第三卷，人民出版社 2006 年版。

2. 江泽民：《当今世界的三大问题》，《江泽民文选》第三卷，人民出版社 2006 年版。

3. 胡锦涛：《深刻理解“三个代表”的科学内涵》，《胡锦涛文选》第一卷，人民出版社 2016 年版。

三、实践活动

1. 主题演讲

内容：我看“三个代表”重要思想。

目的：通过演讲，让大学生对“三个代表”重要思想的现实意义畅所欲言，各抒己见，体会“三个代表”重要思想对自己成长成才的重要作用。

操作：以小组为单位，指定组长 1 名，围绕“三个代表”重要思想积极讨论，撰写演讲稿，选派 1 人代表小组进行演讲，进行班级交流。

2. 校园调研

内容：党员先进性调研。

目的：加深对“三个代表”重要思想的理解，认识其现实意义。

操作：以小组为单位，进行问卷调查和个案访谈，撰写一篇关于大学生党员先进性问题的调查报告，字数不低于 2000 字，并在班级进行交流。

3. 合作学习

内容：“三个代表”重要思想。

目的：深刻把握“三个代表”重要思想的核心观点和主要内容，深刻理解“三个代表”重要思想的内在逻辑。

操作：

（1）确定主题。确定合作学习的主题为“三个代表”重要思想。小组成员利用业余时间搜集相关资料，认真阅读，完成学习笔记。

（2）组员发言。小组成员依次发言，阐述自己的学习成果，重点是对“三个代表”重要思想的认识。

（3）学习总结。总结合作学习成果，纠正组员发言中可能存在的问题，促使学生准确把握“三个代表”重要思想的核心观点和主要内容。

第七章　科学发展观

第一部分　教学概况

本章概述	本章主要包含了三个方面的内容：一、科学发展观的形成；二、科学发展观的科学内涵和主要内容；三、科学发展观的历史地位。
学时安排	理论学时 2 学时（含课堂活动）
教学目的与教学目标	通过讲解科学发展观，使大学生认识新世纪新阶段，我国发展站在了一个新的历史起点上。为了保持我国经济社会发展的良好态势，解决发展中的深层次矛盾和问题，以胡锦涛为主要代表的中国共产党人，紧紧抓住我国发展的重要战略机遇期，形成了科学发展观，带领中国人民战胜了一系列重大挑战。 本章可将教学目标分为知识、价值、能力三个目标。 知识目标：通过本专题教学，使学生掌握科学发展观的科学内涵、主要内容和历史地位。 价值目标：认同科学发展观是马克思主义关于发展的世界观和方法论的集中体现，是中国特色社会主义理论的接续发展，是党必须长期坚持的指导思想。 能力目标：提升对科学发展观这一科学理论的认知水平，弄清楚新形势下实现什么样的发展、怎样发展等重大问题，增强践行科学发展观的理解能力和自觉性。

本章 教材分析	“科学发展观”是本书的第七章节。教材介绍了科学发展观的科学内涵、主要内容和历史地位；促使大学生提升对科学发展观这一科学理论的认知水平，弄清楚新形势下实现什么样的发展、怎样发展等重大问题，增强践行科学发展观的理解能力和自觉性；引导大学生认同科学发展观是马克思主义关于发展的世界观和方法论的集中体现，是中国特色社会主义理论的接续发展，是党必须长期坚持的指导思想。 上好这一课，必须解决两个问题：一是讲清科学发展观的科学内涵，全面理解和把握其深刻内涵。同时全面理解科学发展观的主要内容，科学发展观紧紧围绕建设中国特色社会主义这个主题，准确把握时代特征和中国国情，抓住重要战略机遇期，认真研究和回答了我国社会主义经济建设、政治建设、文化建设、社会建设、生态文明建设和党的建设面临的一系列重大问题。例如，坚持科学发展观的根本方法在于统筹兼顾。坚持统筹兼顾，还要求我们既立足当前，又着眼长远。宁要绿水青山，不要金山银山，决不能以牺牲环境为代价去换取一时的经济增长。二是讲清为什么科学发展观是中国特色社会主义理论体系的接续发展。科学发展观是我们党坚持把马克思主义基本原理同当代中国实际和时代特征相结合，是对经济社会发展一般规律认识的深化，是马克思主义关于发展的世界观和方法论的集中体现，是中国特色社会主义理论体系的重要组成部分。科学发展观是我们党坚持把马克思主义基本原理同当代中国实际和时代特征相结合，在新中国成立以来特别是改革开放以来不懈探索的基础上，继续拓展中国特色社会主义实践、探索中国特色社会主义规律的必然结论，既贯穿了马克思主义立场、观点和方法，又把马克思主义中国化推进到新境界。
教学 重点难点	教学重点：对转变经济发展方式——迎接绿色 GDP 的认识；对建设文化强国——守自信、建强国的理解；对科学发展观的科学内涵——中国特色社会主义理论体系的接续发展的认识；对科学发展观的历史地位——马克思主义发展观的集中体现。 教学难点：认识和理解新形势下实现什么样的发展、怎样发展等重大问题，实现了我们党在指导思想上的又一次与时俱进，开辟了当代中国马克思主义发展新境界。理解科学发展观的科学内涵，准确把握时代特征和国情，抓住战略机遇期，认真研究回答了各方面建设面临的一系列重大问题。

教学设计	采用线上和线下混合式教学方法。本课程线上教学使用中国大学MOOC平台。 线下教学专题：科学发展观与中国特色社会主义的新发展。 一、为什么要把生态文明和经济发展统筹兼顾在一起？ 二、构建和谐社会对我们当今的经济社会发展有什么启示和重要性？ 三、如何理解科学发展观是中国特色社会主义理论体系的接续发展？

第二部分　教学转化

第一节　科学发展观的形成

一、中国特色社会主义理论体系的接续发展——科学发展观

科学发展观是我们党坚持以马克思列宁主义、毛泽东思想、邓小平理论和“三个代表”重要思想为指导，在准确把握世界发展趋势、认真总结我国发展经验、深入分析我国发展阶段性特征的基础上提出的。深入理解和把握科学发展观，需要注意以下两个问题：第一，科学发展观的形成条件；第二，科学发展观的科学内涵。

（一）科学发展观的形成条件

1. 我国基本国情和新的阶段性特征

新的阶段性特征，主要是：第一，经济实力显著增强，但长期形成的结构性矛盾和粗放型增长方式尚未根本改变；第二，改革攻坚面临深层次矛盾和问题；第三，城乡贫困人口和低收入人口还有相当数量，统筹兼顾各方面利益难度加大；第四，缩小城乡、区域发展差距和促进经济社会协调发展任务艰巨；第五，人们思想活动的独立性、选择性、多变性、差异性明显增强，社会建设和管理面临诸多新课题。

解决好这些突出矛盾和问题，保持我国经济社会发展良好势头，是对我们的重大考验。社会主义初级阶段基本国情和新的阶段性特征，是科学发展观

形成的现实依据。

2. 在深入总结改革开放以来特别是党的十六大以来实践经验的基础上形成和发展的

我们的实践经验有：加入世界贸易组织为契机，深化改革开放，加快发展步伐；成功应对国际金融危机的严重冲击，在全球率先实现经济企稳回升；成功举办北京奥运会、残奥会和上海世博会；战胜突如其来的“非典”疫情，夺取抗击汶川特大地震等严重自然灾害和灾后恢复重建重大胜利，妥善处置一系列重大突发事件，奋力把中国特色社会主义推进到新的发展阶段。

党带领人民战胜各种风险挑战、坚持和发展中国特色社会主义的成功探索，是科学发展观形成的实践基础。

3. 在深刻分析国际形势、顺应世界发展趋势、借鉴国外发展经验的基础上形成和发展的

进入新世纪，世界处在大发展大变革大调整之中。

和平与发展仍然是时代主题，世界多极化不可逆转，经济全球化深入发展，科技革命加速推进，各国相互依存逐步加深，大国关系深刻变动，国际力量对比朝着有利于维护世界和平方向发展。

我们面临的是一个总体上有利于我国发展、但不利因素也可能增多的环境。抓住机遇、应对挑战、加快发展，就要把中国的发展放到世界的大局中来思考，发挥比较优势，把握有利条件，扬长避短，趋利避害，努力取得发展的主动权。

科学发展观在抗击“非典”疫情和探索完善社会主义市场经济体制的过程中逐步形成。2003 年初，“非典”疫情的迅速蔓延，集中暴露出我国经济社会发展中存在的薄弱环节和突出问题。2003 年 10 月，党的十六届三中全会通过的《中共中央关于完善社会主义市场经济体制若干问题的决定》指出：“坚持以人为本，树立全面、协调、可持续的发展观，促进经济社会和人的全面发展。”

这些困难和挑战既考验着我们党领导科学发展的能力，也推动着科学发展观理论不断发展完善。这一进程最显著的成果，是加快转变经济发展方式的

战略思想和举措。十八大报告还提出："面向未来，深入贯彻落实科学发展观，对坚持和发展中国特色社会主义具有重大现实意义和深远历史意义，必须把科学发展观贯彻到我国现代化建设全过程、体现到党的建设各方面。"

（二）科学发展观的科学内涵

科学发展观，第一要义是发展，核心立场是以人为本，基本要求是全面协调可持续，根本方法是统筹兼顾。这是对科学发展观的集中概括。

1. 推动经济社会发展是科学发展观的第一要义

"综观国际国内大势，我国发展仍处于可以大有作为的重要战略机遇期。"实现科学发展，就要准确判断重要战略机遇期内涵和条件的变化，全面把握机遇，沉着应对挑战。

坚持科学发展，必须加快转变经济发展方式。要正确认识和处理发展"好"与"快"的辩证关系，抓紧解决我国发展面临的突出矛盾和问题，促进经济增长由主要依靠投资、出口拉动向依靠消费、投资、出口协调拉动转变，由主要依靠第二产业带动向依靠第一、第二、第三产业协同带动转变，由主要依靠增加物质资源消耗向主要依靠科技进步、劳动者素质提高、管理创新转变，不断提高发展的全面性、协调性、可持续性。

2. 以人为本是科学发展观的核心立场

坚持以人为本，最终是为了实现人的全面发展。胡锦涛强调，要坚持在经济社会发展的基础上促进人的全面发展。要把促进经济社会发展与促进人的全面发展统一起来，把促进人的全面发展作为经济社会发展的最终目的，既着眼于人民现实的物质文化生活需要，又着眼于促进人民素质的提高。打铁还需自身硬，大学生应该学好本领，努力拼搏，实现自己的人生价值，这也是以人为本的重要体现。

3. 全面协调可持续是科学发展观的基本要求

胡锦涛指出，我们之所以把全面协调可持续作为科学发展观的基本要求来强调，这是因为：一方面，经过长期发展，我们积累了较为雄厚的物质技术条件，可以在推进全面协调可持续发展上有更大作为；另一方面，城乡区域发展不平衡、经济社会发展不协调、经济发展与人口资源环境不适应等问题更加突出地摆在了我们面前。只有更加自觉地推进全面协调可持续发展，才能更好化解我国发展的各种制约因素，更好推动我国发展进程，确保实现我国发展的战略目标。

4. 统筹兼顾是科学发展观的根本方法

在我国改革发展的关键阶段，经济体制深刻变革，社会结构深刻变动，利益格局深刻调整，思想观念深刻变化。党的十七大在强调要坚持“五个统筹”的同时，进一步强调要统筹中央和地方关系，统筹个人利益和集体利益、局部利益和整体利益、当前利益和长远利益，统筹国内国际两个大局。

坚持统筹兼顾，必须正确认识和妥善处理中国特色社会主义事业中的重大关系。统筹城乡发展，逐步缩小城乡差距，促进城乡共同繁荣。统筹区域发展，就是要逐步形成东中西部相互促进、优势互补、共同发展的新格局。统筹经济社会发展，就是要实现经济发展与社会进步的有机统一。统筹人与自然和谐发展，就是处理好经济建设与生态环境保护的关系，增强可持续发展的能力。统筹国内发展和对外开放，就是要统筹利用好国内国际两个市场、两种资源，努力促进我国发展和各国共同发展的良性互动。

第二节　科学发展观的科学内涵和主要内容

一、迎接绿色 GDP——转变经济发展方式

新中国成立后，特别是改革开放以来，我国经济发展取得了巨大成就，经济总量已经位居世界第二；但在快速发展中也积累了许多突出矛盾和问题，其集中表现就是经济发展方式粗放。针对这一现实，我们党提出了科学发展观，强调实现经济社会科学发展。实现经济社会科学发展，内在地包含转变经济发展方式。深入理解和把握加快转变经济发展方式，需要注意以下两个问题：第一，加快转变经济发展方式的重要性；第二，把握经济发展新常态。

（一）推动经济持续健康发展，必须加快转变经济发展方式

改革开放以来，我国经济以世界上少有的速度持续快速发展起来，但随着经济发展和对外开放水平不断提高，原有经济发展方式的弊端日益显现。特

别是 2008 年由美国次贷危机引发的波及全球的国际金融危机，使我国经济发展方式问题更加凸显出来。如果不能加快经济发展方式转变，我国今后发展代价就会越来越大、空间就会越来越小、道路就会越走越艰难。

因此，要适应国内外经济形势新变化，着力激发各类市场主体发展新活力，着力增强创新驱动发展新动力，着力构建现代产业发展新体系，着力培育开放型经济发展新优势，把推动发展的立足点转到提高质量和效益上来。要使经济发展更多依靠内需特别是消费需求拉动，更多依靠现代服务业和战略性新兴产业带动，更多依靠科技进步、劳动者素质提高、管理创新驱动，更多依靠节约资源和循环经济推动，更多依靠城乡区域发展协调互动，加快形成新的经济发展方式。

科学发展观强调，第一，全面深化经济体制改革是加快转变经济发展方式的关键，实施创新驱动发展战略，是转变经济发展方式的重大战略决策；第二，推动经济结构战略性调整，是提升国民经济整体素质、赢得国际经济竞争主动权的根本途径，是加快转变经济发展方式的主攻方向；第三，促进区域协调发展是我国现代化建设中的一个重大战略；第四，积极稳妥推进城镇化是优化城乡经济结构、促进国民经济良性循环和社会协调发展的重要措施；第五，推动城乡发展一体化，是解决“三农”问题的根本途径；第六，实现工业化、信息化、城镇化、农业现代化，是我国社会主义现代化建设的战略任务，也是加快形成新的经济发展方式、促进经济持续健康发展的重要动力。

（二）把握经济发展新常态

从我国消费需求、投资需求、出口和国际收支、生产能力和产业组织方式、生产要素相对优势、市场竞争特点、资源环境约束、经济风险积累和化解、资源配置模式和宏观调控方式九个方面来看，我国经济发展已经进入了新常态。

经济发展新常态的主要特点：一是从高速增长转为中高速增长。二是经济结构不断优化升级，第三产业、消费需求逐步成为主体，城乡区域差距逐步缩小，居民收入占比上升，发展成果惠及更广大民众。三是从要素驱动、投资驱动转向创新驱动。

经济新常态将给中国带来新的发展机遇。第一，经济新常态下，经济增速虽然放缓，但经济规模决定的实际增量依然可观。第二，新常态下的经济增长更趋平稳，增长动力更为多元。中国经济正从要素驱动、投资驱动转向创新驱动，从而为经济增长提供稳定的动力和保障。第三，在经济新常态下，产业结构进一步优化升级，发展前景更加稳定。最终消费对经济增长的贡献率不断上升，第三产业增加值逐年上升，已超过第二产业成为国民经济的第一大产业部门。第四，在经济新常态下，政府积极推动职能转变，市场活力进一步释放，市场这只“看不见的手”和政府这只“看得见的手”充分结合，共同推动经济的持续发展。我们应主动把握和积极适应经济发展新常态，围绕转方式、调结构，推动经济持续健康发展。

适应和引领经济发展新常态，必须转变经济发展方式，实现发展理念变革、模式转型、路径创新的综合性、系统性、战略性转变；必须坚持走中国特色新型工业化、信息化、城镇化、农业现代化道路，推动四化同步发展；必须坚持走中国特色自主创新道路，实施创新驱动发展战略，全面依靠创新驱动发展，提高经济质量和效益；必须健全城乡发展一体化体制机制，统筹城乡发展，缩小城乡差距。

二、守自信建强国——建设文化强国

中国自改革开放以来，经济实现了腾飞，并一路高歌猛进，但与经济的飞速发展形成对比的是，文化发展相对滞后，总体实力和国际影响力与我国的国际地位很不相称，与一些文化强国相比还有很大差距，不能完全适应经济社会发展的需要。实事求是地讲，中国目前仍是一个文化大国，还称不上是文化强国。由此可见，建设社会主义文化强国具有十分重要的现实意义。深入理解和把握建设文化强国，需要注意以下两个问题：第一，文化强国的定义；第二，如何建设文化强国。

（一）什么是文化强国

人类文明进步的历史充分表明，没有先进文化的引领，一个国家、一个民族不可能屹立于世界先进民族之林。当今时代，文化在综合国力竞争中的地位日益重要，谁占据了文化发展的制高点，谁就能够更好地在激烈的国际竞争中掌握主动权。实现中华民族伟大复兴，迫切要求我国由一个文化大国转变成为一个文化强国，这是中华民族几千年文化积淀赋予我们的历史使命。

所谓文化强国，是指这个国家具有强大的文化力量。这种力量既表现为有高度文化素养的国民，也表现为有发达的文化产业，还表现为强大的文化软实力。“世界那么大，我想去看看。”随着人民生活水平的提高，越来越多的国人选择到境外旅行度假。数据显示，2016 年我国出境旅游人数达 1.22 亿人次，蝉联全球出境旅游人次世界冠军。这一数据说明，随着物质生活水平的逐步提升，人民的精神需求也不断提升。

当今时代，文化越来越成为民族凝聚力和创造力的重要源泉、越来越成为综合国力竞争的重要因素、越来越成为经济社会发展的重要支撑，丰富精神文化生活越来越成为我国人民的热切愿望。胡锦涛指出，国家富强、民族振兴、人民生活幸福安康，需要强大的经济力量，也需要强大的文化力量。物质贫乏不是社会主义，精神空虚也不是社会主义。没有社会主义文化繁荣发展，就没有社会主义现代化。

（二）如何建设文化强国

建设社会主义文化强国，就是要着力推动社会主义先进文化更加深入人心，不断开创全民族文化创造活力持续迸发、社会文化生活更加丰富多彩、人民基本文化权益得到更好保障、人民思想道德素质和科学文化素质全面提高、中华文化影响力不断增强的新局面，建设中华民族共有精神家园，为人类文明进步作出更大贡献。

建设社会主义文化强国，需要培养高度的文化自觉自信。文化自觉自信是建设社会主义文化强国的一个必要条件。当前，我国的经济发展水平已经处于一个较高的起点上，经济实力位居世界前列。但文化发展相对滞后，总体实力和国际影响力与我国的国际地位很不相称。要看到我国文化发展还不完全适应经济社会发展的需要，与一些文化强国相比还有很大差距，但更要看到，我国有着悠久的历史传统和深厚的文化资源，已经具备了相对雄厚的物质基础，人民群众对文化的需求快速增长，我国的文化发展面临着难得的机遇。

建设社会主义文化强国，要大力发展文化事业和文化产业。没有文化事业和文化产业的发展，文化资源就不可能转变为现实的文化力量。发展文化事业和文化产业，要体现社会主义的制度特色。发展文化事业，要坚持政府主导，按照公益性、基本性、均等性、便利性的要求，加强文化基础设施建设，完善公共文化服务网络，让人民群众广泛享有免费或优惠的基本公共文化服务，在满足人民群众基本文化需求的基础上，提升国民素质。发展文化产业，要按照全面协调可持续的要求，推动文化产业跨越式发展，在满足人民多样化精神文化需求的基础上，使之成为国民经济支柱性产业，为推动科学发展提供重要支撑。

科学发展观强调，要树立高度的文化自觉和文化自信，兴起社会主义文化建设新高潮，提高国家文化软实力，加快建设与我国深厚文化底蕴和丰富文化资源相匹配、与中国特色社会主义事业总体布局相适应、与建设富强民主文明和谐的社会主义现代化国家的目标相承接的社会主义文化强国。要坚定不移走中国特色社会主义文化发展道路，坚持为人民服务、为社会主义服务的方向，坚持百花齐放、百家争鸣的方针，坚持贴近实际、贴近生活、贴近群众的原则，推动社会主义精神文明和物质文明全面发展，建设面向现代化、面向世界、面向未来的，民族的科学的大众的社会主义文化。

提高国家文化软实力，关系我国在世界文化格局中的定位，关系我国国际地位和国际影响力，关系“两个一百年”奋斗目标和中华民族伟大复兴的中国梦的实现。提高国家文化软实力要“形于中”“发于外”，切实把我们自身的文化建设搞好，朝着建设社会主义文化强国的目标不断前进。

三、中国人脚下的路——构建和谐社会

新世纪新阶段，我国发展站在了一个新的历史起点上。为了保持我国经济社会发展的良好态势，解决发展中的深层次矛盾和问题，以胡锦涛为主要代表的中国共产党人，紧紧抓住我国发展的重要战略机遇期，形成了科学发展观，带领中国人民战胜一系列重大挑战。全面认识和把握构建社会主义和谐社

会，需要我们了解它的提出和本质属性。

（一）构建社会主义和谐社会的重大战略思想的提出

人们所处的社会是否和谐，直接关系每个人的生活环境、生存质量、生命价值。千百年来，人类向往和谐、追求和谐，希望建设一个美好社会。新世纪新阶段，我们党提出构建社会主义和谐社会的重大战略思想和战略任务，开启了实现社会和谐的历史进程，反映了全党全国人民的共同愿望。

党的十六大以来，我们党从中国特色社会主义事业总体布局和全面建设小康社会全局出发，提出构建社会主义和谐社会的重大战略任务。胡锦涛明确指出："社会和谐是中国特色社会主义的本质属性。"这个重大判断，深刻总结了国内外社会主义建设的历史经验，深化了对社会主义本质的认识。

我们要构建的社会主义和谐社会是经济建设、政治建设、文化建设、社会建设、生态文明建设协调发展的社会，是人与人、人与社会、人与自然整体和谐的社会。

民主法治、公平正义、诚信友爱、充满活力、安定有序、人与自然和谐相处，是构建社会主义和谐社会的总要求。

民主法治，就是社会主义民主得到充分发扬，依法治国基本方略得到切实落实，各方面积极因素得到广泛调动；公平正义，就是社会各方面的利益关系得到妥善协调，人民内部矛盾和其他社会矛盾得到正确处理，社会公平和正义得到切实维护和实现；诚信友爱，就是全社会互帮互助、诚实守信，全体人民平等友爱、融洽相处；充满活力，就是能够使一切有利于社会进步的创造愿望得到尊重，创造活动得到支持，创造才能得到发挥，创造成果得到肯定；安定有序，就是社会组织机制健全，社会管理完善，社会秩序良好，人民群众安居乐业，社会保持安定团结；人与自然和谐相处，就是生产发展，生活富裕，生态良好。这几个方面是相互联系、相互作用的，需要全面把握和体现。

构建社会主义和谐社会，我们既要从"大社会"着眼，把和谐社会建设落实到包括经济建设、政治建设、文化建设、社会建设、生态文明建设和党的建设等在内的党和国家全部工作之中；又要从"小社会"着手，以解决人民群众最关心最直接最现实的利益问题为重点，着力发展社会事业、促进社会公平正义、建设和谐文化、完善社会管理、增强社会创造活力，走共同富裕道路，推动社会建设与经济建设、政治建设、文化建设、生态文明建设协调发展。

（二）社会和谐是中国特色社会主义的本质属性

党的十六大第一次将“社会更加和谐”作为全面建设小康社会的重要奋斗目标。十六届六中全会深刻阐明了社会主义和谐社会的性质和定位，指明了建设社会主义和谐社会的指导思想、目标任务、工作原则和重大部署。此后，十七大、十八大都反复强调建设社会主义和谐社会的重要性，并将社会建设纳入建设中国特色社会主义的总布局。

建设和谐社会是贯穿中国特色社会主义事业全过程的长期历史任务。党的十八大围绕全面建成小康社会，提出了社会建设的目标：人民生活水平全面提高；基本公共服务均等化总体实现；全民受教育程度和创新人才培养水平明显提高，进入人才强国和人力资源强国行列，教育现代化基本实现；就业更加充分；收入分配差距缩小，中等收入群体持续扩大，扶贫对象大幅减少；社会保障全民覆盖，人人享有基本医疗卫生服务，住房保障体系基本形成，社会和谐稳定。

俗话说，幸福不会从天降。和谐也不会凭空而来，它只能从实践中来，从奋斗中来。只有大胆实践、不懈奋斗，才能找到解决各种矛盾和问题的途径与办法，才能检验各项具体政策和决策是否正确，才能在不断前进中实现预期的目标。和谐社会是对人类美好社会状态的一种描绘，是人们梦寐以求的社会理想。一般地讲，和谐社会就是人与自然、人与社会、人与人之间和谐统一与协调发展的社会。建设社会主义和谐社会，是中国特色社会主义的重大战略任务，体现了全党全国各族人民的共同愿望，对于推进党和人民的事业发展，保证党和国家的长治久安，具有十分重要的意义。

第三节　科学发展观的历史地位

一、马克思主义发展观的集中体现

科学发展观是我们党坚持把马克思主义基本原理同当代中国实际和时代

特征相结合，在新中国成立以来特别是改革开放以来不懈探索的基础上，继续拓展中国特色社会主义实践、探索中国特色社会主义规律的必然结论，既贯穿了马克思主义立场、观点和方法，又把马克思主义中国化推进到新境界。科学发展观是对经济社会发展一般规律认识的深化，是马克思主义关于发展的世界观和方法论的集中体现，是中国特色社会主义理论体系的重要组成部分。

科学发展观最鲜明的精神实质是解放思想、实事求是、与时俱进、求真务实。这个精神实质充分体现了马克思列宁主义、毛泽东思想、邓小平理论、“三个代表”重要思想和科学发展观的历史逻辑和内在联系。

科学发展观同邓小平理论、“三个代表”重要思想，面对着共同的时代课题，面临着共同的历史任务，都贯穿了中国特色社会主义这个主题，都坚持辩证唯物主义和历史唯物主义的世界观方法论，都坚持党的最高纲领和最低纲领的统一，都坚持代表最广大人民根本利益，在理论主题、思想基础、政治理想、根本立场上一以贯之。

科学发展观在邓小平理论和“三个代表”重要思想的基础上，用一系列具有鲜明时代特点的新思想、新观点、新论断，“进一步回答了什么是社会主义、怎样建设社会主义和建设什么样的党、怎样建设党的问题，创造性地回答了新形势下实现什么样的发展、怎样发展等重大问题，形成了涵盖改革发展稳定、内政外交国防、治党治国治军各方面的系统科学理论，实现了我们党在指导思想上的又一次与时俱进，开辟了当代中国马克思主义发展新境界”。科学发展观是对邓小平理论、“三个代表”重要思想的创造性发展，把中国特色社会主义理论体系推进到新境界，赋予当代中国马克思主义勃勃生机。

二、发展中国特色社会主义的指导思想

科学发展观是我们党执政理念的丰富和发展，是全面建设小康社会、加快推进社会主义现代化的根本指针。

从党的十六大到党的十八大，我们党深入贯彻落实科学发展观，制定一系列战略部署，实施一系列重大举措，全面推进经济建设、政治建设、文化建设、社会建设、生态文明建设，为全面建成小康社会打下坚实基础。这十年，

我们走过了很不平坦的道路，战胜了一系列重大挑战，巩固和发展了改革开放和社会主义现代化建设大局，把中国特色社会主义推进到新的发展阶段。我国社会生产力、经济实力、科技实力迈上一个大台阶，人民生活水平、居民收入水平、社会保障水平迈上一个大台阶，综合国力、国际竞争力、国际影响力迈上一个大台阶，彰显了中国特色社会主义的巨大优越性和强大生命力，增强了中国人民和中华民族的自豪感和凝聚力。

党的十六大以来的实践昭示我们，科学发展观不仅是指导经济建设的理论，而且是指导各方面建设的理论；不仅是指导发展的理论，而且是指导党和国家各项工作的理论；不仅是指导实践、推动工作的有力武器，而且是帮助人们认识和把握社会发展规律的世界观方法论。实践充分证明，科学发展观是指导全面建成小康社会、发展中国特色社会主义的正确理论。

第三部分　教学拓展

一、课后思考

1. 如何理解科学发展观形成发展的社会历史条件？
2. 如何把握科学发展观的科学内涵和精神实质？
3. 如何理解科学发展观的历史地位和指导意义？

二、备课参考

1. 胡锦涛：《准确把握科学发展观的深刻内涵和基本要求》，《胡锦涛文选》第二卷，人民出版社 2016 年版。

2. 胡锦涛：《把科学发展观贯穿于发展的整个过程和各个方面》，《胡锦涛文选》第二卷，人民出版社 2016 年版。

3. 习近平：《在学习〈胡锦涛文选〉报告会上的讲话》，人民出版社 2016 年版。

4. 中共中央宣传部：《科学发展观学习纲要》，学习出版社 2013 年版。

三、实践活动

1. 主题演讲

内容：践行科学发展观从我做起。

目的：深入理解科学发展观的科学内涵，从身边小事入手，做力所能及的事情，贡献自己的一份力量。

操作：以小组为单位，指定召集人 1 名；认真准备，积极发言，写实记录；在讨论的基础上，撰写小组总结，进行班级交流。

2. 校园调研

内容：依据科学发展观的理论，调研大学生对社会主义核心价值观的理解和认识。

目的：加深大学生对于社会主义核心价值观的现实意义的理解

操作：以小组为单位，进行问卷调查和个案访谈，撰写一篇对社会主义核心价值观理解的调查报告，字数不低于 2000 字，并在班级进行交流。

3. 合作学习

内容：查找与科学发展观理论相关的案例。

操作：

（1）分小组。为便于共同完成学习任务组建学习小组，小组成员以 8 ～ 10 人为宜，选出小组长。

（2）组长安排好任务分工。做好学习案例的整理，总结学习案例。

（3）学习小组 PPT 展示。各小组在案例的基础上，做好 PPT，与同学们分享心得。

第八章　习近平新时代中国特色社会主义思想及其历史地位

第一部分　教学概况

本章概述	本章主要包含了三个方面的内容：一、习近平新时代中国特色社会主义思想创立的社会历史条件；二、习近平新时代中国特色社会主义思想的科学体系；三、习近平新时代中国特色社会主义思想的历史地位。
学时安排	理论学时 3 学时（含课堂活动）
教学目的与教学目标	通过教学，在引导大学生认识改革开放以来、特别是党的十八大以来中国社会取得的历史性成就和发生的历史性变革基础上，帮助学生正确认识社会主义初级阶段主要矛盾的转化以及中国特色社会主义进入新时代的依据，准确把握新时代的科学内涵，并深刻理解中国特色社会主义进入新时代的重要意义。 本章可将教学目标分为知识、价值、能力三个目标。 知识目标：明确新时代的内涵；理解中国特色社会主义进入新时代的依据与意义；把握习近平新时代中国特色社会主义思想的主要内容及历史地位。 价值目标：激发学生在深刻理解中国特色社会主义进入新时代的伟大意义基础上，用习近平新时代中国特色社会主义思想武装头脑，献身新时代、奉献新时代的责任感、信心和决心。 能力目标：培养学生站在中华民族复兴的历史进程、科学社会主义发展进程以及人类文明进程的多重维度，认识和理解中国特色社会主义进入新时代等重大问题的思维方式和能力。

本章 教材分析	本章是马克思主义中国化的最新理论成果——习近平新时代中国特色社会主义思想的第一课，概述了习近平新时代中国特色社会主义思想的主要内容并对中国特色社会主义进入新时代这一重要论断进行了深入阐述。 上好这一课，必须解决三个问题：一是学生对中国特色社会主义进入新时代的认同感。通过结合党的十八大以来我国社会所取得的历史性成就、发生的历史性变革以及我国社会主要矛盾的转化，讲清、讲透中国特色社会主义进入新时代的依据。二是学生对新时代的科学内涵以及重要意义的理解。要充分结合中华民族发展史、世界社会主义发展史以及人类社会发展史三重维度理解我国发展新的历史方位。三是学生对习近平新时代中国特色社会主义思想主要内容及其历史地位的准确把握。既要讲清“八个明确”和“十四个坚持”体现了习近平新时代中国特色社会主义思想理论与实践的统一，也要深刻理解习近平新时代中国特色社会主义思想的引领对于中国特色社会主义实现新发展，推动中华民族伟大复兴实现大跨越的重要意义。
教学 重点难点	教学重点： 1. 中国特色社会主义进入新时代的依据； 2. 新时代的内涵和意义； 3. 习近平新时代中国特色社会主义思想的主要内容和历史地位； 教学难点： 1. 中国特色社会主义进入新时代的依据； 2. 我国社会主要矛盾的转化。
教学设计	采用线上和线下混合式教学方法。本课程线上教学使用中国大学MOOC平台。 线下教学专题：在新时代，如何成为肩负民族复兴大任的时代新人？ 一、中国特色社会主义进入新时代的依据有哪些？ 二、新时代对时代新人提出了哪些根本要求？

第二部分　教学转化

第一节　习近平新时代中国特色社会主义思想创立的社会历史条件

在人类社会发展的浩瀚历史中，先进的思想总是与非凡的事业彼此辉映，科学的理论总是与伟大的实践相互激荡。我们如何理解习近平新时代中国特色社会主义思想创立的社会历史条件呢？下面从三个方面进行分析。

一、中国特色社会主义进入新时代

时代是思想之母。我们这个时代是什么时代呢？中国特色社会主义进入新时代，这是我国发展新的历史方位，这是党的十九大作出的重大政治论断。

作出这一重大政治论断的依据有两个方面。

1. 中国特色社会主义进入新时代是改革开放以来特别是党的十八大以来我国取得的历史性成就和发生的历史性变革的必然结果。

2. 中国特色社会主义进入新时代是我国社会主要矛盾转化的必然结果。

党的十九大作出的这一重大政治论断，赋予党的历史使命、理论遵循、目标任务以新的时代内涵，为我们深刻把握当代中国发展的新阶段新特征，科学制定党的路线方针政策，推进党的理论创新提供了时代坐标和基本依据。

站在新时代的潮头，中国共产党和中国人民迫切需要立足时代之基、回答时代之问、引领时代之变的科学理论。习近平新时代中国特色社会主义思想正是在这样的伟大时代中创立并不断丰富发展的。

二、世界正经历百年未有之大变局

当今世界正经历百年未有之大变局，这是以习近平同志为核心的党中央科学认识全球发展大势、深刻洞察世界格局变化而作出的重大战略判断。

怎样理解百年未有之大变局呢？总起来说，就是当前国际格局和国际体系正在发生深刻调整，全球治理体系正在发生深刻变革，国际力量对比正在发生近代以来最具革命性的变化，呈现出影响人类历史进程和趋向的重大态势。主要表现为：

一是世界经济版图正在发生前所未有的深刻变化，新兴经济体和发展中国家在世界经济中占据越来越大的份额，世界经济格局深度调整。

二是新一轮科技革命和产业变革正发生前所未有的新陈代谢和激烈竞争，深刻改变着人类社会生产、生活和思维方式，推动生产关系变革。

三是国际力量对比正发生前所未有的革命性变化，发达国家实力相对下降，一大批发展中国家群体性崛起，成为影响国际政治经济格局的重要力量。

四是全球治理体系发生了前所未有的调整，西方发达国家主导的国际政治经济秩序越来越难以为继，发展中国家在国际事务中的代表性和发言权不断扩大，全球治理越来越向着更加公平合理的方向发展。

五是人类前途命运的休戚与共前所未有，各国相互联系和彼此依存比过去任何时候都更频繁、更紧密，整个世界日益成为你中有我、我中有你的人类命运共同体。

世界百年未有之大变局正在加速演变。大变局带来大挑战、大机遇。面对世情的深刻变化，中国共产党和中国人民迫切需要因势而谋、应势而动、顺势而为的科学理论。

习近平新时代中国特色社会主义思想，正是在把握世界发展大势、应对全球共同挑战、维护人类共同利益、完善全球治理体系的过程中，在对科学社会主义理论与实践的深邃思考、深刻总结，对坚持和发展中国特色社会主义的不懈探索、砥砺前行中创立并不断丰富发展的。

三、中华民族伟大复兴正处于关键时期

实践是理论之源。中国特色社会主义进入新时代意味着当代中国正经历着我国历史上最为广泛而深刻的社会变革，也正在进行着人类历史上最为宏大而独特的实践创新。我国正处于实现中华民族伟大复兴的关键时期，我们比历史上任何时期都更接近、更有能力和信心实现中华民族伟大复兴的目标。

船到中流浪更急，人到半山路更陡。我们具备过去难以想象的良好发展

条件，但也面临着各种可以预见和难以预见的困难和问题，形势环境变化之快、改革发展稳定任务之重、矛盾风险挑战之多，对我们党治国理政考验之大前所未有。在 14 亿多人口的大国实现社会主义现代化，这是人类历史上从未有过的壮举。实现“两个一百年”奋斗目标和中华民族伟大复兴的中国梦，将创造人类发展史上惊天动地的发展奇迹。面对这样的任务、挑战和考验，中国改革需要“涉深水”和“闯险滩”，需要防范化解“黑天鹅”“灰犀牛”事件等各种重大风险，这些都无疑考验着当代中国共产党人的胆略和智慧。

中华民族伟大复兴处于关键时期要求我们不断推进党的建设新的伟大工程。党的十八大以来，以习近平同志为核心的党中央，勇于面对党面临的重大风险考验和党内存在的突出问题，坚持和加强党的全面领导，以坚定决心、顽强意志、空前力度推进全面从严治党，党的创造力、凝聚力、战斗力显著增强，为建设坚强有力的马克思主义政党，确保党长期执政和国家长治久安提供了根本保证。

中华民族伟大复兴处于关键时期要求我们不断推进马克思主义理论与中华优秀传统文化深度融合。中国共产党人是马克思主义的坚定信仰者和实践者，也是中华优秀传统文化的忠实传承者和弘扬者。以习近平同志为核心的党中央高度重视中华优秀传统文化，不断推进中华优秀传统文化的创造性转化、创新性发展，以新的时代内涵增强其生命力，使之成为治国理政的重要思想文化资源，彰显了中国特色社会主义的深厚文化底蕴，使中华文明再次迸发出强大精神力量。

中华民族伟大复兴正处于关键时期，中国共产党和中国人民迫切需要凝心聚力、谋篇布局、攻坚克难的科学理论。习近平新时代中国特色社会主义思想，正是在中华民族迎来从站起来、富起来到强起来的伟大飞跃中，在不断推进党的自我革命，实现党的自我净化、自我完善、自我革新、自我提高的过程中创立并不断丰富发展的。

习近平新时代中国特色社会主义思想，是党和人民实践经验和集体智慧的结晶，主要创立者是作为党中央的核心、全党的核心的习近平同志，为习近平新时代中国特色社会主义思想的创立发挥了决定性作用、作出了决定性贡献。

第二节　习近平新时代中国特色社会主义思想的科学体系

习近平新时代中国特色社会主义思想是新时代中国共产党的思想旗帜，是国家政治生活和社会生活的根本指针，是引领中国、影响世界的当代中国马克思主义、21 世纪马克思主义。学习这一思想，首先要全面准确领会其丰富内涵、思想体系和实践要求，其次要深刻把握贯穿其中的马克思主义立场、观点和方法，即深刻体会习近平新时代中国特色社会主义思想的理论特质。

一、习近平新时代中国特色社会主义思想的科学体系

习近平新时代中国特色社会主义思想，坚持辩证唯物主义和历史唯物主义，紧密结合新的时代条件和实践要求，系统回答新时代坚持和发展什么样的中国特色社会主义、怎样坚持和发展中国特色社会主义，以崭新的思想内容丰富和发展了马克思主义，形成了一个主题鲜明、系统全面、逻辑严密、内涵丰富、内在统一的科学理论体系。

坚持和发展中国特色社会主义，是习近平新时代中国特色社会主义思想的核心要义。

习近平新时代中国特色社会主义思想的主要内容是党的十九大报告概括的“八个明确”和“十四个坚持”。“八个明确”是习近平新时代中国特色社会主义思想最重要、最核心的内容，是起支撑作用的“四梁八柱”。“十四个坚持”是新时代坚持和发展中国特色社会主义的基本方略，是落实习近平新时代中国特色社会主义思想的实践要求。

二、习近平新时代中国特色社会主义思想的理论特质

习近平新时代中国特色社会主义思想，充满着对马克思主义的坚定信仰，充满着对社会主义和共产主义的坚定信念，展现了当代中国共产党人的政治品格、价值追求、精神风范，彰显和贯穿着坚定的理想信念、真挚的人民情怀、高度的自觉自信、无畏的担当精神、科学的思想方法。

我们要从以下六个方面领会习近平新时代中国特色社会主义思想的理论特质：

这一思想秉持人民至上。人民是历史的创造者，是真正的英雄，是决定党和国家前途命运的根本力量。习近平在庆祝中国共产党成立100周年大会的讲话中明确提出：“江山就是人民、人民就是江山，打江山、守江山，守的是人民的心。中国共产党根基在人民、血脉在人民、力量在人民。”人民至上是贯穿习近平新时代中国特色社会主义思想的一根红线，人民立场是习近平新时代中国特色社会主义思想的根本立场。这一思想坚持以人民为中心，坚持人民主体地位，把人民对美好生活的向往作为奋斗目标，把党的群众路线贯彻到治国理政全部活动之中，依靠人民创造历史伟业，彰显了全心全意为人民服务的根本宗旨，彰显了立党为公、执政为民的执政理念。

这一思想彰显历史自觉。这一思想注重从历史、现实、未来的贯通中把握历史规律和发展趋势，联系5000多年中华文明史来思考中华民族的前途命运，联系500多年世界社会主义发展史来认识社会主义运动的前进方向，联系中国近代以来180多年奋斗史来理解中华民族伟大复兴的正确道路，联系100年革命、建设、改革的历程来把握党的历史方位和历史使命，彰显了深邃的历史观照、深厚的历史情怀、强烈的历史担当。

这一思想坚持实事求是。实事求是，就是坚持一切从实际出发来研究和解决问题，坚持理论联系实际来制定和形成指导实践发展的正确路线方针政策，坚持在实践中检验真理和发展真理。习近平新时代中国特色社会主义思想牢牢把握实事求是这一马克思主义活的灵魂，坚持守正创新、调查研究、知行合一，既把“实事”弄清楚，又把“求是”搞透彻。党的十八大以来，从贯彻新发展理念到构建新发展格局，从社会主要矛盾变化到我国进入新发展阶段，从全面建成小康社会到全面建设社会主义现代化国家等一系列重大论断、重要思想的提出，无不来自对“实事”清醒而全面的认识，对“求是”坚定而执着的追求。

这一思想突出问题导向。问题是时代的声音，坚持问题导向是马克思主义的鲜明特点。习近平强调：“每个时代总有属于它自己的问题，只要科学地认识、准确地把握、正确地解决这些问题，就能够把我们的社会不断推向前进。”党的十八大以来，我们党直面矛盾、改革创新、攻坚克难，不断推进发展，推动全面深化改革涉险滩、破坚冰，持之以恒纠“四风”、刮骨疗毒反腐败，啃下贫中之贫“硬骨头”，打赢蓝天碧水净土保卫战等，都是聚焦我国发展和我们党执政面临的重大理论和实践问题，把问题作为研究制定政策的起点，把工作的着力点放在最突出的矛盾和问题上，把化解矛盾、破解难题作为打开局面的突破口，充分彰显了强烈的问题意识、鲜明的问题导向。

这一思想强化战略思维。战略思维是高瞻远瞩、统揽全局，善于把握事物发展总体趋势和方向的思维方法。这一思想站在时代前沿和战略全局的高度观察、思考和处理问题，从政治上认识和判断形势，立足中华民族伟大复兴战略全局和世界百年未有之大变局，统揽伟大斗争、伟大工程、伟大事业、伟大梦想，统筹推进“五位一体”总体布局，协调推进“四个全面”战略布局，系统谋划党和国家各项事业。这一思想透过纷繁复杂的表面现象把握事物本质和发展规律，在时代风云变幻中保持战略定力，在解决突出问题中实现战略突破，在把握战略全局中推进各项工作，处处鲜明地体现了战略思维。

这一思想发扬斗争精神。敢于斗争、敢于胜利，是中国共产党不可战胜的强大精神力量。党的十八大以来，习近平反复强调，中华民族伟大复兴绝不是轻轻松松、敲锣打鼓就能实现的，实现伟大梦想必须进行伟大斗争；必须安不忘危、存不忘亡、乐不忘忧，时刻保持警醒，不断振奋精神，勇于进行具有许多新的历史特点的伟大斗争；必须深刻认识错综复杂的国际环境带来的新矛盾新挑战，敢于斗争、善于斗争，勇于战胜一切风险挑战。这一思想蕴含的斗争精神，为党领导人民栉风沐雨、砥砺前行，有效应对重大挑战、抵御重大风险、克服重大阻力、化解重大矛盾、解决重大问题提供了强大动能。

第三节　习近平新时代中国特色社会主义思想的历史地位

理解习近平新时代中国特色社会主义思想的历史地位，要从以下三个方面来把握和体会。

一、当代中国马克思主义、21世纪马克思主义

习近平新时代中国特色社会主义思想与马克思列宁主义、毛泽东思想、邓小平理论、“三个代表”重要思想、科学发展观既一脉相承又与时俱进，是马克思主义中国化的新飞跃，是当代中国马克思主义、21世纪马克思主义。

习近平新时代中国特色社会主义思想开辟了马克思主义新境界。习近平新时代中国特色社会主义思想鲜明贯穿着马克思主义立场、观点和方法，始终把马克思主义作为理论起点、逻辑起点、价值起点，处处闪耀着马克思主义真理光辉，“没有丢掉老祖宗”。同时，它又以我们正在做的事情为中心，直面前进道路上的各种困难和矛盾、风险和挑战，着力探索破解难题、推进事业发展的新理念新思想新战略，讲了许多老祖宗没有讲过的新话，具有强烈的时代气息和现实针对性。习近平新时代中国特色社会主义思想以一系列具有原创性的新思想新观点新论断，在理论上实现了重大突破、重大创新、重大发展，写出了马克思主义新版本，对马克思主义在21世纪的发展作出了重大原创性贡献，以全新视野深化了对共产党执政规律、社会主义建设规律和人类社会发展规律的认识，是当代最现实最鲜活的马克思主义。

习近平新时代中国特色社会主义思想开辟了中国特色社会主义新境界。中国特色社会主义是改革开放以来党的全部理论和实践的主题。以习近平同志为核心的党中央坚持和发展中国特色社会主义一以贯之，续写中国特色社会主义这篇大文章，形成了系统完备、逻辑严密、内在统一的科学体系，把中国特色社会主义和实现社会主义现代化、实现中华民族伟大复兴有机贯通起来，聚焦“从哪里来、到哪里去”的历史追问，系统阐述了民族复兴的深刻内涵、历史方位、实现路径和战略步骤，为实现中华民族伟大复兴的中国梦提供了强大精神力量，标注了正确前进方向，充分体现了中国特色社会主义理论自信，也向世界展示了社会主义的光明图景。

习近平新时代中国特色社会主义思想对人类文明进步具有重要意义。面对摆在全人类面前的共同挑战，习近平新时代中国特色社会主义思想回答了关系人类前途命运的重大问题，包括中国新型现代化之路、“一带一路”建设、

“人类命运共同体”理念、共商共建共享原则等思想。中国的做法和经验为发展中国家提供了路径启示，拓展了发展中国家走向现代化的途径，给世界上那些既希望加快发展又希望保持自身独立性的国家和民族提供了全新选择。为应对全球性挑战、解决全球性问题贡献了中国智慧和中国方案，为人类文明思想宝库增添了绚丽夺目的瑰宝。

实践没有止境，理论创新也没有止境。习近平新时代中国特色社会主义思想是开放的理论体系，是我们推进马克思主义中国化的新的起点，必将随着党和国家事业的发展而不断发展。

二、实现中华民族伟大复兴的行动指南

习近平新时代中国特色社会主义思想是党和国家必须长期坚持的指导思想，是全党全国各族人民团结奋斗的共同思想基础，是决胜全面建成小康社会、建设社会主义现代化强国、实现中华民族伟大复兴中国梦的行动纲领。

习近平新时代中国特色社会主义思想，是党的意志、国家意志和人民意志的集中体现，为新时代坚持和发展中国特色社会主义提供了根本指引。习近平新时代中国特色社会主义思想围绕新时代坚持和发展什么样的中国特色社会主义、怎样坚持和发展中国特色社会主义这个重大时代课题，提出了一系列具有开创性意义的新理念新思想新战略，必将有力指引决胜全面建成小康社会、全面建设社会主义现代化强国新征程。

习近平新时代中国特色社会主义思想为新时代治国理政提供了基本遵循。这一思想围绕什么是国家治理现代化，如何实现国家治理现代化，提出一系列重要观点，作出一系列重大部署，为不断完善中国特色社会主义制度，推进国家治理体系和治理能力的现代化提供了基本遵循。

习近平新时代中国特色社会主义思想为全面从严治党、把党建设成为中国特色社会主义事业的坚强领导核心提供了强大思想武器。治国必先治党，治党务必从严。实现民族复兴，关键在党。这一思想着眼确保党始终成为中国特色社会主义坚强领导核心，提出全面加强党的领导，强调党是最高政治领导力量，党政军民学，东西南北中，党是领导一切的，坚持党中央权威和集中统

一领导，增强政治意识、大局意识、核心意识、看齐意识，确保党始终总揽全局、协调各方，深刻揭示了党和国家的根本所在、命脉所在，揭示了全国各族人民的幸福所系、利益所系。这一思想着眼保持党的先进性和纯洁性、克服“四大考验”“四种危险”，提出全面从严治党，明确新时代党的建设总要求，强调以政治建设为统领，坚持思想建党和制度治党同向发力，全面推进党的政治建设、思想建设、组织建设、作风建设、纪律建设，以零容忍态度惩治腐败，构建起体现马克思主义政党本质、符合时代发展和长期执政要求系统完备的党建理论体系。这一思想深刻把握伟大工程在“四个伟大”中的决定性作用，充分体现了“打铁必须自身硬”的坚强意志，体现了推进社会革命和自我革命相统一的高度自觉，对在管党治党实践中引领党的革命性锻造，实现全党思想上统一、政治上团结、行动上一致，极大增强党的凝聚力、战斗力和领导力、号召力，完成好新时代党的历史使命具有重大意义。

三、建设美丽世界的中国智慧和中国方案

新时代新任务新实践需要新思想来指引。党的十九大通过的党章修正案，把习近平新时代中国特色社会主义思想确立为党的指导思想，十三届全国人大一次会议把这一思想载入宪法。习近平新时代中国特色社会主义思想是新时代党和人民共同奋斗的精神旗帜。

这一思想坚持以社会主义现代化建设进程中的实际问题、以我们正在做的事情为中心，着眼统揽伟大斗争、伟大工程、伟大事业、伟大梦想，大智慧谋划大格局，大手笔续写大文章，是实践探索、经验总结、理论升华凝结而成的思想结晶。这一思想既立足于现实的中国，又植根于历史的中国，是中华文化创造性转化和创新性发展的思想成果，具有无比深厚的历史底蕴。这一思想紧紧围绕强国梦想，贯通党的使命、国家的前途、人民的福祉、民族的命运，贯通中国的过去、现在和未来，体现了科学社会主义理论逻辑与中国社会发展历史逻辑的辩证统一，成为当今时代最富中国味、最具中国魂的科学理论。这一思想必将以强大的解释力创造力凝聚力，激励全党全国各族人民朝着共同的目标团结奋进，不断创造新辉煌。

第三部分　教学拓展

一、课后思考

1. 结合新时代大学生的历史使命，谈谈如何规划自己的大学生活。

2. 如何理解思想道德和法律的相互关系？

3. 结合新时代需求，谈谈大学生为什么要成为“德法兼修”的时代新人。

二、备课参考

1. 习近平：《继续推进马克思主义中国化时代化大众化》，《习近平谈治国理政》第二卷，外文出版社 2017 年版。

2. 栗战书：《全面把握中国特色社会主义进入新时代》，《党的十九大报告辅导读本》，人民出版社 2017 年版。

3.《中国特色社会主义新时代标示我国发展新的历史方位》，《习近平新时代中国特色社会主义思想三十讲》，学习出版社 2018 年版。

4.《习近平新时代中国特色社会主义思想是党和国家必须长期坚持的指导思想》，《习近平新时代中国特色社会主义思想三十讲》，学习出版社 2018 年版。

5.《深入学习贯彻习近平新时代中国特色社会主义思想》，《党的十九大报告辅导读本》，人民出版社 2017 年版。

6.《坚持用习近平新时代中国特色社会主义思想武装全党》，《习近平新时代中国特色社会主义思想三十讲》，学习出版社 2018 年版。

7. 中共中央宣传部：《习近平新时代中国特色社会主义思想学习提纲》，学习出版社 2019 年版。

8. 中共中央宣传部：《习近平新时代中国特色社会主义思想学习问答》，学习出版社 2021 年版。

三、实践活动

1. 主题演讲

内容：新时代大学生的历史使命。

目的：认识新时代大学生的使命，把握历史机遇，做有理想有本领有担当的时代新人。

操作：联系自身实际，以宿舍或小组为单位，指定召集人 1 名；认真准备，积极发言，写实记录；在讨论的基础上，撰写小组总结，进行班级交流。

2. 校园调研

内容：中国特色社会主义进入新时代。

目的：加深学生对新时代的感性认识，合理规划自己的大学生活。

操作：以小组为单位，进行问卷调查和个案访谈，撰写一篇大学生对中国特色社会主义新时代认知状况的调查报告，字数不低于 2000 字，并在班级进行交流。

3. 合作学习

内容：习近平新时代中国特色社会主义思想。

目的：深刻把握习近平新时代中国特色社会主义思想的主要内容及其历史地位。

操作：

（1）确定主题。确定合作学习的主题为习近平新时代中国特色社会主义思想。小组成员利用业余时间搜集相关资料，认真阅读，完成学习笔记。

（2）组员发言。小组成员依次发言，阐述自己的学习成果，重点是对习近平新时代中国特色社会主义思想的认识。

（3）学习总结。总结合作学习成果，纠正组员发言中可能存在的问题，促使学生准确把握习近平新时代中国特色社会主义思想的主要内容及其历史地位。

第九章　坚持和发展中国特色社会主义的总任务

第一部分　教学概况

本章概述	本章主要包含了三个方面的内容：一、实现中华民族伟大复兴的中国梦；二、建成社会主义现代化强国的战略安排；三、建设社会主义现代化国家的战略导向。
学时安排	理论学时 2 学时（含课堂活动）
教学目的与教学目标	通过本章教学，使学生掌握新时代中国特色社会主义的总任务，明确实现总任务的时间表、路线图和战略安排。在历史和现实坐标中分析和把握全面建成小康社会、社会主义现代化与中国梦的内在逻辑关系，科学理解新时代“两步走”战略安排的历史逻辑与时代内涵，明确新时代坚持和发展中国特色社会主义的总任务的目标性和阶段性特征。进一步使学生增强实现中华民族伟大复兴的自豪感，增进坚持和发展新时代中国特色社会主义的自信心，切实提升对国家和民族的责任意识和担当精神，引导学生自觉融入建设社会主义现代化强国的新征程。 本章可将教学目标分为知识、价值、能力三个目标。 知识目标：通过教学使学生掌握关于中华民族伟大复兴中国梦的科学内涵，中国梦的本质是国家富强、民族振兴、人民幸福；建成社会主义现代化强国的战略安排。 价值目标：深刻领会中国梦是党中央对全体人民的庄严承诺，是党和国家面向未来的政治宣言，充分体现了我们党高度的历史担当和使命追求。 能力目标：通过演讲和校园调研使学生理解开启全面建设社会主义现代化强国的新征程，处在“三步走”战略目标的哪一阶段和“两个一百年”目标的时间节点，提高大学生的理性思维能力。

本章 教材分析	中国梦，百年梦。百年逐梦，感天动地。今日中国，前所未有地接近民族复兴伟大梦想的实现。在新征程上，按照什么样的时间表、路线图，进一步追梦圆梦，实现关键一跃，这是中国特色社会主义总任务所要回答的问题。 上好这一课，必须解决两个问题：一是讲清新时代坚持和发展中国特色社会主义的总任务的内涵。坚持和发展中国特色社会主义的总任务，是实现社会主义现代化和中华民族伟大复兴，在全面建成小康社会的基础上，分两步走在本世纪中叶建成富强民主文明和谐美丽的社会主义现代化强国。中国梦是中华民族伟大复兴的形象表达。中国梦，反映了近代以来一代又一代中国人的美好夙愿，进一步揭示了中华民族的历史命运和当代中国的发展走向，指明了全党全国各族人民共同的奋斗目标。中国梦的本质是国家富强、民族振兴、人民幸福。中国梦是人民的梦，也是世界的梦，与世界的梦息息相关。实现中国梦必须走中国道路、弘扬中国精神、凝聚中国力量。二是讲清建成社会主义现代化强国的战略安排。开启全面建设社会主义现代化强国的新征程：改革开放以来，党对我国社会主义现代化建设作出战略安排，提出“三步走”战略目标，之后又提出“两个一百年”的奋斗目标，十九大提出新时代中国特色社会主义发展的战略安排。
教学 重点难点	教学重点：一是关于中华民族伟大复兴中国梦的科学内涵：中国梦的本质是国家富强、民族振兴、人民幸福。实现中国梦必须走中国道路，弘扬中国精神、凝聚中国力量。二是开启全面建设社会主义现代化强国的新征程：改革开放以来，党对我国社会主义现代化建设作出战略安排，提出“三步走”战略目标，之后又提出“两个一百年”的奋斗目标，十九大提出新时代中国特色社会主义发展的战略安排。要弄清开启全面建设社会主义现代化强国的新征程处在“三步走”战略目标的哪一阶段和“两个一百年”目标的时间节点。 教学难点：在历史和现实坐标中分析和把握全面建成小康社会、社会主义现代化与中国梦的内在逻辑关系，科学理解新时代“两步走”战略安排的历史逻辑与时代内涵，引导学生自觉融入建设社会主义现代化强国的新征程。

教学设计	采用线上和线下混合式教学方法。本课程线上教学在中国大学 MOOC 平台。 线下教学专题：坚持和发展中国特色社会主义的总任务。 一、中国特色社会主义的总任务的内涵； 二、中国梦的科学内涵和实现途径； 三、建成社会主义现代化强国的战略安排。

第二部分　教学转化

第一节　实现中华民族伟大复兴的中国梦

今日中国，前所未有地接近民族复兴伟大梦想的实现。在新征程上，按照什么样的时间表、路线图，进一步追梦筑梦，这是中国特色社会主义总任务所要回答的问题。通过教学让学生了解、掌握近代以来中国人民寻梦、追梦、圆梦的历史进程，中国梦的科学内涵，实现中国梦的路径以及建成社会主义现代化强国的战略安排，引导学生自觉投身到实现中华民族伟大复兴中国梦准备和实践中去。

一、中国梦的内涵是什么

中国梦，是中国共产党召开第十八次全国代表大会以来，习近平总书记所提出的重要指导思想和重要执政理念，正式提出于 2012 年 11 月 29 日习近平在国家博物馆参观《复兴之路》展览时的讲话。习总书记把“中国梦”定义为“实现中华民族伟大复兴，就是中华民族近代以来最伟大梦想”，并且表示这个梦“一定能实现”。

习近平用三句诗形象地诠释出近代以来中国人民寻梦、追梦、圆梦的历史进程。中华民族的昨天，可以说是“雄关漫道真如铁”。近代以后，中华民族遭受的苦难之重、付出的牺牲之大，在世界历史上都是罕见的。但是，中国人民从不屈服，不断奋起抗争，终于掌握了自己的命运，开始了建设自己国家的伟大进程。中华民族的今天，正可谓“人间正道是沧桑”。改革开放以来，我们总结历史经验，不断艰辛探索，终于找到了实现中华民族伟大复兴的正确道路，取得了举世瞩目的成果。这条道路就是中国特色社会主义。中华民族的明天，可以说是“长风破浪会有时”。经过170多年的持续奋斗，中华民族伟大复兴展现出光明的前景。现在，我们比历史上任何时期都更接近中华民族伟大复兴的目标，比历史上任何时期都更有信心、有能力实现这个目标。中国梦，反映了近代以来一代又一代中国人的美好夙愿，进一步揭示了中华民族的历史命运和当代中国的发展走向，指明了全党全国各族人民共同的奋斗目标。

习近平指出：“中国梦的本质是国家富强、民族振兴、人民幸福。”国家富强，是指我国综合国力进一步增强，中国特色社会主义事业进一步发展和完善。经济更加发达，政治更加民主，文化更加繁荣，社会更加和谐，生态更加美好。民族振兴，就是通过自身的不断发展与强大，继承并创造中华民族的优秀文化以及先进的文明成果，进而使中华民族再次处于世界领先的地位，再次以高昂的姿态屹立于世界民族之林。人民幸福，就是人民权利保障更加充分、人人得享共同发展，生活在伟大祖国和伟大时代的中国人民，共同享有人生出彩的机会，共同享有梦想成真的机会，共同享有同祖国和时代一起成长与进步的机会。

国家富强、民族振兴是人民幸福的基础和保障。中国近代以来的屈辱历史已经证明，民族不独立、国家不富强，人民的生存根本得不到保证，更谈不上人民幸福。人民幸福是国家富强、民族振兴的题中之义和必然要求，民为邦本、本固邦宁，国家的富强、民族的振兴都要以人民的权利得到保障、利益得到实现、幸福得到满足为条件，人民幸福是国家富强、民族振兴的根本出发点和落脚点。

这个梦想，把国家的追求、民族的向往、人民的期盼融为一体，体现了中华民族和中国人民的整体利益，表达了每一个中华儿女的共同愿景。

二、如何实现中国梦

习近平指出：“实现中国梦必须走中国道路、弘扬中国精神、凝聚中国力量。”这为我们党团结带领人民继续把中国特色社会主义事业推向前进，为实现中华民族伟大复兴的中国梦而努力奋斗指明了方向。

实现中国梦必须走中国道路，这就是中国特色社会主义道路。没有正确的道路，再美好的愿景、再伟大的梦想，都不能实现。历史和现实充分证明，无论是封闭僵化的老路，还是改旗易帜的邪路，都是绝路、死路。只有中国特色社会主义道路才能发展中国、稳定中国，这是一条通往复兴梦想的康庄大道、人间正道。要增强对中国特色社会主义的道路自信、理论自信、制度自信、文化自信，坚定不移沿着正确的中国道路奋勇前进。

实现中国梦必须弘扬中国精神，这就是以爱国主义为核心的民族精神和以改革创新为核心的时代精神。爱国主义是中华民族的精神基因，激励着一代又一代中华儿女为祖国发展繁荣而不懈奋斗；改革创新反映了当代中国发展进步的要求，是鞭策我们在改革开放中与时俱进的精神力量。

实现中国梦必须凝聚中国力量，这就是全国各族人民大团结的力量。人民是历史的创造者，人民是真正的英雄。实现中华民族伟大复兴的中国梦是各民族共同的梦，也是各民族自己的梦。只要我们紧密团结，万众一心，为实现共同梦想而奋斗，实现梦想的力量就无比强大。

实现中华民族伟大复兴是海内外中华儿女的共同梦想，需要我们在和平的国际环境下，艰苦努力，顽强拼搏，用实干托起中国梦，要在全社会大力弘扬真抓实干、埋头苦干的良好风尚，不图虚名，不务虚功。实现中国梦任重而道远，需要锲而不舍、艰苦努力。只要一代又一代中国人勠力同心、不懈追求、接力奋斗，我们就一定能够到达中华民族伟大复兴的光辉彼岸。

第二节　建成社会主义现代化强国的战略安排

一、开启全面建设社会主义现代化强国的新征程

从全面建成小康社会到基本实现现代化，再到全面建成社会主义现代化强国，是新时代中国特色社会主义发展的战略安排。此安排是贯彻习近平新时代中国特色社会主义思想，紧扣我国社会主要矛盾的转化，保持“四个全面”战略布局连续性而提出来的宏伟蓝图、奋斗目标和行动纲领，是我们党向人

民、向历史作出的庄严承诺，是我们党向全国人民发出的新的动员令。

习近平在党的十九大报告中提出，我们要全面建成小康社会、实现第一个百年奋斗目标，然后再乘势而上，开启全面建设社会主义现代化国家的新征程，向第二个百年奋斗目标进军。全面建设社会主义现代化国家的进程分两个阶段来安排。第一个阶段，从2020年到2035年，在全面建成小康社会的基础上，再奋斗15年，基本实现社会主义现代化。第二个阶段，从2035年到本世纪中叶，在基本实现现代化的基础上，再奋斗15年，把我国建成富强民主文明和谐美丽的社会主义现代化强国。

这一战略安排，是在综合分析国际国内形势和我国发展条件之后作出的重大决策，也是我们党适应我国发展实际作出的必然选择，对动员全党全国各族人民万众一心，实现中华民族伟大复兴的中国梦具有重大意义。

二、实现社会主义现代化强国“两步走”战略的具体安排

从2020年到2035年，基本实现社会主义现代化的目标要求。

改革开放40多年来，我国经济持续较快发展，工业化、城镇化快速推进，各项事业全面进步，国家面貌发生了前所未有的巨大变化。我们党原来提出的“三步走”战略的第三步即基本实现现代化，将提前15年，即在2035年实现。在这一阶段，主要目标要求是：

在经济建设方面，我国经济实力、科技实力将大幅跃升，跻身创新型国家前列。我国经济将保持中高速增长、产业迈向中高端水平，经济发展实现由数量和规模扩张向质量和效益提升的根本转变。社会主义市场经济体制将更加完善，全面开放新格局加快构建，经济活力明显增强。基本建成现代化经济体系。

在政治建设方面，人民平等参与、平等发展权利得到充分保障，法治国家、法治政府、法治社会基本建成，各方面制度更加完善，国家治理体系和治理能力现代化基本实现。党的领导、人民当家作主、依法治国达到高度有机统一。

在文化建设方面，社会文明程度达到新的高度，国家文化软实力显著增强，中华文化影响更加广泛深入。中国梦和社会主义核心价值观深入人心，爱

国主义、集体主义、社会主义思想广泛弘扬，全体人民的文化自信、文化自觉和文化凝聚力不断提高。

在民生和社会建设方面，人民生活更为宽裕，中等收入群体比例明显提高，城乡区域发展差距和居民生活水平差距显著缩小，基本公共服务均等化基本实现，全体人民共同富裕迈出坚实步伐。实现幼有所育、学有所教、劳有所得、病有所医、老有所养、住有所居、弱有所扶的美好愿景，实现更高质量和更充分就业。我国进入高收入国家行列，人口预期寿命和国民受教育程度达到世界先进水平。现代社会治理格局基本形成，社会充满活力又和谐有序。

在生态文明建设方面，生态环境根本好转，美丽中国目标基本实现。清洁低碳、安全高效的能源体系和绿色低碳循环发展的经济体系基本建立，生态文明制度更加健全。绿色发展的生产方式和生活方式基本形成，能源、水等资源利用效率达到国际先进水平等等。

从 2035 年到本世纪中叶，建成社会主义现代化强国的目标要求。

在这一阶段，我们将在基本实现现代化的基础上全面提升我国社会主义物质文明、政治文明、精神文明、社会文明、生态文明，建成富强民主文明和谐美丽的社会主义现代化强国。

这一阶段的目标要求是：一是我国将拥有高度的物质文明，社会生产力水平大幅提高，核心竞争力名列世界前茅，经济总量和市场规模超越其他国家，建成富强的社会主义现代化强国。二是我国将拥有高度的政治文明，形成又有集中又有民主、又有纪律又有自由、又有统一意志又有个人心情舒畅生动活泼的政治局面，依法治国和以德治国有机结合，建成民主的社会主义现代化强国。三是我国将拥有高度的精神文明，践行社会主义核心价值观成为全社会自觉行动，国民素质显著提高，中国精神、中国价值、中国力量成为中国发展的重要影响力和推动力，建成文明的社会主义现代化强国。四是我国将拥有高度的社会文明，城乡居民将普遍拥有较高的收入、富裕的生活、健全的基本公共服务，享有更加幸福安康的生活，全体人民共同富裕基本实现，公平正义普遍彰显，社会充满活力而又规范有序，建成和谐的社会主义现代化强国。五是我国将拥有高度的生态文明，天蓝、地绿、水清的优美生态环境成为普遍常态，开创人与自然和谐共生新境界，建成美丽的社会主义现代化强国。

到那时，我国作为具有五千多年文明历史的古国，将焕发出前所未有的生机活力，实现国家治理体系和治理能力现代化，成为综合国力和国际影响力领先的国家，对构建人类命运共同体、推动世界和平与发展将作出更大贡献，中华民族将以更加昂扬的姿态屹立于世界民族之林，实现中华民族伟大复兴的中国梦。

2020 年 10 月 29 日中国共产党第十九届中央委员会第五次全体会议通过《中共中央关于制定国民经济和社会发展第十四个五年规划和二〇三五年远景目标的建议》提出：全面建成小康社会，开启全面建设社会主义现代化国家新征程。其中，列举到 2035 年基本实现社会主义现代化远景目标。党的十九大对实现第二个百年奋斗目标作出分两个阶段推进的战略安排。作为这一战略安排的具体落实，规划《建议》通过几个方面的具体描绘，勾勒出一幅到 2035 年基本实现社会主义现代化的美好画卷——展望二〇三五年，我国经济实力、科技实力、综合国力将大幅跃升，经济总量和城乡居民人均收入将再迈上新的大台阶，关键核心技术实现重大突破，进入创新型国家前列；基本实现新型工业化、信息化、城镇化、农业现代化，建成现代化经济体系；基本实现国家治理体系和治理能力现代化，人民平等参与、平等发展权利得到充分保障，基本建成法治国家、法治政府、法治社会；建成文化强国、教育强国、人才强国、体育强国、健康中国，国民素质和社会文明程度达到新高度，国家文化软实力显著增强；广泛形成绿色生产生活方式，碳排放达峰后稳中有降，生态环境根本好转，美丽中国建设目标基本实现；形成对外开放新格局，参与国际经济合作和竞争新优势明显增强；人均国内生产总值达到中等发达国家水平，中等收入群体显著扩大，基本公共服务实现均等化，城乡区域发展差距和居民生活水平差距显著缩小；平安中国建设达到更高水平，基本实现国防和军队现代化；人民生活更加美好，人的全面发展、全体人民共同富裕取得更为明显的实质性进展。

习近平总书记在 2020 年 11 月 2 日的中央深改委第十六次会议上强调，“十四五”时期我国将进入新发展阶段。就是全面建设社会主义现代化国家、向第二个百年奋斗目标进军的新阶段。

战略布局有了新表述——协调推进全面建设社会主义现代化国家、全面深化改革、全面依法治国、全面从严治党的战略布局。从“全面建成小康社会”到“全面建设社会主义现代化国家”，宣告中国即将开启崭新的发展征程，体现了我们党对发展阶段性特征认识的不断深入。

第三节　建设社会主义现代化国家的战略导向

开启全面建设社会主义现代化国家新征程、向第二个百年奋斗目标进军标志着我国进入了一个新发展阶段。立足新发展阶段必须坚定不移贯彻创新、协调、绿色、开放、共享的新发展理念，构建以国内大循环为主体，国内国际双循环相互促进的新发展格局。

一、立足新发展阶段

正确认识党和人民事业所处的历史方位，是我们党明确阶段性中心任务，制定路线方针政策的根本依据。全面建成小康社会，实现第一个百年奋斗目标之后，我们乘势而上开启全面建设社会主义现代化国家新征程，向第二个百年奋斗目标进军，标志着我国进入了一个新发展阶段。

从理论依据来看，我们党在利用马克思主义基本原理解决中国实际问题的实践中逐步认识到，发展社会主义不仅是一个长期历史过程，而且是需要划分不同历史阶段的过程，社会主义本身是共产主义的初级阶段，中国又处于社会主义初级阶段。新发展阶段是社会主义初级阶段中的一个阶段，是其中经过几十年积累、站到了新的起点上的一个阶段。

从历史依据来看，新发展阶段是我们党带领人民迎来从站起来富起来到强起来历史性跨越的新阶段。从党的成立、新中国成立到进入历史新时期，我们党领导中国人民实现一个又一个历史性跨越。新发展阶段正是在此前发展的基础上，续写全面建设社会主义现代化国家新的历史。

从现实依据来看，我们已经拥有开启新征程实现新的更高目标的雄厚物质基础。这为我国进入新阶段、朝着第二个百年奋斗目标进军奠定了坚实基础。

二、贯彻新发展理念

新发展理念是发展行动的先导，是发展思路、发展方向、发展着力点的集中体现。发展理念是否对头，从根本上解决着发展成效乃至成败。新发展阶段必须坚定不移贯彻创新、协调、绿色、开放、共享的新发展理念。

创新是引领发展的第一动力。创新发展注重的是解决发展动力问题，必须把创新摆在国家发展全局的核心位置，让创新贯穿党和国家一切工作。协调是持续健康发展的内在要求，协调发展注重的是解决发展不平衡问题，必须正确处理发展中的重大关系。绿色是永续发展的必要条件和人民对美好生活追求的重要体现，绿色发展注重的是解决人与自然和谐共生问题，必须实现经济社会发展和生态环境保护协同并进，为人民群众创造良好生产生活环境。开放是国家繁荣发展的必由之路，开放发展注重的是解决发展内外联动问题，必须发展更高层次的开放型经济，以扩大开放推进改革发展。共享是中国特色社会主义的本质要求，共享发展注重的是解决社会公平正义问题，必须坚持全民共享、全面共享、共建共享、渐进共享，不断推进全体人民的共同富裕。

新发展理念是一个系统的理论体系，回答了关于发展的目的、动力、方式、路径等一系列理论和实践问题，阐明了我们党关于发展的政治立场、价值导向、发展模式、发展道路等重大政治问题。

完整、准确、全面贯彻新发展理念。一是从根本宗旨把握新发展理念。为人民谋幸福、为民族谋复兴，是我们党的初心和使命，只有坚持以人民为中心的发展思想，坚持发展为了人民、发展依靠人民、发展成果由人民共享，才会有正确的发展观、现代化观。二是从问题导向把握新发展理念。要根据新发展阶段的新要求，坚持问题导向，更加精准地贯彻新发展理念，切实解决好发展不平衡不充分问题，真正实现高质量发展。三是从忧患意识把握新发展理念。增强忧患意识、坚持底线思维，随时准备应对更加复杂困难的局面，把安全发展贯穿国家发展各领域全过程。

三、构建新发展格局

新发展格局是经济现代化的路径选择，是关系我国发展全局的重大战略任务。立足新发展阶段、贯彻新发展理念，要致力于以国内大循环为主体，国内国际双循环的相互促进的新发展格局。

新发展格局是根据我国发展阶段、环境、条件变化提出来的。是重塑我国国际合作和竞争新优势的战略选择，是把握未来发展主动权的战略性布局和先手棋。无论从发展进程看、从世界比较看还是从国际形势看，我国必须坚持立足国内、依托国内大市场优势，化解外部冲击和外需下降带来的影响，增强我们的生存力、竞争力，发展力、持续力。

构建新发展格局的关键在于经济循环的畅通无阻，必须深化坚持供给侧结构性改革这条主线，继续完成“三去一降一补”的重要任务，实现经济在高水平上的动态平衡。构建新发展格局的最本质特征是实现高水平的自立自强，必须更加强调自主创新，集中优势资源，有力有序推进创新攻关的新体制机制。构建新发展格局要释放内需潜力，必须充分发挥我们市场资源优势，以巨大国内市场形成构建新发展格局的雄厚支撑。构建新发展格局要实行高水平对外开放，必须具备强大的国内经济循环体系和稳固的基本盘，并以此形成对全球要素资源的强大吸引力，在全球资源配置中的强大推动力。

进入新发展阶段、贯彻新发展理念、构建新发展格局，是由我国经济社会发展的理论逻辑、历史逻辑、现实逻辑决定的，三者紧密关联。进入新发展阶段明确了我国发展的历史方位，贯彻新发展理念明确了我国现代化建设的指导原则，构建新发展格局明确了我国经济现代化的路径选择。把握新发展阶段是贯彻新发展理念、构建新发展格局的现实依据，贯彻新发展理念为把握新发展阶段、构建新发展格局提供了行动指南，构建新发展格局则是应对新发展阶段机遇和挑战、贯彻新发展理念的战略选择。

第三部分　教学拓展

一、课后思考

1. 如何认识新时代建设中国特色社会主义的总任务？
2. 如何看待开启全面建设社会主义现代化强国的新征程？
3. 如何把握新时代中国特色社会主义发展的战略安排？

二、备课参考

1. 习近平：《实现中华民族伟大复兴是中华民族近代以来最伟大的梦想》，《习近平谈治国理政》第一卷，外文出版社 2018 年版。

2. 习近平：《实现中国梦不仅造福于中国人民，而且造福于世界人民》，《习近平谈治国理政》第一卷，外文出版社 2018 年版。

3.《中华人民共和国国民经济和社会发展第十四个五年规划和二〇三五年远景目标纲要》，人民出版社 2021 年版。

三、实践活动

1. 主题演讲

内容：你心目中的 2050。

目的：认识新时代建设中国特色社会主义发展的战略安排，畅想中国梦的实现，增强大学生主动融入建设社会主义现代化强国的新征程的积极性和主动性。

操作：以宿舍或小组为单位，指定召集人 1 名；认真准备，积极发言，写实记录；在讨论的基础上，撰写小组总结，进行班级交流。

2. 校园调研

内容：在我国疫情防疫过程中，谈谈你印象深刻的人和事。

目的：加深大学生对实现中国梦必须走中国道路、凝聚中国力量、弘扬中国精神的认识。

操作：以小组为单位，进行问卷调查和个案访谈，紧抓主题、自拟题目，撰写一篇调研报告，字数不低于 1500 字，并在班级进行交流。

第十章 "五位一体"总体布局

第一部分 教学概况

本章概述	本章主要包含五个方面的内容：一、实现经济高质量发展；二、发展社会主义民主政治；三、建设社会主义文化强国；四、加强以民生为重点的社会建设；五、建设美丽中国。
学时安排	理论学时 10 学时（含课堂活动）
教学目的与教学目标	深刻把握习近平经济思想的主要内容。了解建设现代化经济体系必须坚持供给侧结构性改革，推动经济发展质量变革、效率变革、动力变革，提高全要素生产率。 把握坚持中国特色社会主义政治发展道路的基本要求；认清健全人民当家作主制度体系的主要目的和基本任务；把握新时代巩固和发展爱国统一战线的基本要求和主要任务。 把握意识形态工作的重要性及牢牢掌握意识形态工作领导权的实践要求；明确培育和践行社会主义核心价值观的基本要求；把握建设文化强国的重要性及内涵、思路。 正确理解中国特色社会主义社会建设中提高保障和改善民生水平、加强和创新社会治理的重要性和实践要求。 系统把握新时代中国特色社会主义生态文明建设的原则、部署和目标，深刻领会习近平总书记相关重要论述的精神实质，提高运用马克思主义关于人与自然关系理论分析解决生态环境问题的能力，培养敬畏自然、尊重自然、顺应自然、保护自然的自觉性和建设美丽中国的使命感。 本章可将教学目标分为知识、价值、能力三个目标。 知识目标：理解"五位一体"总体布局关于经济建设、民主政治建设、文化建设、社会建设、生态文明建设的具体内容和要求，掌握中国特色社会主义建设的规律。 价值目标：提高对中国特色社会主义建设规律、内容的认识，坚定全面实现社会主义现代化的信心和决心。 能力目标：提高分析改革开放中出现的现实问题的能力，不断提高适应新时代发展要求的能力。

本章教材分析	“五位一体”总体布局是习近平新时代中国特色社会主义思想的重要内容，是我党对中国特色社会主义建设规律不断深化认识的理论成果。这一章内容丰富，涉及知识广，对教师教学和学生学习具有较大难度。第一节全面系统阐述了习近平经济思想；分析了坚持供给侧结构性改革的必要性，如何推动经济发展质量变革、效率变革、动力变革，提高全要素生产率；讲解了现代化经济体系的科学内涵，建设现代化经济体系的主要任务。每二节系统分析了发展社会主义民主政治的重要性和必要性，坚持中国特色社会主义政治发展道路的基本要求；新时代人民当家作主制度体系的主要内容、健全人民当家作主制度的主要目的和基本任务；新时代巩固和发展爱国统一战线的基本要求和主要任务。第三节系统分析了坚持马克思主义在意识形态领域指导地位的根本制度；培育和践行社会主义核心价值观的重要性及实践要求，剖析了社会主义核心价值观与社会主义核心价值体系的关系；分析了建设社会主义文化强国的重要性及内涵、思路。第四节系统分析了提高保障和改善民生水平、加强和创新社会治理的重要性。提出了提高保障和改善民生水平、加强和创新社会治理的实现路径和基本思路。第五节系统分析了新时代中国特色社会主义生态文明建设的原则、部署和目标，提出了建设美丽中国的实践要求。 本章内容丰富，涉及面广，要讲好本章必须做到以下几个方面：1. 教师要不断加强学习，对社会主义经济、政治、文化、社会、生态文明建设的相关知识充分把握，并能融会贯通，既要能从五个方面分别讲清具体理论要点、实践要求，又要从中国特色社会主义建设的总体布局上来全面把握。2. 要联系实际，通过案例分析、实际调查等方式，把教材中的知识与实际相结合，既要从理论上把知识讲透，又要从实际上使学生有较深刻的感悟。3. 处理好各知识点之间的关系，每一个具体知识点之间又存在着辩证关系。在学习过程中要准确把握。

教学 重点难点	教学重点：习近平经济思想的主要内容；深化供给侧结构性改革的基本要求；建设现代化经济体系的主要任务；坚持中国特色社会主义政治发展道路的基本要求；人民当家作主制度的基本构成；坚持马克思主义在意识形态领域指导地位的根本制度；如何坚定文化自信，建设社会主义文化强国；提高保障和改善民生水平的基本要求；加强和创新社会治理的基本原则、思路和要求；树立生态文明理念；如何加快生态文明体制改革。 教学难点：现代化经济体系的科学内涵；如何培育和践行社会主义核心价值观；如何坚定文化自信；如何形成人与自然和谐发展新格局。
教学设计	采用线上和线下混合式教学方法。本课程线上教学在中国大学 MOOC 平台。 线下教学专题： 一、实现经济高质量发展 1. 坚持习近平经济思想； 2. 深化供给侧结构性改革； 3. 建设现代化经济体系。 二、发展社会主义民主政治 1. 坚持走中国特色社会主义政治发展道路； 2. 健全人民当家作主的制度体系； 3. 巩固和发展爱国统一战线。 三、建设社会主义文化强国 1. 坚持马克思主义在意识形态领域指导地位的根本制度； 2. 培育和践行社会主义核心价值观； 3. 坚定文化自信，繁荣发展社会主义文化。 四、加强以民生为重点的社会建设 1. 在发展中保障和改善民生； 2. 加强和创新社会治理。 五、建设美丽中国 1. 坚持习近平生态文明思想； 2. 推动绿色发展，促进人与自然和谐共生。

第二部分　教学转化

第一节　实现经济高质量发展

一、“五位一体”总体布局

不谋全局者，不足谋一域。中国特色社会主义是全面发展的社会主义。经济建设、政治建设、文化建设、社会建设、生态文明建设作为一个有机整体，就像纵横全图的经纬线，勾勒出富强民主文明和谐美丽的社会主义现代化强国的壮美景象。“五位一体”总体布局就是对这一壮美景象的描绘。

本章所讲述的统筹推进“五位一体”总体布局是习近平新时代中国特色社会主义思想的重要内容。下面从“五位一体”总体布局的提出、主要内容、辩证关系三个角度来理解这一问题，使我们对“五位一体”总体布局有一个概括性的把握。

（一）“五位一体”总体布局的提出

党的十八大报告指出：“建设中国特色社会主义，总依据是社会主义初级阶段，总布局是五位一体，总任务是实现社会主义现代化和中华民族伟大复兴。”“必须更加自觉地把全面协调可持续作为深入贯彻落实科学发展观的基本要求，全面落实经济建设、政治建设、文化建设、社会建设、生态文明建设五位一体总体布局，促进现代化建设各方面相协调，促进生产关系与生产力、上层建筑与经济基础相协调，不断开拓生产发展、生活富裕、生态良好的文明发展道路。”“五位一体”总体布局，是中国共产党对“实现什么样的发展、怎样发展”这一重大战略问题的科学回答，是对改革开放以来中国特色社会主义伟大实践的总结，是对邓小平理论、“三个代表”重要思想、科学发展关，关于“什么是社会主义，怎样建设社会主义”相关内容的丰富和发展。

在改革开放初期，邓小平强调，物质文明和精神文明都搞好，才是中国特色的社会主义。 一手抓物质文明，一手抓精神文明，“两手抓，两手都要硬”，这是我国社会主义现代化建设的一个根本方针。党的十二届六中全会根据邓小平关于加强精神文明建设的思想，提出以经济建设为中心，坚定不移地进行经济体制改革，坚定不移地进行政治体制改革，坚定不移地加强精神文明建设，并且使这几方面互相配合，互相促进，初步形成了我国社会主义现代化建设的总体布局。

在党的十六大报告中，江泽民把社会主义物质文明、政治文明、精神文明一起确立为社会主义现代化全面发展的三大基本目标，从而使中国特色社会主义建设的总布局进一步走向成熟和完善，形成了“三位一体”总体布局。

党的十六大第一次将“社会更加和谐”作为全面建设小康社会的重要奋斗目标。十六届六中全会深刻阐明了社会主义和谐社会的性质和定位，指明了社会主义和谐社会的指导思想、目标任务、工作原则和重大部署。十七大、十八大都反复强调建设社会主义和谐社会的重要性，并将社会建设纳入建设中国特色社会主义的总布局，标志着我党对中国特色社会主义建设总布局从“三位一体”发展到“四位一体”。

胡锦涛指出：“自然界是包括人类在内的一切生物的摇篮，是人类赖以生存和发展的基本条件。保护自然就是保护人类，建设自然就是造福人类。”党的十八大提出建设生态文明的重大战略部署，并把它纳入中国特色社会主义事业“五位一体”总体布局。我党不断深化对中国特色社会主义规律的认识，至此形成了“五位一体”总体布局理论。

（二）“五位一体”总体布局的内容

十八大报告对“五位一体”总体布局的阐述是，全面推进经济建设、政治建设、文化建设、社会建设、生态文明建设，实现以人为本、全面协调可持续的科学发展。

党的十九大对我国社会主义现代化建设作出新的战略部署，明确以“五位一体”的总体布局推进中国特色社会主义事业，从经济、政治、文化、社会、生态文明五个方面，制定了新时代统筹推进“五位一体”总体布局的战略目标，是新时代推进中国特色社会主义事业的路线图，是更好推动人的全面发展、社会全面进步的任务书。

按照党的十九大部署，只有贯彻新发展理念，建设现代化经济体系，才能实现更高质量、更有效率、更加公平、更可持续的发展；只有健全人民当家作主制度体系，发展社会主义民主政治，才能体现人民意志、保障人民权益、激发人民创造活力；只有坚定文化自信，推动社会主义文化繁荣兴盛，才能激发全民族文化创新创造活力；只有提高保障和改善民生水平，加强和创新社会治理，才能使人民获得感、幸福感、安全感更加充实、更有保障、更可持续；只有加快生态文明体制改革，建设美丽中国，才能形成人与自然和谐发展现代化建设新格局。

（三）经济建设、政治建设、文化建设、社会建设、生态文明建设的辩证关系

新时代“五位一体”总体布局是一个有机整体，经济建设是根本，政治建设是保障，文化建设是灵魂，社会建设是条件，生态文明建设是基础，共同致力于全面提升我国物质文明、政治文明、精神文明、社会文明、生态文明，统一于把我国建成富强民主文明和谐美丽的社会主义现代化强国的新目标。

走进新时代，踏上新征程，按照党的十九大精神的指引把“五位一体”总体布局统筹推向前进，我们就一定能不断开辟中国特色社会主义事业新局面，奋力谱写社会主义现代化新征程的壮丽篇章。

二、习近平经济思想

党的十八大以来，以习近平同志为核心的党中央统揽国内外发展大势，把握我国经济发展的新特征新要求，大力推进社会主义经济建设，创造性地提出了关于中国经济发展的一系列重大理论观点，形成了习近平经济思想，进一步完善了中国特色社会主义经济理论与制度，为中国经济发展提供了根本遵循和制度保障。

习近平经济思想的主要内容主要有十个方面：

一是关于加强党对经济工作的集中统一领导的理论。

党是总揽全局协调各方的。经济工作是中心工作，党的领导必然要在中心工作中得到充分体现，抓住了中心工作这个牛鼻子，其他工作就可以更好展开。面对风云变幻的世界经济大潮，中国共产党团结带领14亿多人民全面建设社会主义现代化国家，就必须在经济工作中毫不动摇、百折不挠贯彻落实党中央决策部署，创新党领导经济社会发展的观念、体制、方式方法，提高党把握方向、谋划全局、提出战略、制定政策、推进改革的能力，为发展航船定好向、掌好舵。

二是关于坚持以人民为中心的发展的理论。

人民性是马克思主义最鲜明的品格，发展为了人民是马克思主义政治经济学的根本立场。只有坚持发展为了人民、发展依靠人民、发展成果由人民共享，才会有正确的发展观、现代化观。人民至上是作出正确抉择的根本前提，只要心里始终装着人民，始终把人民利益放在最高位置，就一定能够作出正确决策，确定最优路径，并依靠人民战胜一切艰难险阻。

三是关于用新发展理念统领发展全局的理论。

理念是行动的先导，一定的发展实践都是由一定的发展理念来引领。创新、协调、绿色、开放、共享的新发展理念，是在深刻总结国内外发展经验教训的基础上形成的，集中反映了党对经济发展规律的新认识，同马克思主义政治经济学的基本观点相通。坚持创新发展、协调发展、绿色发展、开放发展、共享发展，是当前和今后一个时期我国发展的总要求和大趋势，是关系我国发展全局的一场深刻变革。

四是关于经济发展新常态的理论。

党的十八大以来，我国经济从高速增长转为中高速增长，经济结构不断优化升级，经济增长动力从要素驱动、投资驱动转向创新驱动，经济呈现新常态。经济发展进入新常态，是我国经济发展阶段性特征的必然反映，是我国经济向形态更高级、分工更优化、结构更合理的阶段演进的必经过程，既没有改变我国发展仍处于可以大有作为的重要战略机遇期的判断，也没有改变我国经济发展总体向好的基本面。

五是关于推动经济高质量发展的理论。

中国特色社会主义进入了新时代，我国经济发展也进入了新时代，基本特征就是我国经济已由高速增长阶段转向高质量发展阶段。推动高质量发展，是保持经济持续健康发展的必然要求，是适应我国社会主要矛盾变化和全面建设社会主义现代化国家的必然要求，是遵循经济规律发展的必然要求。党的十九届五中全会指出，“十四五”时期经济社会发展要以推动高质量发展为主题，必须把发展质量问题摆在更为突出的位置，着力提升发展质量和效益。

六是关于供给侧结构性改革的理论。

纵观世界经济发展史，经济政策以供给侧为重点还是以需求侧为重点，要依据一国宏观经济形势作出抉择。当前，我国经济运行面临的突出矛盾和问题的根源是重大结构性失衡，这就决定了必须把推进供给侧结构性改革作为经济工作的主线。供给侧结构性改革，既强调供给又关注需求，既突出发展社会生产力又注重完善生产关系，既发挥市场在资源配置中的决定性作用又更好发挥政府作用，既着眼当前又立足长远，是化解我国经济发展面临困难和矛盾的重大举措，也是培育增长新动力、形成先发新优势、实现创新引领发展的必然要求和选择。

七是关于构建以国内大循环为主体、国内国际双循环相互促进的新发展格局的理论。

近年来，经济全球化遭遇逆流，国际经济循环格局发生深度调整，我国发展阶段、环境、条件发生变化，必须根据新的形势提出引领发展的新思路。2020年上半年以来，习近平多次提出要构建新发展格局，党的十九届五中全会对构建新发展格局作出全面部署。这是把握未来发展主动权的战略性布局和先手棋，是新发展阶段要着力推动完成的重大历史任务，也是贯彻新发展理念的重大举措。

八是关于社会主义市场经济改革的理论。

在社会主义条件下发展市场经济，是中国共产党的一个伟大创举。我国经济发展获得巨大成功的一个关键因素，就是既发挥了市场经济的长处，又发挥了社会主义制度的优越性。在中国共产党领导和社会主义制度的大前提下发展市场经济，什么时候都不能忘了“社会主义”这个定语。坚持社会主义市场经济改革方向，不仅是经济体制改革的基本遵循，也是全面深化改革的重要依托。经济体制改革的核心问题是处理好政府和市场的关系，使市场在资源配置中起决定性作用和更好发挥政府作用。

九是关于经济发展战略的理论。

坚持问题导向，制定实施经济发展战略，既是保持经济持续健康发展的要求，也是处理好新时代我国社会主要矛盾的要求。国际经济竞争是综合国力竞争，说到底就是创新能力的竞争。当前，科技创新成为国际战略博弈的主要战场，围绕科技制高点的竞争空前激烈。要坚持创新在我国现代化建设全局中的核心地位，把科技自立自强作为国家发展的战略支撑，坚定不移实施科教兴国战略、人才强国战略和创新驱动发展战略，完善国家创新体系，加快建设科技强国。实现区域协调发展、城乡协调发展、经济可持续发展，必须坚定不移实施乡村振兴战略、区域协调发展战略和可持续发展战略。统筹经济建设和国防建设，实现强军目标，必须坚定不移实施军民融合战略。

十是关于坚持正确工作策略和方法的理论。

做好经济工作，既要满怀干事创业热情，又要讲究工作方法策略。稳中求进工作总基调是治国理政的重要原则，也是做好经济工作的方法论。“稳”和“进”相互促进，经济社会才会平衡，才能为调整经济结构和深化改革开放创造稳定的宏观经济环境。科学决策和创造性应对是化危为机的根本方法，只要准确识变、科学应变、主动求变，就一定能够在抗击大风险中创造出大机遇。要坚持底线思维，既要充分肯定我国经济社会发展取得的成绩，看到我国经济社会发展基本面长期趋好的态势，也要看到国际国内各种不利因素的长期性、复杂性、曲折性，不回避矛盾，不掩盖问题，从坏处准备，争取最好的结果，牢牢把握主动权。

上面我们讲的就是习近平经济思想的主要内容。习近平经济思想是中国特色社会主义政治经济学的最新成果，是具有中国特色、中国风格、中国气派的21世纪马克思主义政治经济学，开辟了马克思主义政治经济学发展的新境界，为马克思主义政治经济学创新发展贡献了中国智慧，为引领中国经济向高质量发展阶段迈进提供了根本遵循。

三、供给侧结构性改革

贯彻新发展理念、建设现代化经济体系必须坚持供给侧结构性改革。坚持质量第一、效益优先，以供给侧结构性改革为主线，推动经济发展质量变革、效率变革、动力变革，提高全要素生产率。只有推进供给侧结构性改革，提高供给体系质量，适应新需求变化，才能在更高水平上实现供求关系新的动态均衡，推动高质量发展。

理解“深化供给侧结构性改革”，首先要弄清楚什么是“供给侧”。经济学知识告诉我们，影响经济和市场的两大因素是供给和需求。供给是指在一定市场条件下，市场生产主体愿意而且能够向市场提供的商品数量；需求是指在一定市场条件下，市场需求主体愿意而且能够购买得起的商品数量。“供给侧”是相对于“需求侧”而言的。“供给侧”的四大要素是劳动力、土地、资本、创新，这四大要素的组合和使用决定着市场商品供给的数量和质量；“需求侧”的三驾马车是投资、消费、出口。它们构成了社会总需求。“供给侧”改革重在解决经济结构性问题，注重激发经济中长期增长动力。“需求侧”重在解决需求总量性问题，注重短期调控。

为什么要推进供给侧结构性改革呢？习近平指出：“推进供给侧结构性改革，是综合研判世界经济形势和我国经济发展新常态作出的重大决策。”近期我国经济面临着“四降一升”的突出矛盾，即经济增速下降、工业品价格下降、实体企业盈利下降、财政收入增幅下降、经济风险发生概率上升。习近平对新常态下中国经济的判断一针见血：“结构性问题最突出，矛盾的主要方面在供给侧。”随着我国由中等收入国家向高收入国家迈进，各种矛盾集中爆发。而各种矛盾的产生往往是因为发展存在诸多短板，出现结构性问题。推进结构性改革就是协调发展过程中的重大关系，在破解难题、补齐短板的同时又巩固和厚植原有优势，是让中国经济健康发展、行稳致远的一项重大举措。

“供给侧结构性改革”如何改呢？供给侧结构性改革旨在调整经济结构，使要素实现最优配置，提升经济增长的质量和数量。供给侧结构性改革，就是从提高供给质量出发，用改革的办法推进结构调整，矫正要素配置扭曲，扩大有效供给，提高供给结构对需求变化的适应性和灵活性，提高全要素生产率，更好满足广大人民群众的需要，促进经济社会持续健康发展。

第一，推进增长动能转换，以加快发展先进制造业为重点，全面提升实体经济。2007 年全球经济危机的教训告诉我们，实体经济仍然是国民经济的基础，马克思主义经济学这一原理永远不过时。发展国民经济必须首先发展实体经济。但实体经济产业结构要不断优化，提供的产品结构和质量必须能够满足人们对美好生活的需求。推进中国制造向中国创造转变，中国速度向中国质量转变，制造大国向制造强国转变。为此要推动产业优化升级，加快发展先进制造业；大力支持传统产业优化升级，提高传统产业的产品品质和附加值；加强基础设施网络建设，强化基础体系的支撑作用。

第二，深化要素市场化配置改革，实现由以价取胜向以质取胜的转变。现代化市场经济体系高效运行的基础是有完善的、统一开放的、竞争有序的市场体系。我国已经形成了生产要素市场，但还有很多其他因素障碍使得我国生产要素市场效率不高。为此必须破除无效供给，去掉过剩产能；调整产业结构，淘汰落后产能；培育一批具有创新能力的竞争力强的企业，形成新动能；深化垄断性行业改革，提高创新力；深化金融市场、技术市场、人才市场等生产要素改革力度，激发各种生产要素活力。

第三，加大人力资本培育力度，更加注重调动和保护各类劳动者的积极性。高素质的企业家、科技人员、工匠和千千万万劳动者是推动供给侧结构性改革、振兴实体经济的重要力量。为此要塑造良好社会文化生态，营造鼓励创新、终生学习和勇于探索的社会氛围，激发和保护企业家精神。要建设知识型、技能型、创新型劳动者大军。要弘扬劳模精神和工匠精神，营造劳动光荣的社会风尚和精益求精的敬业精神。

第四，持续推进“三去一降一补”，优化市场供求结构。由于长期以来存在盲目建设，我国产品供给结构不合理，不能满足人们对美好生产的需要。落后的不被社会所需要的产品的生产实际是对生产要素的浪费。为此必须坚决去落后产能、去库存、去杠杆、降成本、补短板，优化存量资源配置。

第五，不断化解过剩行业的过剩产能，优化房地产市场供求关系，加快建立健全房地产基础性制度和长效机制。打好防范化解重大风险攻坚战，积极稳妥去杠杆，重点控制宏观杠杆率，促进形成金融和实体经济、金融和房地产、金融体系内部的良性循环。防范化解金融风险，有效控制国有企业债务和地方政府债务风险，确保不发生系统性风险。加大减税、降费力度，降低要素成本和物流成本，切实降低企业负担。增强微观主体内生动力，扎实有效补短板。通过一系列改革，切实激发各类市场主体活力，为社会提供优质供给，满足民众对美好生活的需要。

四、建设现代化经济体系

现代化的国家必须有现代化的经济，现代化的经济必须建设现代化的经济体系。为什么要建设现代化经济体系？什么是现代化经济体系？建设现代化经济体系的主要任务是什么？下面，我们主要理解这三个问题。

（一）为什么要建设现代化经济体系

建设现代化经济体系是贯彻习近平新时代中国特色社会主义经济思想的必然要求，是遵循经济发展规律、适应我国社会主要矛盾变化、保持经济持续健康发展的必然要求。

各种特征和现象都表明，我国经济已由高速增长阶段转向高质量发展阶段，正处在转变发展方式、优化经济结构、转换增长动力的攻关期。贯彻习近平新时代中国特色社会主义经济思想，要求我们以更大的力度、更实的措施全面深化改革、扩大对外开放，贯彻新发展理念，推动经济高质量发展，建设现代化经济体系，让社会主义市场经济的活力更加充分地展示出来，不断增强我国经济实力、科技实力、综合国力。

建设现代化经济体系是党中央从党和国家事业全局出发，着眼于实现“两个一百年”奋斗目标、顺应中国特色社会主义进入新时代的新要求作出的重大决策部署，既是一个重大理论命题，又是一个重大实践课题。国家强，经济体系必须强。只有形成现代化经济体系，才能更好顺应现代化发展潮流和赢得国际竞争主动，也才能为其他领域现代化提供有力支撑。我们要按照建设社会主义现代化强国的要求，加快建设现代化经济体系，确保社会主义现代化强国目标如期实现。

（二）什么是现代化经济体系

现代化经济体系，是由社会经济活动各个环节、各个层面、各个领域的相互关系和内在联系构成的一个有机整体。建设现代化经济体系，根本目标是坚持质量第一、效益优先，推动经济发展质量变革、效率变革、动力变革，提高全要素生产率。建设现代化经济体系包括六个方面：一是要建设创新引领、协同发展的产业体系，实现实体经济、科技创新、现代金融、人力资源协同发展，使科技创新在实体经济发展中的贡献份额不断提高，现代金融服务实体经济的能力不断增强，人力资源支撑实体经济发展的作用不断优化。二要建设统一开放、竞争有序的市场体系，实现市场准入畅通、市场开放有序、市场竞争充分、市场秩序规范，加快形成企业自主经营公平竞争、消费者自由选择自主消费、商品和要素自由流动平等交换的现代市场体系。三要建设体现效率、促进公平的收入分配体系，实现收入分配合理、社会公平正义、全体人民共同富裕，推进基本公共服务均等化，逐步缩小收入分配差距。四要建设彰显优势、协调联动的城乡区域发展体系，实现区域良性互动、城乡融合发展、陆海统筹整体优化，培育和发挥区域比较优势，加强区域优势互补，塑造区域协调发展新格局。五要建设资源节约、环境友好的绿色发展体系，实现绿色循环低碳发展、人与自然和谐共生，牢固树立和践行绿水青山就是金山银山理念，形成人与自然和谐发展现代化建设新格局。六要建设多元平衡、安全高效的全面开放体系，发展更高层次开放型经济，推动开放朝着优化结构、拓展深度、提高效益方向转变。以上六个体系是统一整体，要一体建设、一体推进。要建设充分发挥市场作用、更好发挥政府作用的经济体制，实现市场机制有效、微观主体有活力、宏观调控有度，进而不断推动现代化经济体系的建设。

（三）建设现代化经济体系的主要任务

第一，大力发展实体经济。推动资源要素向实体经济集聚、政策措施向实体经济倾斜、工作力量向实体经济加强，营造脚踏实地、勤劳创业、实业致富的发展环境和社会氛围。必须不断推进工业现代化，强化实体经济吸引力和竞争力，加大重要领域改革力度，推动实现经济发展由数量和规模扩张向质量和效益提升转变。

第二，加快实施创新驱动发展战略。深入实施科教兴国战略、人才强国战略、创新驱动发展战略，努力实现到2035年跻身创新型国家前列的目标。加强国家创新体系建设，塑造更多依靠创新驱动、更多发挥先发优势的引领型发展，推动重大科技创新取得新进展，促进科技成果转化，提升大众创业、万众创新水平，培养和造就一大批具有国际水平的人才和高水平创新团队。

第三，激发各类市场主体活力。推动国有资本做强做优做大，支持民营企业发展。全面实施并不断完善市场准入负面清单制度，破除歧视性限制和各种隐性障碍，加快构建亲清新型政商关系。

第四，积极推动城乡区域协调发展。优化现代化经济体系的空间布局，实施好区域协调发展战略，坚持协调发展理念，优化区域发展格局，实现基本公共服务均等化，人民生活水平大体相当。

第五，着力发展开放型经济。提高现代化经济体系的国际竞争力，更好利用全球资源和市场，继续积极推进“一带一路”框架下的国际交流合作。要在开放的范围和层次上进一步拓展，更要在开放的思想观念、结构布局、体制机制上进一步拓展。

第六，加快完善社会主义市场经济体制。深化经济体制改革，坚决破除各方面体制机制弊端，激发全社会创新创业活力。

第二节　发展社会主义民主政治

一、人民当家作主制度体系

现行的1982年宪法规定：“中华人民共和国是工人阶级领导的、以工农联盟为基础的人民民主专政的社会主义国家。”这表明我国是工人阶级领导的、以工农联盟为基础的人民民主专政的社会主义国家，国家一切权利属于人民。发展社会主义民主政治就是要体现人民意志、保障人民权益、激发人民创造活力，用制度体系保证人民当家作主。

这种制度体系包括：人民代表大会制度、中国共产党领导的多党合作和政治协商制度、民族区域自治制度和基层群众自治制度。

人民代表大会制度是我国人民当家作主的根本途径和最高实现形式，是中国共产党在国家政权中充分发扬民主、贯彻群众路线的最好实现形式，是坚持党的领导、人民当家作主、依法治国有机统一的重要制度载体，是中国特色社会主义制度的重要组成部分。

具体说，应该从以下三个方面来理解：

第一，人民代表大会制度是我国人民民主专政政权的组织形式。一个国家的性质是这个国家的国体，一个国家的政权组织形式是这个国家的政体。我国的国体是工人阶级领导的、以工农联盟为基础的人民民主专政的社会主义国家，与之相适应的政体是人民代表大会制度。这是历史的选择、人民的意愿和奋斗的结果。

第二，人民代表大会制度是中国共产党领导的人民民主制度。中国共产党作为执政党，坚持人民代表大会制度，并通过人民代表大会制度对国家事务实行领导，积极支持人民当家作主，切实保障人民管理国家事务和社会事务、管理经济和文化事业的权利，保证国家权力最终掌握在全体人民手中。

第三，人民代表大会制度是我国的根本政治制度。我国存在着各项政治制度，这些制度分别只能表示我们政治生活的某一方面。只有人民代表大会制度是我们国家政治力量的源泉，是我国各种国家制度的源泉。人民代表大会制度是其他各项政治制度赖以建立的前提，反映了我国政治生活的全貌，是具有根本性的政治制度。由上也可以看出，人民代表大会制度是在中国共产党领导下以人民当家作主为基础的、以人民选举产生的人民代表大会为基础的整个政权体系、政权组织制度，是包含了各级人大以及由它产生的其他国家机关的组成、职权、活动原则和相互关系的制度，是包含了党与人大、人大与人民、中央与地方国家机构职能划分关系等的制度。

人民代表大会制度是我国的根本政治制度，是中国人民当家作主的最高实现形式，是中国社会主义政治文明的重要载体。党的十八大以来，以习近平同志为核心的党中央团结带领全国各族人民坚持和发展中国特色社会主义，励精图治、奋发进取，勇于实践、善于创新，开创了党和国家事业发展新局面。

中国共产党领导的多党合作和政治协商制度是我国的一项基本政治制度，这一制度的基本内容包括以下几个方面。

第一，中国共产党是执政党，各民主党派是参政党，中国共产党和各民主党派是亲密战友。中国共产党是执政党，其执政的实质是代表工人阶级及广大人民掌握人民民主专政的国家政权。各民主党派是参政党，具有法律规定的参政权。其参政的基本点是：参加国家政权，参与国家大政方针和国家领导人选的协商，参与国家事务的管理，参与国家方针、政策、法律、法规的制定和执行。

第二，中国共产党和各民主党派合作的首要前提和根本保证是坚持中国共产党的领导和坚持四项基本原则。

第三，中国共产党与各民主党派合作的基本方针是：长期共存，互相监督，肝胆相照，荣辱与共。

第四，中国共产党和各民主党派以宪法和法律为根本活动准则。

民族区域自治制度是我国的一项基本政治制度，是指在国家统一领导下，各少数民族聚居的地方实行区域自治，设立自治机关，行使自治权的制度。民族区域自治制度是我国的基本政治制度之一，是建设中国特色社会主义政治的重要内容。民族区域自治制度就是在统一的祖国大家庭里，在国家的统一领导下，以少数民族聚居的地区为基础，建立相应的自治机关，设立自治机关，行使自治权，自主地管理本民族、本地区的内部事务，行使当家作主的权利。中国的民族区域自治制度有两个显著特点：一是中国的民族区域自治，是在国家统一领导下的自治，各民族自治地方都是中国不可分离的一部分，各民族自治机关都是中央政府领导下的一级地方政权，都必须服从中央统一领导。二是中国的民族区域自治，不只是单纯的民族自治或地方自治，而是民族因素与区域因素的结合，是政治因素和经济因素的结合。

基层群众自治制度是我国的一项基本政治制度，是社会主义民主政治制度的基础，是人民在基层当家作主的根本体现。在实践中要不断完善基层民主制度，畅通民主渠道，健全基层选举、议事、公开、述职、问责等机制，促进群众在城乡社区治理、基层公共事务和公益事业中依法自我管理、自我服务、自我教育、自我监督。

第三节　建设社会主义文化强国

一、坚持马克思主义在意识形态领域指导地位的根本制度

意识形态关乎旗帜、关乎道路、关乎国家安全，决定文化前进方向和发展道路。因此，任何一个国家都非常重视意识形态工作。党的十九届四中全会着眼新时代党和国家事业全局，明确把坚持马克思主义在意识形态领域的指导地位确立为根本制度，集中体现了我们党在领导文化建设长期实践中积累的成功经验和形成的方针原则，充分反映了我们党对社会主义文化建设规律的新认识。

坚持马克思主义在意识形态领域的指导地位，需要做到以下四个方面。

第一，把马克思主义指导地位贯穿到文化建设各方面。2020 年，习近平总书记在教育文化卫生体育领域专家代表座谈会上强调，“十四五”时期，要把文化建设放在全局工作的突出位置，切实抓紧抓好。具体就是要在理论武装、新闻宣传、文艺创作生产、文化体制改革、精神文明创建、网络建设管理等文化领域的一切工作和活动，高扬马克思主义旗帜，确保我国文化建设始终沿着正确方向前进。努力推动建设具有强大凝聚力和引领力的社会主义意识形态，建设具有强大生命力和创造力的社会主义精神文明，建设具有强大感召力和影响力的中华文化软实力。

第二，实施马克思主义理论研究和建设工程。马克思主义理论研究和建设工程是巩固马克思主义在意识形态领域指导地位的基础工程，是一项重大的理论创新工程。要不断深化对党的基本理论、基本路线、基本方略的研究，深化对中国特色社会主义道路、理论、制度、文化的研究，为理论创新创造提供学理支撑。坚持用中国理论阐释中国实践，用中国实践发展中国理论，不断增强理论解释力、话语说服力、实践推动力。加快构建中国特色哲学社会科学，繁荣发展中国学术理论，努力建设以马克思主义为指导的学科体系、学术体

系、话语体系。推动马克思主义中国化最新成果进教材、进课堂、进头脑、使科学理论全面融入教育教学之中。

第三，加强和改进学校思想政治教育。青少年正处于人生成长的“拔节孕穗期”，能否树立马克思主义的信仰，直接关系到培养合格的社会主义建设者和接班人问题。坚持社会主义办学方向，落实立德树人根本任务，建立全员、全程、全方位育人体制机制，用科学理论培养人，用正确思想引导人，用主流价值涵育人，引导广大青少年扣好人生第一粒扣子，品学兼优地健康成长，更好担当起民族复兴的大任。要深入推进思政课改革创新，在大中小学循序渐进、螺旋上升地开设思政课，编写好思政课教材，发挥好思政课教师的重要作用，不断增强思政课的思想性、理论性和亲和力、针对性。

第四，落实意识形态工作责任制。做好意识形态工作，关键在人。坚持党管宣传、党管意识形态、党管媒体不动摇，压紧压实做好意识形态工作的政治责任、领导责任，把意识形态工作领导权牢牢掌握在党的手中，不断增强意识形态领域的主导权和话语权，切实维护政治安全、文化安全、意识形态安全。

总之，马克思主义是我们立党立国的根本指导思想，是全党和全国各族人民团结奋斗的共同思想基础。必须坚持把马克思主义在意识形态领域的指导地位确立为根本制度。只有这样，才能凝聚党心民心，为实现中华民族的伟大复兴而努力奋斗。

二、社会主义文化强国

（一）文化强国的含义

文化强国是指一个国家具有强大的文化力量。这种力量既表现为具有高度文化素养的国民，也表现为发达的文化产业，还表现为强大的文化软实力。建设社会主义文化强国，就是要着力推动社会主义先进文化更加深入人心，不断开创全民族文化创造活力持续迸发、社会文化生活更加丰富多彩、人民基本文化权益得到更好保障、人民思想道德素质和科学文化素质全面提高、中华文化影响力不断增强的新局面，建设中华民族共有精神家园。

（二）不断推进社会主义文化强国建设

建设社会主义文化强国，必须培养高度的文化自信。坚定文化自信，事关国运兴衰，事关文化安全，事关民族精神的独立性。我国有着悠久的历史传统和深厚的文化资源，已经具备了相对雄厚的物质基础，人民群众对文化的需求快速增长，我国的文化发展面临着难得的机遇。同时，也要清醒认识我国文化发展的历史和现状，增强文化自觉，坚定文化自信，更好地把握文化发展的规律，以主动担当的精神加快文化发展步伐，在传承中华优秀传统文化的基础上发展社会主义先进文化，加快建设社会主义文化强国。

建设社会主义文化强国，必须大力发展文化事业和文化产业。发展文化事业和文化产业，要体现社会主义的制度特色。发展文化事业，要坚持政府主导，按照公益性、基本性、均等性、便利性的要求，加强文化基础设施建设，完善公共文化服务网络，让人民群众广泛享有免费或优惠的基本公共文化服务，在满足人民群众基本文化需求的基础上，提升国民素质。发展文化产业，要按照全面协调可持续的要求，推动文化产业跨越式发展，在满足人民多样化精神文化需求的基础上，使之成为国民经济支柱性产业，为推动科学发展提供重要支撑。要坚持以人民为中心的导向深化文化体制改革，完善文化管理体制，加快构建把社会效益放在首位、社会效益和经济效益相统一的体制机制，激发全民族文化创造活力。繁荣发展社会主义文艺，完善公共文化服务体系，深入实施文化惠民工程，丰富群众性文化活动，满足人们过上美好生活的文化期待。加强文化保护利用和文化遗产保护传承。健全现代文化产业体系和市场体系，创新生产经营机制，完善文化经济政策，培育新型文化业态，推动文化大发展大繁荣。

建设社会主义文化强国，必须提高国家文化软实力。古往今来，任何一个大国的发展进程，既是经济总量、军事力量等硬实力提高的进程，也是价值观念、思想文化等软实力提高的进程。文化软实力集中体现了一个国家基于文化而具有的凝聚力和生命力，以及由此产生的吸引力和影响力。提高国家文化软实力，首先要努力弘扬中华文化，推进中华文化创新发展，展示中华文化魅力，夯实国家文化软实力的根基；其次要讲好中国故事，传播好中国声音，阐释好中国特色，注重国家形象塑造，增强对外话语的创造力、感召力和公信力，提高国际话语权；最后要加强当代中国价值观念的提炼与阐释，拓展对外传播平台和载体，创新对外话语表达方式和传播渠道，使当代中国价值观念走向世界，提高当代中国价值观念的国际知晓率和认同度，实现文化软实力提升“形于中”“发于外”。

第四节　加强以民生为重点的社会建设

一、在发展中保障和改善民生

在发展中保障和改善民生，就是要多谋民生之利、多解民生之忧，在发展中补齐民生短板、促进社会公平正义，抓住人民最关心最直接最现实的利益问题，在幼有所育、学有所教、劳有所得、病有所医、老有所养、住有所居、弱有所扶等方面不断取得新进展，不断满足人民日益增长的美好生活需要。

第一，建设高质量教育体系。百年大计，教育为本。建设教育强国是民族复兴的基础工程。必须优先发展教育事业，办好人民满意的教育。全面贯彻党的教育方针，落实立德树人根本任务，发展素质教育，推进教育公平，培养德智体美劳全面发展的社会主义建设者和接班人。

第二，实施就业优先战略。就业是人民生存的经济基础和基本保障，是最大的民生工程、民心工程、根基工程。健全有利于更充分更高质量就业的促进机制，扩大就业容量，提升就业质量，缓解结构性就业矛盾。

第三，优化收入分配结构。收入分配是民生之源，是改善民生、实现发展成果由人民共享最重要最直接的方式。坚持按劳分配为主体、多种分配方式并存，提高劳动报酬在初次分配中的比重，完善再分配机制。坚持居民收入增长和经济增长基本同步、劳动报酬提高和劳动生产率提高基本同步，持续提高低收入群体收入，扩大中等收入群体，更加积极有为地促进共同富裕。

第四，健全多层次社会保障体系。社会保障发挥着社会稳定器作用。坚持应保尽保原则，按照兜底线、织密网、建机制的要求，改革完善社会保险制度，优化社会救助和慈善制度，健全退役军人工作体系和保障制度，加快健全覆盖全民、统筹城乡、公平统一、可持续的多层次社会保障体系。

第五，全面推进健康中国建设。人民健康长寿是民族昌盛和国家富强的重要标志。把保障人民健康放在优先发展的战略位置，坚持预防为主的方针，深入实施健康中国行动，建设体育强国，完善国民健康促进政策，织牢国家公共卫生防护网，为人民提供全方位全周期健康服务。

二、加强和创新社会治理

党的十九大报告提出要加强和创新社会治理，打造共建共治共享的社会治理格局。那为什么要提出这一问题？我们又如何来打造这一全新的社会治理格局呢？

（一）走进社会治理

社会治理是社会建设的重大任务，是国家治理的重要内容。在现代社会中，社会治理地位日益重要。但是，我国对于“社会治理”这一概念的运用，在认识上经历了一个过程——党的十八届三中全会以前，我国主要使用的概念是“社会管理”，自十八届三中全会通过《中共中央关于全面深化改革若干重大问题的决定》起，我们党开始用“社会治理”这一概念来替换“社会管理”。社会管理变为社会治理并非简单的“一字之变”，它反映了在治理主体、治理方式、治理范围、治理重点等方面的明显不同，是对改革开放和社会主义现代化建设新时期我们党处理社会问题、解决社会矛盾所取得经验的深刻总结，集中反映了以习近平同志为核心的党中央在我国社会建设方面取得的重要理论与实践成果。

（二）新时代创新社会治理的目标

党的十九大报告提出：“提高保障和改善民生水平，加强和创新社会治理”，“打造共建共治共享的社会治理格局”。

共建共治共享，寓意深刻、内涵丰富。“共建”，就是要坚持人民主体地位，依靠全体人民共建发展成果。“共治”，就是要坚持依靠人民群众治理国家和社会，优化社会治理多元主体格局，支持人民群众参与社会治理，保证人民当家作主落到实处。“共享”，就是要坚持让全体人民共同享受发展和治理成果，着力解决好人民群众最关心、最直接、最现实的利益问题，朝着共同富裕目标不断迈进。可以说，共建共治共享的提出，凝聚了党的十八大以来党和全国人民社会治理探索的集体智慧，既是对我国社会治理实践探索的科学总结，也是对未来社会治理创新发展提出的新任务、新目标。

（三）新时代创新社会治理的必要性

党的十八大以来，我国社会治理领域发生了深刻变革，以人民为中心打造共建共治共享的社会治理格局在实践中取得了重要进展。党的建设在社会各领域、各环节、各方面特别是在基层普遍增强；社会治理基础性制度在多个领域获得新突破，包括实施全面三孩政策，大病保险制度基本建立，完善社会救助制度，特别是养老金并轨改革、群团组织改革、户籍制度改革等取得一系列重大进展。与此同时，我们也应清醒地看到，我国社会治理领域仍面临着一系列严峻的挑战和风险。国内经济风险隐患容易向社会、政治领域传导，给社会治理增加了新的难度；国外一些不愿看到中国由大变强的势力渗透加剧，给我国社会治理增加了新的压力；中华民族有史以来最为广泛而深刻的社会变革，给社会治理提出了新的课题；社会主要矛盾转化，人民群众日益增长的美好生活需要，给社会治理提出了新的要求。

（四）打造共建共治共享社会治理格局的关键环节

当前和今后一个时期，关键要抓好以下几个方面。

第一，创新社会治理体制。坚持完善党委领导、政府负责、社会协同、公众参与、法治保障的社会治理体制，提高社会治理社会化、法治化、智能化、专业化水平，推进社会治理精细化，打造共建共治共享的社会治理格局。要充分发挥各级党委在社会治理中总揽全局、协调各方的领导作用，强化各级政府抓好社会治理的责任制，发挥好各级政府公共服务、公共管理、公共安全等职责。同时，要引导和推动社会力量参与社会治理，努力形成社会治理人人参与、人人尽责的良好局面。

第二，改进社会治理方式。要坚持系统治理、依法治理、源头治理、综合治理相结合。具体来说，就是要加强党委领导，发挥政府主导作用；加强法治保障，运用法治思维化解社会矛盾；坚持源头治理，标本兼治、重在治本；

坚持综合治理，法治思维与道德约束相结合，规范社会行为，解决社会问题，努力实现法安天下、德润人心。

第三，加强预防和化解社会矛盾机制建设。目前，我国改革发展过程中仍然存在着一些不和谐因素，各种社会矛盾和问题相互交织叠加。在这种情况下，要完善社会矛盾排查预警机制，努力做到早发现、早预防、早处置。特别是要运用大数据技术、信息化手段，汇聚整合各领域矛盾信息，运用数据分析模型，提高对各类社会矛盾的发现预警能力，及时排除、预警、化解、处置各类矛盾风险。

第四，加强社会心理服务体系建设。这是加强和创新社会治理的重要任务，也是建设和谐社会的重要方面。针对现代社会容易产生的各种情感、心理、精神性疾患，积极开展心理疏导、心理干预，调节社会情绪，有效维护社会稳定。在这一过程中，要注意依托专业团体和专业人士，搭建社会心理综合治理工作平台，不断提高社会心理服务的针对性和有效性。

第五，加强社区治理体系建设。要不断推动社会治理重心向基层下移。特别要以提升组织力为重点，突出政治功能，把企业、农村、机关、学校、街道社区、社会组织等基层党组织，建设成为宣传党的主张、贯彻党的决定、团结动员群众、推动改革发展的坚强战斗堡垒。在高校，要充分发挥党员、团员的示范带头作用，发动同学，一起发挥聪明才智、成为社会主义核心价值观的宣传者和践行者。

总之，创新社会治理是推进国家治理体系和治理能力现代化的一项重要工作，要形成共建共治共享的社会治理格局，需要从多个方面、多个角度发力，并且形成合力。相信通过全社会的共同努力，在不久的将来，我们一定会实现这一目标。

第五节　建设美丽中国

一、习近平生态文明思想

生态兴则文明兴，生态衰则文明衰。生态环境是人类生存和发展的根基，生态环境变化直接影响文明兴衰演替。党的十八大把生态文明建设纳入中国特色社会主义“五位一体”总体布局，以习近平同志为核心的党中央站在坚持和发展中国特色社会主义、实现中华民族伟大复兴的中国梦的战略高度，提出了一系列新理念新思想新战略，形成了习近平生态文明思想。习近平生态文明思想内涵丰富、逻辑严密。主要包括六个方面的重要内容。

第一，坚持人与自然和谐共生。人与自然是生命共同体。生态环境没有替代品，用之不觉，失之难存。当人类合理利用、友好保护自然时，自然的回报常常是慷慨的；当人类无序开发、粗暴掠夺自然时，自然的惩罚必然是无情的。人类对大自然的伤害最终会伤及人类自身，这是无法抗拒的规律。在整个发展过程中，我们都要坚持节约优先、保护优先、自然恢复为主的方针，要像保护眼睛一样保护生态环境，像对待生命一样对待生态环境。

第二，绿水青山就是金山银山。“绿水青山就是金山银山”是时任中共浙江省委书记习近平于 2005 年 8 月在浙江省湖州市安吉县考察时提出的科学论断，阐述了经济发展和生态环境保护的关系。绿水青山既是自然财富、生态财富，又是社会财富、经济财富。保护生态环境就是保护自然价值和增值自然资本，就是保护经济社会发展潜力和后劲，使绿水青山持续发挥生态效益和经济社会效益。要把经济活动、人的行为限制在自然资源和生态环境能够承受的限度内，给自然生态留下休养生息的时间和空间。

第三，良好生态环境是最普惠的民生福祉。发展经济是为了民生，保护生态环境同样也是为了民生。既要创造更多的物质财富和精神财富以满足人民日益增长的美好生活需要，也要提供更多优质生态产品以满足人民日益增长的优美生态环境需要。生态文明是人民群众共同参与共同建设共同享有的事业，把建设美丽中国转化为全体人民自觉行动，使每个人都成为生态环境的保护者、建设者、受益者。

第四，统筹山水林田湖草沙系统治理。生态是统一的自然系统，是相互依存、紧密联系的有机链条。人的命脉在田，田的命脉在水，水的命脉在山，山的命脉在土，土的命脉在林和草，这个生命共同体是人类生存发展的物质基础。从系统工程和全局角度寻求生态环境治理之道，必须统筹兼顾、整体施策、多措并举，全方位、全地域、全过程开展生态文明建设。

第五，用最严格制度、最严密法治保护生态环境。保护生态环境必须依靠制度、依靠法治。我国生态环境保护中存在的突出问题大多同体制不健全、制度不严格、法治不严密、执行不到位、惩处不得力有关。因此，要加快制度创新，增加制度供给，完善制度配套，强化制度执行，让制度成为刚性的约束和不可触碰的高压线。严格用制度管权治吏、护蓝增绿，保证生态文明建设决策部署落地生根见效。落实领导干部生态文明建设责任制，严格考核问责。

第六，共谋全球生态文明建设。生态文明建设关乎人类未来，建设绿色家园是人类的共同梦想，保护生态环境、应对气候变化需要世界各国同舟共济、共同努力，任何一国都无法置身事外、独善其身。我国已成为全球生态文明建设的重要参与者、贡献者、引领者，主张加快构筑尊崇自然、绿色发展的生态体系，共建清洁美丽的世界。深度参与全球环境治理，增强我国在全球环境治理体系中的话语权和影响力，积极引导国际秩序变革方向，形成世界环境保护和可持续发展的解决方案。坚持环境友好，引导应对气候变化国际合作，推进“一带一路”建设，让生态文明的理念和实践造福沿线各国人民。

总之，习近平生态文明思想是习近平新时代中国特色社会主义思想的重要组成部分，深刻回答了“为什么建设生态文明、建设什么样的生态文明、怎样建设生态文明”的重大理论和实践问题，为建设美丽中国、实现中华民族永续发展提供了根本遵循和行动指南。

二、绿水青山就是金山银山

2005 年 8 月，习近平同志在浙江省安吉县考察时明确提出“绿水青山就是金山银山”这一论断。此后，习近平在国内国际多种场合，都以此来阐明生态文明建设的重要性。2017 年党的十九大报告明确指出，要加快生态文明体制改革，建设美丽中国。那如何实现这一宏伟目标呢？我们从以下三个方面来看。

（一）生态文明的核心：坚持人与自然和谐共生

中华文明历来强调天人合一、尊重自然。“万物各得其和以生，各得其养以成。”五千多年的中华文明就是在人与自然的和谐共生中发育成长，生生不息。到了近代，随着工业化的到来，和世界许多国家一样，我们也经历了一个向自然界进军、改造自然、征服自然的过程，在快速形成现代化发展物质基础的同时，也给自然生态系统带来了巨大的破坏，水土流失、森林消失、土地沙化、湿地退化、干旱缺水等。面对生态灾难带来的血的教训，人类开始重新审视和反思人类与自然的关系，并提出保护生态环境。坚持人与自然和谐共生，不仅是中华文明的传统内涵，更是新时代生态文明的核心。那具体来说，人与自然相处时我们应该秉持什么样的态度，注意哪些问题呢？

第一，尊重自然，是人与自然相处时应秉持的首要态度。要做到这一点，就要求我们认识到：人类与自然是平等的，人类不是自然的奴隶，也不是自然的上帝，人因自然而生，人属于自然，而不是自然属于人；自然界是人类赖以生存发展的基本条件，人类生活所需要的一切均直接或间接来自自然；一切物种均有生命，均有其独特价值，均是自然大家族中不可或缺的部分，人与自然不仅是共融共生的生命共同体，更是休戚与共的命运共同体。

第二，顺应自然，是人与自然相处时应遵循的基本原则。马克思主义告诉我们，世界具有物质性，物质具有客观性，包括人类在内的自然界是一个完整有机的生态系统，具有自身运动、变化和发展的内在规律，不以人的意志为转移。但是，与此同时，人的意识具有主观能动性。人类面对自然不是无能为力的，正如马克思在《关于费尔巴哈的提纲》中提出，哲学家们只是用不同的方式解释世界，而问题在于改变世界。随着人类科技的不断进步，人类改造自然的能力不断增强，这就使得某些群体和组织在改造世界的过程中急功近利，违背自然规律的现象。现实已经用血淋淋的事实教育我们，要尊重自然规律，按照规律办事。

第三，保护自然，是人与自然相处时应承担的重要责任。这一点，实际上是告诉我们，在发挥主观能动性改造世界，向自然界索取生存发展之需的同时，一定要呵护自然，回报自然，保护自然界的生态系统，对自然界不能只讲索取不讲投入、只讲利用不讲建设。要把人类活动控制在自然能够承载的限度之内，给自然留下恢复元气、休养生息、资源再生的空间，防止出现生态赤字和人为造成的不可逆的生态灾难。

（二）生态文明建设的目标：形成人与自然和谐发展新格局

第一，把节约资源放在首位。即在全社会、全领域、全过程都加强节约，推动资源利用方式根本转变，加强全过程节约管理，大幅降低能源、水、土地消耗强度，大力发展循环经济，促进生产、流通、消费过程的减量化、再利用、资源化。

第二，坚持保护优先、自然恢复为主。在生态系统保护和修复中，要把利用自然力修复生态系统放在首位。2018 年 4 月 26 日，习近平总书记在深入推动长江经济带发展座谈会上发表重要讲话，强调必须从中华民族长远利益考虑，把修复长江生态环境摆在压倒性位置，共抓大保护、不搞大开发，努力把长江经济带建设成为生态更优美、交通更顺畅、经济更协调、市场更统一、机制更科学的黄金经济带，探索出一条生态优先、绿色发展新路子。

第三，着力推进绿色发展、循环发展、低碳发展。要积极发展节能产业，推广高效节能产品；加快发展资源循环利用产业，推动矿产资源和固体废弃物综合利用；大力发展环保产业，壮大可再生能源规模。绝不能以牺牲生态环境为代价换取经济发展，要坚决摒弃损害甚至破坏生态环境的发展模式和做法，走经济发展和生态环境保护有机统一的绿色发展之路，走生产发展、生活富裕、生态良好的文明发展道路。

第四，形成节约资源和保护环境的空间格局、产业结构、生产方式、生活方式。在现代化建设中，要整体谋划国土空间开发，尽可能集中集约利用国土空间，减少对自然生态空间的占用，促进生产空间集约高效、生活空间宜居适度、生态空间山清水秀，给自然留下更多修复空间，给农业留下更多良田，给子孙后代留下天蓝、地绿、水净的美好家园。

（三）生态文明建设的具体措施：加快生态文明体制改革

建设生态文明是一场涉及生产方式、生活方式、思维方式和价值观念的革命性变革。实现这样的根本性变革，必须深化生态文明体制改革。

第一，推进绿色发展。加快建立绿色生产和消费的法律制度和政策导向，建立健全绿色低碳循环发展的经济体系。构建市场导向的绿色技术创新体系，发展绿色金融，壮大节能环保产业、清洁生产产业、清洁能源产业。推进能源生产和消费革命，构建清洁低碳、安全高效的能源体系。

第二，着力解决突出环境问题。构建政府为主导、企业为主体、社会组织和公众共同参与的环境治理体系。坚持全民共治、源头防治，持续实施大气污染防治行动，打赢蓝天保卫战。加快水污染防治，实施流域环境和近岸海域综合治理。强化土壤污染管控和修复，加强农业面源污染防治，开展农村人居环境整治行动。

第三，加大生态系统保护力度。实施重要生态系统保护和修复重大工程，优化生态安全屏障体系，构建生态廊道和生物多样性保护网络，提升生态系统质量和稳定性。完成生态保护红线、永久基本农田、城镇开发边界三条控制线划定工作。开展国土绿化行动，推进荒漠化、石漠化、水土流失综合治理，强化湿地保护和恢复，加强地质灾害防治。

第四，改革生态环境监管体制。加强对生态文明建设的总体设计和组织领导，设立国有自然资源资产管理和自然生态监管机构，完善生态环境管理制度，统一行使全民所有自然资源资产所有者职责，统一行使所有国土空间用途管制和生态保护修复职责，统一行使监管城乡各类污染排放和行政执法职责。

总之，我们要将生态文明建设融入经济建设、政治建设、文化建设、社会建设各方面和全过程，还自然以宁静、和谐、美丽，给子孙后代留下天蓝、地绿、水清的生产生活环境，努力开创社会主义生态文明新时代，建设美丽中国。

第三部分　教学拓展

一、课后思考

1. 如何准确把握习近平经济思想的主要内容？

2. 新时代如何推进现代化经济体系？

3. 如何正确理解坚持党的领导、人民当家作主和依法治国的有机统一？

4. 新时代如何推进政治体制改革？

5. 如何推动社会主义文化繁荣兴盛？

6. 如何在发展中加强和改善民生？

7. 如何建设美丽中国？

二、备课参考

1.《习近平关于社会主义经济建设论述摘编》，中央文献出版社 2017 年版。

2.《习近平关于社会主义政治建设论述摘编》，中央文献出版社 2017 年版。

3.《习近平关于社会主义文化建设论述摘编》，中央文献出版社 2017 年版。

4.《习近平关于社会主义社会建设论述摘编》，中央文献出版社 2017 年版。

5.《习近平关于社会主义生态文明建设论述摘编》，中央文献出版社 2017 年版。

6.《〈毛泽东思想和中国特色社会主义理论体系概论〉辅导用书》，高等教育出版社 2020 年版。

三、实践活动

1. 主题讨论

（1）内容：新时代如何理解供给侧结构性改革？

目的：理解实现经济高质量发展，必须坚持供给侧结构性改革。

操作：以宿舍或小组为单位，指定召集人 1 名；收集查阅资料，集体讨论，积极发言，写实记录；在讨论的基础上，撰写小组总结，进行班级交流。

（2）内容：如何在发展中提高和保障民生？

目的：了解民生状况，把握民众诉求，思考在发展中提高和保障民生的新工作、新要求和新思路。

操作：以宿舍或小组为单位，指定召集人 1 名；收集查阅资料，集体讨论，积极发言，写实记录；在讨论的基础上，撰写小组总结，进行班级交流。

2. 社会调查

内容：本地关于生态文明建设取得的成就、存在的问题和解决思路。

目的：了解社会主义生态文明的原则、基本要求；了解近年来本地生态文明建设取得的成就；发现生态文明建设中存在和亟待解决的问题；思考解决问题的思路和对策。

操作：以宿舍或小组为单位，指定召集人 1 名；收集查阅资料，集体讨论；设计调查问卷，进行问卷调查和访谈；对调查数据进行分析，在讨论的基础上，撰写调查报告；以小组为单位进行班级交流。

第十一章 “四个全面”战略布局

第一部分 教学概况

本章概述	本章主要包含了四个方面的内容：一、全面建设社会主义现代化国家；二、全面深化改革；三、全面依法治国；四、全面从严治党。
学时安排	理论学时 8 学时（含课堂活动）
教学目的与教学目标	通过“四个全面”战略布局的讲解，使学生理解中国社会主义现代化国家的基本特征；使学生理解全面深化改革的总目标和主要内容，激励大学生树立创新意识并为推进全面深化改革凝聚力量；使学生理解全面依法治国的总目标和重要任务，增强尊法学法守法用法意识；使学生认识全面从严治党的长期性和艰巨性，增强对党的长期执政能力建设、先进性和纯洁性建设的信心。 本章可将教学目标分为知识、价值、能力三个目标。 知识目标：理解和掌握“四个全面”战略布局之全面建设社会主义现代化国家的目标要求；全面深化改革的总目标和主要内容；全面依法治国的总目标和重要任务；全面从严治党新时代党的建设总要求及其长期性和艰巨性。 价值目标：增强学生对全面建设社会主义现代化国家的认同感、信心和为中华民族伟大复兴奋斗的自觉性；增强学生对全面深化改革基本方略的理解和认同，激励大学生树立创新意识；增强学生法治观念和规则意识；增强大学生对党先进性和纯洁性建设的信心，从而整体培养学生在新时代致力于实现“四个全面”战略布局和实现社会主义现代化强国建设性的态度。 能力目标：培养学生的对比思维、反向思维和分析解决实际问题的能力，把“四个全面”战略布局和自身的学习、发展结合起来。

本章 教材分析	本章“四个全面”战略布局是本书习近平新时代中国特色社会主义思想中的重要章节。教材分四小节分别阐述了全面建设社会主义现代化国家、全面深化改革、全面依法治国、全面从严治党的内涵、要求及相关内容。 上好这一课，必须解决以下两个问题：一是讲清楚“四个全面”战略布局的形成过程。二是讲清楚全面建设社会主义现代化国家、全面深化改革、全面依法治国、全面从严治党的基本问题。首先，从全面建成小康社会到全面建设社会主义现代化国家。其次，全面深化改革是顺应当今世界发展大势、解决中国现代问题、关系党和人民事业的选择，而全面深化改革的总目标是完善和发展中国特色社会主义制度，推进国家治理体系和治理能力的现代化，要求在全面深化改革过程中正确处理全面深化改革中的重大关系。再次，全面依法治国是中国特色社会主义的本质要求和重要保障，全面依法治国必须要走对路，坚持走中国特色社会主义法治道路。而且全面依法治国的总目标是建设中国特色社会主义法治体系，建设社会主义法治国家，要做好推进法治体系和深化依法治国实践工作。最后，进入新时代对党的建设提出新的总要求，要坚持党要管党，全面从严治党。在全面从严治党的时候要把党的政治建设摆在首位，而且要坚持全面从严治党永远在路上。
教学 重点难点	教学重点： 1. 全面建设社会主义现代化国家——目标和基本特征； 2. 全面深化改革——目标和主要内容； 3. 全面依法治国——总目标和重点任务； 4. 全面从严治党——新时代党的建设总要求。 教学难点： 1. 中国社会主义现代化国家的基本特征。 2. 全面深化改革涉及经济体制、政治体制、文化体制、社会体制、生态文明体制和党的建设制度等方面；深化改革的具体目标和任务。 3. 从理论上讲清楚，党和法的关系是一个根本问题，处理得好，则法治兴、党兴、国家兴；处理得不好，则法治衰、党衰、国家衰。 4. 新形势下党面临的“四大考验”和“四大危险”的长期性尖锐性。

教学设计	采用线上和线下混合式教学方法。本课程线上教学在中国大学 MOOC 平台。 线上教学部分，学生通过中国大学生慕课学习了解整章的基本知识点。 线下教学部分以专题形式进行： 1. 中国社会主义现代化国家的基本特征是什么？ 2. 全面深化改革的总目标和内容是什么？ 3. 全面依法治党的总目标是什么？ 4. 如何实现全面从严治党永远在路上？

第二部分　教学转化

第一节　全面建设社会主义现代化国家

“四个全面 ”战略布局的战略目标——全面建设社会主义现代化国家。

十八大以来，我们党统筹推进了“五位一体”总体布局和协调推进了“四个全面 ”战略布局，其中“四个全面”战略布局包括全面建成小康社会、全面深化改革、全面依法治国、全面从严治党。“四个全面 ”战略布局既有战略目标又有战略举措，相互之间具有紧密的逻辑关系，是一个整体。而全面建成小康社会是战略目标，在“四个全面”战略布局中居于引领地位。到了党的十九届五中全会，将“全面建成小康社会”目标提升为“全面建设社会主义现代化国家”，并确立全面建设社会主义现代化国家在“四个全面”战略布局中的引领地位。那么从提出“全面建成小康社会”到提出“全面建设社会主义现代化国家”，究竟发生了什么，在发展中获得了哪些重大成绩，从而使“四个全面”战略布局的内涵发生了新变化呢？我们先来看全面建成小康社会。

一、全面建成小康社会

全面建成小康社会是“两个一百年”奋斗目标的第一个百年奋斗目标，这是党向人民、向历史作出的庄严承诺，也是中国人民的共同期盼。全面建成小康社会意味着经济高质量发展、人民生活水平和质量普遍提高、国民素质和社会文明程度显著提高、生态环境质量总体改善、各方面制度更加成熟更加定型。强调的不仅是“小康”，更重要、更难做到的是“全面”。“小康”讲的是发展水平，“全面”讲的是发展的平衡性、协调性、可持续性。全面小康，是“五位一体”总体布局全面进步的小康，要求经济、政治、文化、社会、生态文明建设全面推进。全面小康，是惠及全体人民的小康，全面小康的路上，一个都不能少。全面小康，是城乡区域共同发展的小康。

由于打赢脱贫攻坚战是全面建成小康社会的底线任务。党的十八大以来，以习近平同志为核心的党中央始终把脱贫攻坚摆在治国理政的突出位置，组织开展了声势浩大的脱贫攻坚人民战争。经过 8 年持续奋斗，到 2020 年底，现行标准下 9899 万农村贫困人口全部脱贫，832 个贫困县全部摘帽，12.8 万个贫困村全部出列，区域性整体贫困得到解决，消除了绝对贫困，完成了全面建成小康社会最艰巨最繁重的任务，为实现全面建成小康社会目标任务作出了关键性贡献、打下了坚实基础。脱贫攻坚取得全面胜利，决胜全面建成小康社会取得决定性成就。我国经济实力、科技实力、综合国力跃上新的大台阶。全面深化改革取得重大突破，对外开放持续扩大，生态建设成效之大前所未有。中等收入群体超过 4 亿人，我国建成了世界上规模最大的社会保障体系，基本医疗保险覆盖超过 13 亿人，基本养老保险覆盖近 10 亿人，人民生活水平显著提高。

2021 年 7 月 1 日，习近平在天安门城楼上庄严宣告，经过全党全国各族人民持续奋斗，我们实现了第一个百年奋斗目标，在中华大地上全面建成了小康社会，绝对贫困问题得到历史性解决，正在一起意气风发向着全面建成社会主义现代化强国的第二个百年奋斗目标迈进。

二、中国社会主义现代化国家的基本特征

中国共产党成立百年来，团结带领中国人民进行的一切奋斗就是为了把我国建设成为现代化强国，实现中华民族伟大复兴。那么中国社会主义现代化国家的基本特征是什么呢？

中国式现代化是社会主义现代化，是独具特色、有别于资本主义的现代化。中国式现代化打破了只有遵循资本主义现代化模式才能实现现代化的神话，克服了资本主义现代化的固有弊端，提供了现代化的全新选择，展现了人类社会现代化的光明前景。中国式现代化是发展中国家的现代化，开辟了后发展国家走向现代化的崭新道路。西方发达国家是一个“串联式”的发展过程，而我国的发展是一个“并联式”的过程，工业化、信息化、城镇化、农业现代化是叠加发展，在发展的很多方面我们只用了几十年时间就走过了西方发达国家上百年甚至数百年的发展过程。

新时代围绕如何全面建设社会主义现代化国家这一重大课题，习近平总书记提出了一系列新思想新观点新要求，在党的十九届五中全会上阐明了我国现代化的五个特征。

第一，中国的现代化是人口规模巨大的现代化。我国 14 亿多人口，约占世界人口的 18%，我国要整体迈入现代化社会，其规模超过现有发达国家的总和，将彻底改写现代化的世界版图，在人类历史上是一件有深远影响的大事。

第二，中国的现代化是全体人民共同富裕的现代化。我国的现代化是社会主义现代化，共同富裕是本质要求。必须坚持以人民为中心的发展思想，自觉主动解决地区差距、城乡差距、收入分配差距，防止两极分化，促进社会公平正义，逐步实现全体人民共同富裕。

第三，中国的现代化是物质文明和精神文明相协调的现代化。必须坚持社会主义核心价值观，加强理想信念教育，弘扬中华优秀传统文化，增强人民精神力量，协调实现物质的全面丰富和人的全面发展。

第四，中国的现代化是人与自然和谐共生的现代化。我国现代化注重同步推进经济建设和生态文明建设，走生产发展、生活富裕、生态良好的文明发展道路，既创造更多物质财富和精神财富，以满足人民日益增长的美好生活需要，也提供更多优质生态产品以满足人民日益增长的优美生态环境需要。

第五，中国的现代化是走和平发展道路的现代化。我国现代化强调同世界各国互利共赢，推动构建人类命运共同体，努力为人类和平与发展作出贡献。

第二节 全面深化改革

“四个全面”战略布局的战略举措之一——全面深化改革。

十八届三中全会作出了全面深化改革的决定，并把“完善和发展中国特色社会主义制度，推进国家治理体系和治理能力现代化”确定为全面深化改革的总目标，围绕这个总目标，合理布局了全面深化改革的战略重点、主攻方向、工作机制、推进方式和时间表、路线图等。

一、全面深化改革

为什么要全面深化改革？历史雄辩地证明，改革开放是当代中国发展进步的活力源头，是我们党和人民大踏步赶上时代前进步伐的重要法宝，是坚持和发展中国特色社会主义的必由之路。进入新时代，我国国内外环境发生了极为广泛而且深刻的变化，随着改革进入攻坚期和深水区遇到的阻力越来越大，面对的暗礁、潜流、漩涡越来越多。改革涵盖的领域愈加广泛，触及利益格局的调整愈加深刻，涉及的矛盾和问题愈加尖锐，突破体制机制的障碍愈加艰巨，继续推进改革的复杂性、敏感性、联动性前所未有。要破解发展中面临的难题，化解来自各方面的风险挑战，推动经济社会持续健康发展，必须依靠全面深化改革。

全面深化改革的内容是什么呢？全面深化改革强调要紧紧围绕使市场在资源配置中起决定性的作用和更好发挥政府作用深化经济体制改革；紧紧围绕坚持党的领导、人民当家作主、依法治国有机统一深化政治体制改革；紧紧围绕社会主义核心价值体系、社会主义文化强国深化文化体制改革；紧紧围绕更好保障和改善民生、促进社会公平正义深化社会体制改革；紧紧围绕建设美丽中国深化生态文明体制改革；紧紧围绕提高科学执政、民主执政、依法执政水平深化党的建设制度改革。

二、全面深化改革的方向、立场和原则

在全面深化改革的过程中应坚持什么样的方向、立场和原则呢？改革开放是有方向、有立场、有原则的。全面深化改革无论怎么改、改到哪一步，都要始终坚持和发展中国特色社会主义制度，坚持以人民为中心的改革价值取向，坚持党对改革的集中统一领导。

全面深化改革必须坚持和完善中国特色社会主义制度和国家治理体系。制度优势是一个国家的最大优势，制度竞争是国家间根本的竞争，制度稳则国家稳。新中国成立70多年来的巨大变化，最根本的原因是党领导人民建立和完善了中国特色社会主义制度，形成和发展了党的领导和经济、政治、文化、社会、生态文明、军事等各方面制度，不断加强和完善国家治理。

全面深化改革必须始终站稳人民立场，坚持以人民为中心的改革价值取向。我们党干革命、搞建设、抓改革，都是为了让人民过上幸福生活。始终代表最广大人民根本利益，保证人民当家作主，体现人民共同意志，维护人民合法权益，是我国国家制度和国家治理体系的本质属性，也是我国国家制度和国家治理体系有效运行、充满活力的根本所在。

全面深化改革必须坚持党对改革的集中统一领导。党的集中统一领导是保证全面深化改革乘风破浪、奋勇向前的指南针、定盘星和压舱石。中国特色社会主义制度是一个严密完整的制度体系，起四梁八柱作用的是根本制度、基本制度、重要制度，其中具有统领地位的是党的领导制度。

三、坚持和完善中国特色社会主义制度，推进国家治理现代化

坚持和完善中国特色社会主义制度，推进国家治理现代化，要解决两个问题，一是如何理解坚持和完善中国特色社会主义制度，推进国家治理现代化之间的关系？二是如何坚持和完善中国特色社会主义制度，推进国家治理现代化？

先看第一问题，坚持和完善中国特色社会主义制度，推进国家治理体系和治理能力现代化的关系。

坚持和完善中国特色社会主义制度、推进国家治理体系和治理能力现代化是一个有机统一体，不可分割。制度是治理的依据，制度的性质决定治理的方式；治理是制度的实践，制度的实践过程就是治理。制度和治理两者相辅相成、相得益彰。一方面，制度对于国家治理起着根本性、全局性、长期性作用。只有有了好的制度，才有可能实现治理体系和治理能力的现代化。另一方面，没有完善的治理体系和有效的治理能力，再好的制度也难以发挥作用。只有全面实现国家治理体系和治理能力现代化，才能使中国特色社会主义制度更加巩固、优势充分彰显。

第二个问题如何坚持和完善中国特色社会主义制度，推进国家治理体系和治理能力现代化。

坚持和完善中国特色社会主义制度、推进国家治理体系和治理能力现代化是一个有机统一的系统工程，既要突出坚持和完善支撑中国特色社会主义制度的根本制度、基本制度、重要制度，着力构建系统完备、科学规范、运行有效的制度体系，又要加强治理，提高治理能力，把我国制度优势更好转化为国家治理效能。

坚持和完善中国特色社会主义制度、推进国家治理体系和治理能力现代化，不仅要建立完善的制度体系，还要在不断提高制度执行力和治理能力上狠下功夫。

什么是治理能力呢？治理能力就是运用国家制度，管理国家各方面事务的能力，它包括改革发展稳定、内政外交国防、治党治国治军等各个方面各个领域的治理能力。推进国家治理体系和治理能力现代化，就是要使各方面制度更加科学、更加完善，为党和国家事业发展、为人民幸福安康、为社会和谐稳定、为国家长治久安提供一整套更完备、更稳定、更管用的制度体系，实现党、国家、社会各项事务治理制度化、规范化、程序化，同时善于运用制度和法律治理国家，提高党科学执政、民主执政、依法执政水平，提高运用中国特色社会主义制度有效治理国家的能力，充分发挥我国社会主义制度的优越性。

第三节 全面依法治国

“四个全面”战略布局的战略举措之二——全面依法治国。

全面依法治国是中国特色社会主义的本质要求和重要保障。十八大以来，党中央把全面依法治国纳入“四个全面”战略布局，创造性地提出了全面依法治国的一系列新理念新思想新战略，形成了习近平法治思想，并在推进全面依法治国的过程中，坚持走中国特色社会主义法治道路，不断深化依法治国实践。

下面我们从“是什么、为什么、怎么做”这三个方面解读全面依法治国。

是什么，解读的是习近平法治思想的主要内容。

为什么，主要讲为什么必须走中国特色社会主义法治道路。

怎么做，指的是如何贯彻落实习近平法治思想和走中国特色社会主义法治道路。

全面依法治国，必须坚持习近平法治思想，走中国特色社会主义法治道路，并且把法治思想和法治道路贯彻落实下去。

一、坚持习近平法治思想

习近平法治思想深刻回答了新时代为什么实行全面依法治国、怎样实行全面依法治国等一系列重大问题，是顺应实现中华民族伟大复兴时代要求应运而生的重大理论创新成果，是习近平新时代中国特色社会主义思想的重要组成部分，是全面依法治国的根本遵循和行动指南。

习近平法治思想的内容主要概括为十一个方面：

一是坚持党对全面依法治国的领导。强调党的领导是推进全面依法治国的根本保证。

二是坚持以人民为中心。强调全面依法治国最广泛最深厚的基础是人民，必须坚持为了人民、依靠人民。

三是坚持中国特色社会主义法治道路。强调中国特色社会主义法治道路本质上是中国特色社会主义道路在法治领域的具体体现。

四是坚持依宪治国、依宪执政。（党与法的关系）强调党领导人民制定和实施宪法法律，党自身要在宪法法律范围内活动。全国各族人民、一切国家机关和武装力量、各政党和各社会团体、各企业事业组织，都必须以宪法为根本的活动准则，负有维护宪法尊严、保证宪法实施的职责。

五是坚持法治轨道上推进国家治理体系和治理能力现代化。（法治与治理）强调法治是国家治理体系和治理能力的重要依托，只有全面依法治国才能有效保障国家治理体系的系统性、规范性、协调性，最大限度凝聚社会共识。

六是坚持建设中国特色社会主义法治体系。（总目标）强调中国特色社会主义法治体系是推进全面依法治国的总抓手。

七是坚持依法治国、依法执政、依法行政共同推进，法治国家、法治政府、法治社会一体建设。强调全面依法治国是一个系统工程，要整体谋划，更加注重系统性、整体性、协同性。

八是坚持全面推进科学立法、严格执法、公正司法、全民守法。要继续推进法治领域改革，解决好立法、执法、司法、守法等领域的突出矛盾和问题。坚持公平正义是司法的灵魂和生命。

九是坚持统筹推进国内法治和涉外法治。要加快涉外法治工作战略布局，协调推进国内治理和国际治理，更好维护国家主权、安全、发展利益。

十是坚持建设德才兼备的高素质法治工作队伍。要加强理想信念教育，深入开展社会主义核心价值观和社会主义法治理念教育，推进法治专门队伍革命化、正规化、专业化、职业化。

十一是坚持抓住领导干部这个“关键少数”。带头尊崇法治、敬畏法律，了解法律、掌握法律，不断提高运用法治思维和法治方式深化改革、推动发展、化解矛盾、维护稳定、应对风险的能力，做尊法学法守法用法的模范。

习近平法治思想内涵丰富、逻辑严密、系统完备，提出了全面推进依法治国的总目标，坚定不移走中国特色社会主义法治道路，深刻回答了全面依法治国一系列重大问题，阐明了中国特色社会主义法治体系的科学内涵，明确了全面依法治国的基本框架和总体布局等。

二、为什么必须走中国特色社会主义法治道路

中国特色社会主义法治道路是社会主义法治建设成就和经验的集中体现，是建设社会主义法治国家的唯一正确道路。为什么这样说？原因有三。

第一，走中国特色社会主义法治道路是历史的必然结论。要不要走法治道路、走什么样的法治道路，是近代以来中国人民面临的历史性课题。历史和现实充分证明，只有坚定不移走中国特色社会主义法治道路，才能建设社会主义法治国家，为全面建设社会主义现代化国家、实现中华民族伟大复兴提供有力法治保障。

第二，走中国特色社会主义法治道路，是由我国社会主义国家性质所决定的。中国特色社会主义法治道路，坚持人民主体地位，坚持法律面前人人平等，能够保证人民在党的领导下依照法律规定，通过各种途径和形式管理国家事务、管理经济和文化事业、管理社会事务。只有始终坚持以人民为中心，才能真正实现法治保障人民权益的根本目的。

第三，走中国特色社会主义法治道路，是立足我国基本国情的必然选择。走什么样的法治道路离不开一个国家的基本国情。中国特色社会主义法治道路的一个鲜明特点，就是汲取我国古代德刑相辅、儒法并用等思想精华，坚持依法治国和以德治国相结合。中国特殊的国情、特殊的法律文化决定必须从实际出发，走自己的法治道路。

总之，中国特色社会主义法治道路的核心要义，就是坚持党的领导，坚持中国特色社会主义制度，贯彻中国特色社会主义法治理论，这充分体现了我国社会主义性质，具有鲜明的中国特色、实践特色、时代特色。

三、深化依法治国实践

这里主要讲如何贯彻落实习近平法治思想和走中国特色社会主义法治道路这个问题。

全面依法治国总目标是建设中国特色社会主义法治体系，建设社会主义法治国家。所以，深化依法治国实践，必须坚持以习近平法治思想为指导，做到以下几点：

第一，坚持围绕全面推进依法治国总目标，加快建设中国特色社会主义法治体系。法治体系是国家治理体系的骨干工程，必须加快形成完备的法律规范体系、高效的法治实施体系、严密的法治监督体系、有力的法治保障体系、完善的党内法规体系。

第二，准确把握全面推进依法治国工作布局，坚持依法治国、依法执政、依法行政共同推进，坚持法治国家、法治政府、法治社会一体建设。

第三，准确把握全面推进依法治国重点任务，着力推进科学立法、严格执法、公正司法、全民守法。

总之，法治不仅要求完备的法律体系、完善的执法机制、普遍的法律遵守，更要求公平正义得到维护，努力让人民群众在每一项法律制度、每一个执法决定、每一宗司法案件中都感受到公平正义。

第四节　全面从严治党

“四个全面”战略布局的战略举措之三——全面从严治党。

党的十八大以来以习近平同志为核心的党中央将全面从严治党纳入“四个全面”战略布局，使党的面貌焕然一新，为党和国家事业发生历史性变革提供了坚强政治保证。下面我们从三个方面来讲授全面从严治党：如何认识全面从严治党？新时代党的建设总要求是什么？从哪些方面把全面从严治党引向深入？

一、如何认识全面从严治党

全面从严治党是一场伟大的自我革命。打铁必须自身硬。办好中国的事情，关键在党，关键在坚持党要管党、全面从严治党。在进行社会革命的同时不断进行自我革命，是我们党区别于其他政党最显著的标志。

那么，什么是全面从严治党？治国必先治党，治党务必从严。全面从严治党，核心是加强党的领导，基础在全面，关键在严，要害在治。“全面”就是管全党、治全党，面向全体党员、党组织，覆盖党的建设各个领域、各个方面、各个部门，重点是抓住“关键少数”。“严”就是真管真严、敢管敢严、长管长严。“治”就是从党中央到地方各级党委，从中央部委、国家机关部门党组（党委）到基层党支部，都要肩负起主体责任。

如何坚持全面从严治党呢？必须强调几个要求：一是要求增强全面从严治党的系统性、预见性、创造性、实效性，以确保党始终成为中国特色社会主义事业的坚强领导核心；二是推进全面从严治党自我革命不断走向深入，构建行之有效的权力监督制度和执纪执法体系，一体推进不敢腐、不能腐、不想腐，营造风清气正的政治生态；三是坚持全面从严治党永远在路上，保持“赶考”的清醒，以新时代党的自我革命引领新的伟大社会革命。

二、新时代党的建设总要求

在党的十九大报告中提出了新时代党的建设总要求，突出了马克思主义执政党的政治属性和全面从严治党的大思路大方略，是指导新时代党的建设的总纲领和总遵循。

新时代党的建设总要求提出了原则、方针、主线、布局、目标五个方面内容。强调坚持和加强党的全面领导是原则，党的十九大报告把“坚持党对一切工作的领导”纳入基本方略的主要内容之一，这是在新时代对马克思主义政党建设理论的继承和发展。坚持党要管党、全面从严治党是方针，党要在新的历史方位实现新的历史使命，必须毫不动摇把党建设得更加坚强有力。主线是加强党的长期执政能力建设、先进性和纯洁性建设，这是对党的建设提出了更高的标准。布局是以党的政治建设为统领，全面推进党的政治建设、思想建设、组织建设、作风建设、纪律建设，把制度建设贯穿其中，深入推进反腐败斗争。在新时代党的建设总要求中，党的建设总体布局是关键。而新时代党的建设的目标是建设始终走在时代前列、人民衷心拥护、勇于自我革命，经得起各种风浪考验、朝气蓬勃的马克思主义执政党。其中，始终走在时代前列，反映了党的先进性基因和时代性特质。人民衷心拥护，是党的最大政治优势。勇于自我革命，是党的鲜明品格和重要优势。经得起各种风浪考验，是党必须具备的政治智慧和执政能力。朝气蓬勃，是党应当保持的进取状态和精神风貌。

新时代党的建设的原则、方针、主线、总体布局和目标这五个方面，是紧密联系、相互作用、相互促进的，共同构成了新时代党的建设科学有机的整体。

新时代党的建设总要求，对推进党的建设新的伟大工程作出顶层设计、战略部署，丰富和发展了马克思主义建党学说，标志着对执政党建设规律的认识达到新的高度。

三、把全面从严治党引向深入

这是主要讲从哪些方面把全面从严治党引向深入。

党的建设是一项系统工程，新时代要把全面从严治党引向深入，就必须注重党的各方面建设的系统性整体性协同性，以党的政治建设为统领，坚持抓好党的思想建设、组织建设、作风建设、纪律建设，强化制度的根本保障作用，巩固发展反腐败斗争压倒性胜利。

把全面从严治党引向深入，指的是从政治建设、思想建设、组织建设、作风建设、纪律建设五个方面把全面从严治党引向深入，同时强调制度建设的根本保障作用，以及必须巩固发展反腐败斗争压倒性胜利。

第一，把党的政治建设摆在首位。党的十九大首次把党的政治建设纳入党的建设总体布局，并强调“以党的政治建设为统领”“把党的政治建设摆在首位”，凸显党的政治建设的极端重要性，这是党的建设理论和实践的重大创新。保证全党服从中央，坚持党中央权威和集中统一领导，是党的政治建设的首要任务。

第二，加强党的思想建设。思想建设是党的基础性建设。坚持以科学理论引领、用科学理论武装，是我们党永葆先进性、纯洁性的根本保证。深入学习领会习近平新时代中国特色社会主义思想，用党的创新理论武装全党、指导实践、推动工作，是全党的重大政治任务。

第三，加强党的组织建设。主要包括民主集中制建设、党的基层组织建设、干部队伍建设和党员队伍建设等内容。

第四，加强党的作风建设。核心是保持党同人民群众的血肉联系。我们党的最大政治优势是密切联系群众。党风问题、党同人民群众联系问题是关系党生死存亡的问题。

第五，加强党的纪律建设。正风必先肃纪。中国共产党是靠铁的纪律组织起来的马克思主义政党，纪律严明是党的光荣传统和独特优势。严明党的纪律，首要的是严明政治纪律，在重点强化政治纪律和组织纪律的同时，带动廉洁纪律、群众纪律、工作纪律、生活纪律严起来。

需要注意的是，把全面从严治党引向深入，必须将制度建设贯穿党的各项建设之中。抓政治建设、思想建设、组织建设、作风建设、纪律建设，深入推进反腐败斗争，都需要制度保障，而且要贯穿始终。制度问题带有根本性、全局性、稳定性、长期性，加强制度建设是全面从严治党的长远之策、根本之策。

总之，现实一再证明，反腐败斗争不能退，也无处可退，必须以永远在路上的坚韧和执着，持续保持高压态势，坚定不移将反腐败斗争向纵深推进，构建一体推进不敢腐、不能腐、不想腐体制机制，巩固发展反腐败斗争压倒性胜利，确保党和人民赋予的权利始终用来为人民谋幸福。

第三部分　教学拓展

一、课后思考

1. 如何理解中国社会主义现代化国家的基本特征？

2. 如何理解全面深化改革的总目标完善和发展中国特色社会主义制度与推进国家治理体系和治理能力现代化两者之间的关系？

3. 结合我国全面依法治国实际，谈谈深化依法治国实践的重点任务。

4. 结合新时代我党面临的执政环境，谈谈如何坚持全面从严治党永远在路上。

二、备课参考

1.《习近平关于协调推进“四个全面”战略布局论述摘编》，中央文献出版社 2015 年版。

2.《习近平关于全面建成小康社会论述摘编》，中央文献出版社 2016 年版。

3.《习近平关于全面深化改革论述摘编》，中央文献出版社 2014 年版。

4.《习近平关于全面依法治国论述摘编》，中央文献出版社 2015 年版。

5.《习近平关于全面从严治党论述摘编》，中央文献出版社 2016 年版。

6.《中国共产党第十九届中央委员会第四次全体会议文件汇编》，人民出版社 2019 年版。

三、实践活动

1. 小组展示

内容：新中国成立以后我党扶贫政策的发展变化情况。

目的：使学生认识到从新中国成立之后我党就积极进行消除贫困，建成小康社会进行努力。

操作：以宿舍或小组为单位，指定召集人 1 名；认真准备，积极发言，写实记录；在讨论的基础上，撰写 PPT，进行课堂展示。

2. 辩论比赛

内容：依法治国 VS 以德治国

目的：使学生认识到依法治国和以德治国各有利弊，全面依法治国的实践中要坚持依法治国和以德治国相结合。

操作：以正方反方小组为单位，确定主辩手、副辩手，查阅资料，组内讨论，进行辩论比赛，进行总结。

3. 小组讨论

内容：全面从严治党永远在路上——以 ××× 为案例

目的：使学生认识到全面从严治党永远在路上，在思想、组织、作风、制度、反腐败等方面建设采取积极的措施。

操作：分小组、选出小组长、选取案例、谈论案例、分析原因并结合具体措施提出解决方案，形成 2000 字小组讨论总结。

第十二章　实现中华民族伟大复兴的重要保障

第一部分　教学概况

本章概述	本章主要包含了三个方面的内容：一、坚持总体国家安全观；二、加快国防和军队现代化；三、坚持“一国两制”，推进祖国统一。
学时安排	理论学时 2 学时（含课堂活动）
教学目的与教学目标	通过本章的讲解，引导大学生掌握习近平强军思想、建设世界一流军队等知识，提升大学生运用马克思主义军事理论分析国防和军队现代化建设理论和实践的相应能力，确立大学生对习近平强军思想理论与行动自觉。 本章可将教学目标分为知识、价值、能力三个目标。 知识目标：掌握习近平强军思想主要内容及其对国防和军队建设的指导意义。 价值目标：使学生从理论上深入了解习近平强军思想，理解军民融合，既是举国之举，又是强军之策。 能力目标：通过演讲与合作学习，使学生领会建设一流军队的战略安排和举措。

本章 教材分析	上好这一课，需要讲解清楚如下内容： 1. 总体国家安全观。坚持国家利益至上，以人民安全为宗旨，以政治安全为根本，以经济安全为基础，以军事、文化、社会安全为保障，以促进国际安全为依托，维护各领域国家安全，构建国家安全体系，走中国特色国家安全道路。 2. 习近平强军思想。主题：“新时代建设一支什么样的强大人民军队、怎样建设强大人民军队”。主要内容从强军使命、强军目标、强军之魂、强军之要、强军之基、强军布局、强军关键、强军动力、强军保障、强军路径等方面概括为“十个明确”。 3. 坚持党对人民军队的绝对领导。确立过程：根本原则和制度发端于南昌起义，奠基于三湾改编，定型于古田会议。基本内容：军队必须完全地无条件地置于中国共产党的领导之下，在思想上政治上行动上始终与党中央、中央军委保持高度一致，坚决维护党中央、中央军委权威，任何时候任何情况下都坚决听从党中央、中央军委指挥。制度保证：军队最高领导权和指挥权属于党中央和中央军委，军委实行主席负责制；实行党委制、政治委员制、政治机关制；实行党委统一的集体领导下的首长分工负责制；实行支部建在连上。 4. 推动军民融合发展。把军民融合发展上升为国家战略，是长期探索经济建设和国防建设协调发展规律的重大成果，是从国家发展和安全全局出发作出的重大决策，是应对复杂安全威胁、赢得国家战略优势的重大举措。 5. 坚持“一国两制”，推进祖国统一。维护国家主权和领土完整，实现祖国完全统一，是全体中华儿女共同愿望，是中华民族根本利益所在。
教学 重点难点	教学重点：讲解清楚习近平强军思想主要内容以及对国防和军队建设的指导意义；结合现实，回答学生关注的深化国防和军队改革等问题。 教学难点：结合强国部署讲清楚建设一流军队的战略安排和举措。
教学设计	采用线上和线下混合式教学方法。本课程线上教学在中国大学 MOOC 平台。 线下教学专题：实现中华民族伟大复兴的重要保障。 一、坚持总体国家安全观； 二、加快国防和军队现代化； 三、坚持“一国两制”，推进祖国统一。

第二部分　教学转化

第一节　坚持总体国家安全观

实现中华民族伟大复兴的中国梦，保证人民安居乐业，国家安全是头等大事。2014 年 4 月，习近平同志主持召开中央国家安全委员会第一次会议，提出了总体国家安全观这一全新的国家安全理念。2015 年 7 月，全国人大常委会通过国家安全法。那什么是总体国家安全观，为什么要树立总体国家安全观，以及总体国家安全观的内容又是哪些，我们今天就来学习这三个问题。

一、总体国家安全观的定义

总体国家安全观是指坚持国家利益至上，以人民安全为宗旨，以政治安全为根本，以经济安全为基础，以军事、文化、社会安全为保障，以促进国际安全为依托，维护各领域国家安全，构建国家安全体系，走中国特色国家安全道路。这就是国家安全观的定义。从这个定义中，我们可以看出，这里的国家安全包括政治安全、国土安全、军事安全、经济安全、文化安全、社会安全、科技安全、网络安全、生态安全、资源安全、核安全等领域。除此之外，根据国家安全法的规定，还包括外层空间、国际海底区域和极地等新领域的安全以及我国海外利益的安全。这些新拓展出来的安全领域属于非传统安全。总体国家安全观既重视传统安全，又重视非传统安全。通过对定义的解读我们可以看出，我国国家安全的内涵和外延比历史上任何时候都要丰富，时空领域比历史上任何时候都要宽广，内外因素比历史上任何时候都要复杂。

那为什么我们会提出这样的总体国家安全观呢？

二、总体国家安全观提出的必要性

之所以提出这样的总体国家安全观，是因为过去，我们对国家安全的认识比较单一，一般仅包括政权安全、国土安全、军事安全等。但是，这样的国家安全理念很显然已经不适应今天国家面对的严峻安全形势，难以应对各种复杂的安全挑战。那当前中国国家安全形势的新变化有哪些呢？我们来具体看一下：

第一，在传统安全领域，随着中国崛起，与西方大国，尤其是中美之间的结构性矛盾开始凸显。第二，亚太地区安全形势趋于复杂化，中国捍卫国家领土、领海主权的压力在逐步增大。我国邻国较多，且存在历史纠葛，与一些周边国家在历史上曾经有过军事冲突，而且很多国家处于美国遏制中国的第一岛链上。第三，国际上一些破坏性因素的渗透愈加激烈。中国“反独促统”，维护国家领土完整和文化安全都面临着复杂的挑战。台湾方面自从民进党蔡英文上台以后，拒不承认“九二共识”，两岸陷入紧张局势。第四，中国国内的社会矛盾进入多发期，国内安全出现新格局。在经济方面，一些一线城市房价过高，对我国的经济安全构成严峻挑战。腐败本身亦是威胁我国政治安全的一个毒瘤。第五，科学技术的迅猛发展带来日益突出的信息安全问题。据国家互联网应急中心数据显示，仅 2020 年上半年，我国境内受计算机恶意程序攻击的 IP 地址约 4208 万个，约占我国 IP 总数的 12.4%。另外，我们要掌握我国互联网发展的主动权，保障互联网安全、国家安全，必须突破互联网核心技术难题。

以上，是我国国家安全面临的挑战。那在这样的情况下，要如何坚持总体国家安全观呢？

三、坚持总体国家安全观

第一，完善国家安全体系。总体国家安全观是一个有机统一的整体，反映了国家安全各领域之间的互相联系和内在要求。维护国家安全要处理好五对关系：“必须既重视外部安全，又重视内部安全；既重视国土安全，又重视国民安全；既重视传统安全，又重视非传统安全；既重视发展问题，又重视安全问题；既重视自身安全，又重视共同安全。”

第二，健全公共安全体系。公共安全是国家安全的重要体现，一头连着经济社会发展，一头连着千家万户，是最基本的民生。要牢固树立安全发展理念，织密织好全方位、立体化的公共安全网。重点是切实加强和完善农产品质量安全监管体系，保障人民群众“舌尖上的安全”，让老百姓吃得放心。要切实加强食品药品安全监管，加快建立科学完善的食品药品安全治理体系，让老百姓生病了安心就医。同时，要坚持以防为主、防抗救相结合的方针，坚持常态减灾和非常态救灾相统一，全面提高全社会抵御自然灾害的综合防范能力。

第三，推进平安中国建设。平安是老百姓解决温饱后的第一需求，是极重要的民生，也是最基本的发展环境。建设平安中国，要紧紧抓住人民群众反映强烈、影响社会和谐稳定、制约平安建设深入开展的突出问题和薄弱环节，坚持一手抓专项打击整治，一手抓源头性、基础性工作，加快社会治安防控体系建设，依法打击和惩治黄赌毒黑拐骗等违法犯罪活动，保护人民人身权、财产权、人格权。要把人民群众的事当作自己的事，把人民群众的小事当作自己的大事，从让人民群众满意的事情做起，从人民群众不满意的问题改起，做到对群众深恶痛绝的事零容忍、对群众急需急盼的事零懈怠。

第四，加强国家安全能力建设。国家安全事件易发多发，维护国家安全任务繁重，要主动适应新时代国家安全需要，增强风险意识，坚持科技引领、法治保障、文化支撑，推进安全工作精细化、信息化、法治化。进一步提高防范和抵御安全风险、维护国家安全的能力和水平。要建立健全反恐工作格局，完善反恐工作体系，加强反恐力量建设，加强反恐国际合作，筑起铜墙铁壁，使暴力恐怖分子成为“过街老鼠、人人喊打”。要坚决遏制和打击境内外敌对势力利用民族问题、宗教问题进行的分裂、渗透、破坏活动。

第五，加强国家安全教育。维护国家安全是全党全国人民的共同责任。以每年 4 月 15 日“全民国家安全教育日”为契机，以总体国家安全观为指导，全面实施国家安全法，深入开展国家安全宣传教育，将国家安全教育纳入领导干部教育培训体系、公务员培训体系、国民教育体系，切实增强全民国家安全意识。

总之，建设社会主义和谐社会，是一项艰巨复杂的系统工程，需要全党全社会长期坚持不懈的努力。党和政府应加强和创新对建设社会主义和谐社会各项工作的领导，把改善民生、创新社会治理和坚持总体国家安全观作为社会建设的根本任务，让全体人民在共建共治共享发展中有更多获得感、幸福感和安全感。

第二节　加快国防和军队现代化

一、坚持习近平强军思想

党的十八大以来，习近平着眼坚持和发展中国特色社会主义、实现中华民族伟大复兴，立足国家安全和发展战略全局，围绕强军兴军作出一系列重要论述，提出一系列重大战略思想、重大理论观点、重大决策部署，形成了习近平强军思想。

习近平强军思想深刻回答了“新时代建设一支什么样的强大人民军队、怎样建设强大人民军队”的时代课题，其主要内容有：

1. 强国必须强军，巩固国防和强大人民军队是新时代坚持和发展中国特色社会主义、实现中华民族伟大复兴的战略支撑。习近平强调指出，国防和军队建设是国家安全的坚强后盾。没有一个巩固的国防，没有一支强大的军队，和平发展就没有保障，强国梦就难以真正实现。强军才能卫国，强国必须强军。面向未来，要实现中华民族伟大复兴，保卫祖国和人民的和平安宁，必须努力建设巩固国防和强大军队。

2. 党在新时代的强军目标是建设一支听党指挥、能打胜仗、作风优良的人民军队，必须同国家现代化进程相一致，力争到 2035 年基本实现国防和军队现代化，到本世纪中叶把人民军队全面建成世界一流军队。

3. 党对军队绝对领导是人民军队建军之本、强军之魂，必须全面贯彻党领导军队的一系列根本原则和制度，确保部队绝对忠诚、绝对纯洁、绝对可靠。听党指挥是灵魂，决定军队建设的政治方向。只有坚持党对军队的绝对领导，才能从根本上保证人民军队的性质。80 多年来，人民军队不断从胜利走向胜利，最根本的就是靠党的坚强领导。这是我们军队的军魂和命根子，永远不能变，永远不能丢。

4. 军队是要准备打仗的，必须聚焦能打仗、打胜仗，创新发展军事战略指导，构建中国特色现代作战体系，全面提高新时代备战打仗能力，有效塑造态势、管控危机、遏制战争、打赢战争。能打胜仗是核心，反映军队的根本职能和军队建设的根本指向。军队强不强，关键看打仗；战场打不赢，一切等于零。习近平在广州战区考察时强调，要牢记能打仗、打胜仗是强军之要，必须按照打仗这个标准搞建设抓准备，确保军队能够做到招之即来、来之能战、战之必胜。要牢固树立战斗力这个唯一根本标准，坚持把战斗力标准贯穿到军队建设全过程和各方面，坚持把提高战斗力作为全军各项建设的出发点和落脚点，坚持用是否有利于提高战斗力来衡量和检验各项工作，使部队练就过硬的本领。

5. 作风优良是我军鲜明特色和政治优势，必须加强作风建设、纪律建设，坚定不移正风肃纪、反腐惩恶，大力弘扬我党我军光荣传统和优良作风，永葆人民军队性质、宗旨、本色。古往今来，作风优良才能塑造英雄部队，作风松散可以搞垮常胜之师。任何时候任何情况下，人民军队的性质永远不能变，老红军的传统永远不能丢，艰苦奋斗的政治本色永远不能改。

6. 推进强军事业必须坚持政治建军、改革强军、科技兴军、依法治军，更加注重聚焦实战、更加注重创新驱动、更加注重体系建设、更加注重集约高效、更加注重军民融合，全面提高革命化现代化正规化水平。

7. 改革是强军的必由之路，必须推进军队组织形态现代化，构建中国特色现代军事力量体系，完善中国特色社会主义军事制度。

8. 创新是引领发展的第一动力，必须坚持向科技创新要战斗力，统筹推进军事理论、技术、组织、管理、文化等各方面创新，建设创新型人民军队。

9. 现代化军队必须构建中国特色军事法治体系，推进治军方式根本性转变，提高国防和军队建设法治化水平。

10. 军民融合发展是兴国之举、强军之策，必须坚持发展和安全兼顾、富国和强军统一，形成全要素、多领域、高效益军民融合深度发展格局，构建一体化的国家战略体系和能力。

习近平强军思想，是习近平新时代中国特色社会主义思想的重要组成部分，开拓了马克思主义军事理论和当代中国军事实践发展新境界，标志着党的军事指导理论的与时俱进。党的十八大以来，人民军队重振政治纲纪、重塑组织形态、重整斗争格局、重构建设布局、重树作风形象，在中国特色强军之路上迈出了坚定步伐，强军事业取得了历史性成就，发生了历史性变革。这一切成就和变革，最根本的原因在于有习近平强军思想的科学指引。面向新时代，我们要坚持党对人民军队的绝对领导，全面贯彻习近平强军思想，不断推进政治建军、改革强军、科技兴军、依法治军，加快形成中国特色、世界一流的武装力量体系，构建中国特色现代作战体系，推动人民军队切实担负起党和人民赋予的新时代使命任务。

二、坚持党对人民军队的绝对领导

党对军队的绝对领导是中国特色社会主义的本质特征，是党和国家的重要政治优势。推进强军事业，必须毫不动摇坚持党对军队的绝对领导，确保人民军队永远听党话、跟党走。

党的领导是人民军队战无不胜的根本保证。人民军队从诞生之日起，就始终在党的绝对领导下行动和战斗。毛泽东曾经指出："我们的原则是党指挥枪，而决不容许枪指挥党。"历史告诉我们，党指挥枪是保持人民军队本质和宗旨的根本保障，这是我们党在血与火的斗争中得出的颠扑不破的真理。前进道路上，人民军队必须牢牢坚持党对军队的绝对领导，把这一条当作人民军队永远不能变的军魂、永远不能丢的命根子，任何时候任何情况下都以党的旗帜为旗帜、以党的方向为方向、以党的意志为意志。

军队必须完全地无条件地置于中国共产党的领导之下，在思想上政治上行动上始终与党中央、中央军委保持高度一致，坚决维护党中央、中央军委权威，任何时候任何情况下都坚决听从党中央、中央军委指挥。这准确深刻地反映了中国共产党对军队的绝对领导，是唯一的独立的领导，是直接领导、直接指挥，是包括政治领导、思想领导、组织领导在内的全面领导，涵盖军事、政治、后勤、装备建设各个领域，贯穿于完成各项任务的全过程。

三、推动军民融合深度发展

推动军民融合深度发展，是习近平主席高度关注的重大战略问题。其主要内容有：

（一）坚持富国和强军相统一

坚持富国和强军相统一是我们党的一贯主张。毛泽东提出：“中国必须建立强大的国防军，必须建立强大的经济力量，这是两件大事。”

邓小平提出要走军民结合、平战结合、军品优先、以民养军的道路，强调国防和军队建设必须服从服务于经济建设大局的思想。

江泽民指出，我国现代化建设的一条重要经验，就是坚持国防建设与经济建设协调发展的方针，在经济发展的基础上推进国防和军队现代化。

胡锦涛强调，必须站在国家安全和发展战略全局的高度，统筹经济建设和国防建设，在全面建设小康社会进程中实现富国和强军的统一。

党的十八大以来，习近平强调：“我们要实现中华民族伟大复兴，必须坚持富国和强军相统一，努力建设巩固国防和强大军队。”具体内容如下：

1. 坚持富国和强军相统一是经济建设和国防建设协调发展规律的内在要求。富国才能强军，强军才能卫国。经济建设是国防建设的基本依托，只有国家经济实力增强了，国防建设才能有更大发展。国防建设是我国现代化建设的战略任务，只有把国防建设搞上去了，经济建设才能有更加坚强的安全保障，同时加强国防建设对经济社会发展也具有重要拉动作用。我们发展得越快，对外部的影响冲击就越大，受到的战略反弹力就越强。这就要求我们必须在国家总体战略中兼顾发展和安全，坚持富国和强军相统一，科学统筹好经济建设和国防建设。

2. 走军民融合式发展路子，是实现富国和强军统一的重要途径。军民融合源于我们党的“军民结合、寓军于民”的思想，其目的就是在更广范围、更高层次、更深程度上把国防和军队现代化建设有机融入经济社会发展体系之中，做到一笔投资、双重效益。

3. 当代科技革命、产业革命和新军事革命迅猛发展，使国防经济与社会经济、军用技术与民用技术的结合面越来越广、融合度越来越深，军队信息化建设和信息化作战对经济、科技和社会的依赖性空前增强。

4. 未来信息化战争是多维战场的对抗，战争的前台是军人的较量，战争的后台则是军民融合深度的较量。坚持军民融合式发展，既有利于国防和军队现代化建设从经济建设中获得更加深厚的物质支撑和发展后劲，也有利于经济建设从国防和军队现代化建设中获得更加有力的安全保障和技术支持。

（二）加快形成军民融合深度发展格局

长期以来，我国积极推动军民融合实践，取得了丰硕成果，促进了经济实力和国防实力的同步增长。

目前，我国军民融合发展刚进入由初步融合向深度融合的过渡阶段，必须坚持问题牵引，正确把握和处理经济建设和国防建设的关系，使两者协调发展、平衡发展、兼容发展。

坚持全国一盘棋。军民融合是国家战略，必须站在党和国家事业发展全局的高度思考问题，切实把思想和行动统一到党中央决策部署上来。

健全体制机制。在国家层面，成立中央军民融合发展委员会，建立推动军民融合发展的统一领导，形成系统完备、衔接配套、有效激励的政策制度体系。各省（区、市）设置军民融合发展领导机构，充分发挥法律法规的规范、引导、保障作用，加紧推进军民融合发展的综合性法律立法工作，提高军民融合发展法治化水平。

强化战略规划。新中国成立以来特别是改革开放以来，我国充分发挥社会主义制度集中力量办大事的政治优势，举全国之力，集军民之智，取得了以“两弹一星”、载人航天等为代表的一大批重大成果。进入新时代，进一步推动军民融合深度发展，更需要坚持国家主导，着力加强战略规划。要把国民经济和社会发展规划、军队建设发展规划统筹起来，落实军民融合发展资金保障，要加强督导检查、建立问责机制，强化规划刚性约束和执行力。

突出重点领域。推动军民融合深度发展，必须向重点领域聚焦用力，以点带面推动整体水平提升。包括：民用科技应向军事领域拓展；发展高新技术武器装备要吸纳和利用民用先进技术；重大基础设施建设应考虑国防需求，增强国家基础设施对提升核心军事能力的支撑和保障功能；人才资源共育共享，加大依托国民教育培养军队人才力度，依托国家和军队重大科研项目培养军队高层次人才和创新团队；构建物资储备网络布局；积极推进海洋、太空、网络空间、生物、新能源等领域的军民融合，军政军民团结是实现富国和强军相统一的重要政治保障，是我党我军特有的政治优势。坚持人民战争的战略思想，发挥民兵人民群众特有优势，加强国防教育，全党全军全国各族人民要大力弘扬军爱民、民拥军的光荣传统，为实现中华民族的强国梦、强军梦而奋斗。

第三节　坚持“一国两制”，推进祖国统一

2018 年 3 月，在十三届全国人大一次会议闭幕会上，习近平强调：“维护国家主权和领土完整，实现祖国完全统一，是全体中华儿女共同愿望，是中华民族根本利益所在。在这个民族大义和历史潮流面前，一切分裂祖国的行径和伎俩都是注定要失败的，都会受到人民的谴责和历史的惩罚！中国人民有坚定的意志、充分的信心、足够的能力挫败一切分裂国家的活动！”这说明坚持“一国两制”，保持香港、澳门长期繁荣稳定，推进祖国完全统一任重道远。

一、全面准确贯彻“一国两制”方针，保持香港、澳门长期繁荣稳定

必须始终准确把握“一国”和“两制”的关系。“一国两制”是一个完整的概念。“一国”是实行“两制”的前提和基础，“两制”从属和派生于“一国”，并统一于“一国”之内。必须牢固树立“一国”意识，坚守“一国”原则，正确处理特别行政区同中央的关系。任何危害国家主权安全，挑战中央权力和特别行政区基本法权威，利用香港、澳门对内地进行渗透破坏的活动，都是对底线的触碰，都是绝不能允许的。与此同时，在“一国”的基础之上，“两制”的关系应该也完全可以做到和谐相处、相互促进。要把坚持“一国”原则和尊重“两制”差异、维护中央权力和保障特别行政区高度自治权、发挥祖国内地坚强后盾作用和提高港澳自身竞争力有机结合起来，任何时候都不能偏废。只有这样，“一国两制”这艘航船才能劈波斩浪、行稳致远。

必须始终依照宪法和基本法办事。回归完成了香港、澳门宪制秩序的巨

大转变，中华人民共和国宪法和特别行政区基本法共同构成特别行政区的宪制基础。全面准确贯彻“一国两制”方针，必须把维护中央对香港、澳门特别行政区全面管治权和保障特别行政区高度自治权有机结合起来，落实好中央依法行使权力和特别行政区履行主体责任。

必须始终聚焦发展这个第一要务。发展是永恒的主题，是香港、澳门的立身之本，也是保持香港、澳门国际地位和解决香港、澳门各种事务的金钥匙。要支持香港、澳门融入国家发展大局，以粤港澳大湾区建设、粤港澳合作、泛珠三角区域合作等为重点，全面推进内地同香港、澳门互利合作，拓宽港澳发展的路径和渠道。

必须始终维护和谐稳定的社会环境。要坚持爱国者为主体的“港人治港”，发展壮大爱国爱港爱澳力量。要增强香港、澳门同胞的国家意识和爱国精神，使爱国爱港爱澳光荣传统薪火相传，使“一国两制”事业后继有人，让香港、澳门同胞同祖国人民共担民族复兴的历史责任、共享祖国繁荣富强的伟大荣光。

二、扎实推进祖国和平统一进程

解决台湾问题、实现祖国完全统一，是全体中华儿女的共同愿望，是中华民族根本利益所在，是新时代中国共产党、中国政府的三大历史任务之一。

当前两岸关系面临新形势新挑战，驾驭复杂台海形势、应对各种风险挑战、推动两岸关系和平发展、推动祖国完全统一进程，必须坚决贯彻中央对台大政方针，必须学习好、宣传好、贯彻好习近平对台工作重要思想。

坚持“和平统一、一国两制”方针。“和平统一、一国两制”是我们解决台湾问题的基本方针，也是实现国家统一的最佳方式。我们所追求的国家统一不仅是形式上的统一，更重要的是两岸同胞的心灵契合。“一国两制”在台湾的具体实现形式会充分考虑台湾现实情况，充分吸收两岸各界意见和建议，作出充分照顾台湾同胞利益的安排。

推动两岸关系和平发展。实现“两个一百年”奋斗目标和中华民族伟大复兴中国梦，需要有利的台海环境，要求我们推动两岸关系和平发展。同时，推动两岸关系和平发展，也是在为最终实现祖国统一创造和积累条件，扎实推进祖国和平统一进程。

坚持一个中国原则和“九二共识”。一个中国原则是两岸关系的政治基础，体现一个中国原则的“九二共识”，明确界定了两岸关系的根本性质，是确保两岸关系和平发展的关键。在涉及两岸关系性质这一大是大非问题上，我们不会有任何动摇和妥协。承认“九二共识”的历史事实，认同两岸同属一个中国，两岸双方就能开展对话，协商解决两岸同胞关心的问题，台湾任何政党和团体同大陆交往也不会存在障碍。

坚决反对和遏制任何形式的“台独”。“台独”分裂势力及其活动损害国家主权和领土完整，是两岸关系和平发展的最大障碍，是台海和平稳定的最大威胁。我们有坚定的意志、充分的信心和足够的能力挫败任何形式的“台独”分裂图谋。我们绝不允许任何人、任何组织、任何政党、在任何时候、以任何形式、把任何一块中国领土从中国分裂出去。

秉持和践行“两岸一家亲”理念。两岸同胞是命运与共的骨肉兄弟，是血浓于水的一家人。我们秉持“两岸一家亲”理念，尊重台湾现有的社会制度和台湾同胞生活方式，愿意率先与台湾同胞分享大陆发展的机遇。

携手同心共圆民族复兴中国梦。中国梦是两岸共同的梦，需要大家一起来圆梦。台湾的前途系于国家统一，台湾同胞的福祉离不开中华民族的强盛。在中华民族发展史上，两岸同胞从来都是命运相连、荣辱与共的。实现中华民族伟大复兴需要两岸同胞携起手来同心干。我们要继续高举共圆中国梦的精神旗帜，团结广大台湾同胞顺应历史大势、共担民族大义，推进祖国和平统一进程、共圆中华民族伟大复兴的中国梦。

第三部分　教学拓展

一、课后思考

1. 如何理解总体国家安全观的科学内涵？

2. 如何理解习近平强军思想的主要内容？

3. 谈谈你对“能战方能止战，准备打才可能不必打，越不能打越可能挨打”这一论断的认识。

4. 结合现实谈谈如何坚持富国和强军相统一。

5. 如何理解实现祖国完全统一是中华民族根本利益所在？

二、备课参考

1.《习近平关于总体国家安全观论述摘编》，中央文献出版社 2018 年版。

2. 习近平：《建设一支听党指挥、能打胜仗、作风优良的人民军队》，《习近平谈治国理政》第一卷，外文出版社 2018 年版。

3. 习近平：《全面实施改革强军战略》，《习近平谈治国理政》第二卷，外文出版社 2017 年版。

4. 习近平：《把强军事业不断推向前进》，《习近平谈治国理政》第二卷，外文出版社 2017 年版。

5. 习近平：《为实现民族伟大复兴、推进祖国和平统一而共同奋斗》，《习近平谈治国理政》第三卷，外文出版社 2020 年版。

三、实践活动

1. 主题演讲

内容：能战方能止战，准备打才可能不必打，越不能打越可能挨打。

目的：认识新时代大学生的使命，把握历史机遇，深刻理解习近平强军思想理论中战争与和平的辩证法。

操作：以宿舍或小组为单位，指定召集人 1 名；认真准备，积极发言，写实记录；在讨论的基础上，撰写小组总结，进行班级交流。

2. 校园调研

内容：“把人民军队全面建成世界一流军队”的认识调研。

目的：通过对“把人民军队全面建成世界一流军队”的认识的调研，深化对习近平强军思想的认识。

操作：以小组为单位，进行问卷调查和个案访谈，撰写一篇“把人民军队全面建成世界一流军队”的认识调查报告，字数不低于2000字，并在班级进行交流。

3. 合作学习

目的：相互认识，组建团队，制定规章，为更好教学打下基础。

操作：

（1）分小组。为便于共同完成学习任务组建学习小组，小组成员以8～10人为宜，选出小组长。

（2）小组起名字并制定小组守则。小组长负责组织，要求小组成员群策群力，为团队起名字并制定小组活动守则。

第十三章　中国特色大国外交

第一部分　教学概况

本章概述	本章主要包含了三个方面的内容：一、坚持习近平外交思想；二、坚持和平发展道路；三、推动构建人类命运共同体。
学时安排	理论学时 2 学时（含课堂活动）
教学目的与教学目标	通过本章的讲解，使大学生认清新形势下和平与发展仍是当今时代的主题，引导大学生正确认识构建人类命运共同体思想的内涵，把握推进“一带一路”建设对推动构建人类命运共同体具有重要的意义和作用。 本章可将教学目标分为知识、价值、能力三个目标。 知识目标：通过本章的学习，使学生理解习近平外交思想的核心要义；认清新形势下和平与发展仍是当今时代的主题；掌握我国外交政策的宗旨是维护世界和平、促进共同发展；我国将坚定不移奉行独立自主的和平外交政策，同国际社会一道致力于推动建立以相互尊重、公平正义、合作共赢为核心的新型国际关系。 价值目标：通过本章的学习和训练，能使学生掌握我国外交和国际战略理论的形成依据，支持中国实施互利共赢的开放战略和构建和谐世界的主张，提高中国坚持走和平发展的道路、坚持反对霸权主义、维护世界和平的决心和信心。 能力目标：通过演讲，使学生认清尽管世界局势纷繁复杂，但和平与发展仍是当今世界的时代主题；切身体会到“一带一路”建设顺应时代潮流，适应发展规律，符合各国人民利益；构建人类命运共同体既是中国外交的崇高目标，也是世界各国的共同责任和历史使命。

本章 教材分析	中国特色大国外交是本书的第十三章。教材首先阐述了习近平外交思想的核心要义，并论述了维护世界和平、促进共同发展是中国外交政策的宗旨。中国将坚定不移奉行独立自主的和平外交政策，同国际社会一道致力于推动建立相互尊重、公平正义、合作共赢为核心的新型国际关系。 上好这一课，必须解决四个问题：一是坚持独立自主的和平外交政策。坚持从我国的实际情况出发，依靠自己的力量，同各国友好相处，不容许任何国家和集团损害我国的尊严、主权、独立和安全；坚持从我国人民和世界人民的根本利益出发，对于一切国际事务，都根据事情本身的是非曲直来决定自己的立场和政策，不屈从于任何外来压力；坚持以和平共处五项原则作为指导国家间关系的基本准则，不以社会制度和意识形态的异同决定国家关系的亲疏。二是推动建立新型国际关系。维护世界和平、促进共同发展，是中国外交政策的宗旨。推动建设相互尊重、公平正义、合作共赢的新型国际关系，是党中央立足时代发展潮流和我国根本利益作出的战略选择，反映了中国人民和世界人民的共同心愿。三是“一带一路”倡议。提出“一带一路”倡议，旨在形成陆海内外联动、东西双向互济的开放格局，打造互联互通的全球伙伴网络，打造中国与世界的利益共同体、责任共同体、命运共同体，融通中国梦与世界梦。四是推动构建人类命运共同体。推动构建人类命运共同体，就是要各国人民同心协力，建设持久和平、普遍安全、共同繁荣、开放包容、清洁美丽的世界。
教学 重点难点	教学重点：习近平外交思想的核心要义；坚持和平发展道路的重要意义；构建人类命运共同体思想的内涵；“一带一路”倡议的内涵。 教学难点：如何把握习近平外交思想的核心要义；如何正确认识构建人类命运共同体思想的内涵；如何正确把握“一带一路”倡议是构建人类命运共同体重要平台。
教学设计	采用线上和线下混合式教学方法。本课程线上教学在中国大学 MOOC 平台。 线下教学专题：中国特色大国外交。 一、坚持习近平外交思想； 二、坚持和平发展道路； 三、推动构建人类命运共同体。

第二部分　教学转化

第一节　坚持习近平外交思想

一、新时代中国特色大国外交的指导思想——习近平外交思想

党的十八大以来，国内外形势发生了重大变化，以习近平同志为核心的党中央立足中国实际，顺应时代潮流，有效应对风云变幻的国际形势，提出了一系列富有中国特色、体现时代精神、引领人类发展进步的新理念新主张新倡议，形成了习近平外交思想，为新时代中国特色大国外交提供了根本遵循。

习近平外交思想以“十个坚持”为总体框架和核心要义，明确了新时代我国对外工作的历史使命、总目标和必须坚持的一系列方针原则，深刻揭示了新时代中国特色大国外交的本质要求、内在规律和前进方向。

“十个坚持”具体是以下十点。

第一，坚持以维护党中央权威为统领加强党对对外工作的集中统一领导。

这是做好对外工作的根本保证。办好中国的事情，关键在党。要在错综复杂的国际形势中始终掌握主动，必须坚持外交大权在党中央，坚决维护以习近平同志为核心的党中央权威和集中统一领导，确保令行禁止、步调统一。要加强对外工作的集中统一领导和统筹协调，调动各方面力量共同参与和推动国家总体外交，形成党总揽全局、协调各方的对外工作大协同局面。

第二，坚持以实现中华民族伟大复兴为使命推进中国特色大国外交。

这是新时代赋予对外工作的历史使命。做好新时代对外工作，要为全面深化改革和对外开放提供全方位、全覆盖、高质量的服务，为实现中华民族伟大复兴的中国梦营造良好外部环境、争取更多理解支持。要坚持贯彻以人民为中心的外交理念，将中国发展同世界发展更好地结合起来，为实现中国人民和世界人民对美好生活的向往而奋斗。

第三，坚持以维护世界和平、促进共同发展为宗旨推动构建人类命运共

同体。

这是新时代对外工作的总目标。构建人类命运共同体，需要各国齐心协力，建设持久和平、普遍安全、共同繁荣、开放包容、清洁美丽的世界，同时推动建设相互尊重、公平正义、合作共赢的新型国际关系，共同走国与国交往的新路。构建人类命运共同体是目标和方向，建设新型国际关系是前提和路径。

第四，坚持以中国特色社会主义为根本增强战略自信。

这是新时代对外工作必须遵循的根本要求。“四个自信”是我们的力量之源和信念之基，体现了新时代中国的国家意志、民族精神和国际形象。中国特色社会主义道路、理论、制度、文化不断发展，为解决人类问题贡献了中国智慧和中国方案。要始终高举中国特色社会主义伟大旗帜，坚定战略自信，这样对外工作就有了根和魂，中国特色大国外交之路就会越走越宽广。

第五，坚持以共商共建共享为原则推动“一带一路”建设。

这是我国今后相当长时期对外开放和对外合作的管总规划，也是人类命运共同体理念的重要实践平台。共建“一带一路”倡议源于中国，机遇和成果属于世界。要通过建设“一带一路”，加强同有关国家的政策沟通、设施联通、贸易畅通、资金融通、民心相通，使共商共建共享原则进一步转化为多赢共赢的合作成果。要弘扬“丝路精神”，同各国分享共同发展的机遇，开辟共同发展的前景。

第六，坚持以相互尊重、合作共赢为基础走和平发展道路。

这是中国外交必须长期坚持的基本原则。坚持独立自主的和平外交政策，始终不渝走和平发展道路，始终不渝奉行互利共赢的开放战略，这是我们根据自身国情和根本利益作出的战略抉择。和平需要相互尊重，发展需要合作共赢。中国坚持走和平发展道路，其他国家也要一起走和平发展道路。要始终做世界和平的建设者、全球发展的贡献者、国际秩序的维护者。

第七，坚持以深化外交布局为依托打造全球伙伴关系。

这是新时代中国外交的重要内涵。要以推进大国协调与合作构建总体稳定、均衡发展的大国关系框架，按照亲诚惠容理念和与邻为善、以邻为伴周边外交方针加强同周边国家睦邻友好关系，秉持正确义利观和真实亲诚理念增进与发展中国家团结合作，积极做好多边外交工作，不断深化和完善外交布局。要打造全方位、多层次、立体化的全球伙伴关系网络，形成遍布全球的“朋友圈”。

第八，坚持以公平正义为理念引领全球治理体系改革。

这是新时代中国外交的重要努力方向。全球治理体系正处在深刻演变的重要阶段，全球治理日益成为我国对外工作的前沿和关键问题。要抓住契机，勇担重任，积极参与全球治理体系改革和建设，倡导国际关系民主化和法治化，支持联合国发挥积极作用，促进提高发展中国家在国际事务中的代表性和发言权，积极推动构建更加平衡、反映大多数国家意愿和利益的全球治理体系。

第九，坚持以国家核心利益为底线维护国家主权、安全、发展利益。

这是对外工作的出发点和落脚点。必须坚决维护中国共产党领导和中国特色社会主义制度，坚决捍卫国家主权、安全、领土完整，坚决遏制和打击一切形式的分裂行径，积极保障经济金融安全，有效维护海外利益。要不断丰富和发展维护国家利益的方式手段，有效防范和化解各种风险挑战，为改革发展和民族复兴保驾护航。

第十，坚持以对外工作优良传统和时代特征相结合为方向塑造中国外交独特风范。

这是中国外交的精神标识。中华民族是爱好和平的民族，具有坚韧不拔的精神品质和天下为公的世界情怀。新中国成立以来，我们形成了以独立自主、和平发展、合作共赢为鲜明特色的外交传统。进入新时代，对外工作展现出与时俱进、奋发有为、开拓进取的崭新风貌，形成了一整套行之有效的战略思想和策略方法。要弘扬优良传统，不断丰富发展外交方略，把中国特色大国外交推向更高境界。

上述是习近平外交思想的核心要义。习近平外交思想是习近平新时代中国特色社会主义思想的重要组成部分，是马克思主义基本原理同新时代中国特色大国外交实践相结合的重大理论结晶，是以习近平同志为核心的党中央治国理政思想在外交领域的集中体现，是新时代我国对外工作的根本遵循和行动指南。

二、新时代中国特色大国外交的布局

中国以周边和大国为重点，以发展中国家为基础，以多边为舞台，以深化务实合作、加强政治互信、夯实社会基础、完善机制建设为渠道，全面发展同各国友好合作，不断完善我国全方位、多层次、立体化的外交布局，打造覆盖全球的“朋友圈”。

积极运筹大国关系，推动构建总体稳定、均衡发展的大国关系框架，携手共促世界和平发展。大国是影响世界的决定性力量。保持与大国关系的总体稳定，对于我国深化全方位对外合作、维护良好外部环境至关重要。党的十八大以来，我国着力运筹同主要大国关系。一是深入发展中俄新时代全面战略协作伙伴关系，保持中俄战略协作高水平。二是推动美方与中方相向而行，共同致力于构建不冲突不对抗、相互尊重、合作共赢的中美关系。三是共同打造中欧和平、增长、改革、文明四大伙伴关系。四是秉持开放包容、合作共赢精神，同金砖国家深化战略伙伴关系，巩固经贸财金、政治安全、人文交流“三轮驱动”合作架构，推动各领域务实合作不断深入，深化团结互信，增进人民福祉，拉紧利益和情感纽带。

做好周边外交工作，推动周边环境更加友好、更加有利。按照亲诚惠容理念和“与邻为善、以邻为伴”外交方针深化同周边国家的互利合作和互联互通，共同打造周边命运共同体；努力使周边国家同我国政治关系更加友好、经济纽带更加牢固、安全合作更加深化、人文联系更加紧密；坚持睦邻、安邻、富邻，维护周边和平稳定大局，决不允许在自己家门口生乱生事，决不接受中国的发展进程受到干扰和打断；着力深化互利共赢格局，利用好比较优势，找准同周边国家深化互利合作的战略契合点；着力推进同周边国家的安全合作，主动参与区域和次区域安全合作，深化有关合作机制，增进战略互信；巩固和扩大我国同周边国家关系长远发展的社会和民意基础。

深化同发展中国家的团结合作，推动形成携手共进、共同发展新局面。秉持真实亲诚理念加强同发展中国家团结合作，义利相兼、义重于利，把我国发展与广大发展中国家的共同发展紧密联系起来。政治上，秉持公道正义，坚持平等相待，遵守国际关系基本原则，反对霸权主义和强权政治，反对为一己之私损害他人利益、破坏地区和平稳定。经济上，坚持互利共赢、共同发展。当前，发展中国家有所分化，但它们仍是反对霸权主义、维护世界和平、推动国际政治经济秩序变革的中坚力量。中国努力同广大发展中国家加强合作，深化传统友谊，扩大务实合作，提供力所能及的援助，维护发展中国家的正当要求和共同利益。

第二节　坚持和平发展道路

建设中国特色社会主义需要一个稳定的国内环境，也需要一个和平的国际环境。制定和实施正确的国际战略和外交政策，对于争取和平的国际环境极为重要。当今世界，和平、发展、合作、共赢已经成为不可阻挡的时代潮流。

一、大国崛起新模式——和平发展道路

实现和平发展，是中国人民的真诚愿望和不懈追求。新中国成立 70 多年来特别是改革开放 40 多年来，中国成功地走上了一条与本国国情和时代特征相适应的和平发展道路。

和平发展道路归结起来就是：既通过维护世界和平发展自己，又通过自身发展维护世界和平；在强调依靠自身力量和改革创新实现发展的同时，坚持对外开放，学习借鉴别国长处；顺应经济全球化发展潮流，坚持与各国互利共赢共同发展；同国际社会一道努力，推动建立以合作共赢为核心的新型国际关系。

中国和平发展的道路，是一条统筹国内发展和对外开放的发展道路。中国是一个拥有 14 亿多人口、面临众多难题的最大的发展中国家。中国要发展振兴需要很多代人的努力奋斗。在这一历史进程中，需要稳定的国内环境，也需要和平的国际环境。为此必须高举和平、发展、合作、共赢的旗帜，坚定不移地走和平发展道路，积极争取和平稳定的国际环境、睦邻友好的周边环境、

平等互利的合作环境、互信协作的安全环境、客观友善的舆论环境。

中国和平发展的道路，是一条勇于参与经济全球化而又坚持广泛合作、互利共赢的发展道路。中国实行对内改革从一开始就是同对外开放联系在一起的。中国勇敢地参与国际经济技术合作和竞争，获得了资金、先进技术、管理经验和各种人才，从而极大地增强了发展的优势。在实行对外开放的同时，坚持独立自主、自力更生。中国不仅致力于自身发展，也强调对世界的责任和贡献。

走和平发展道路，是对中华民族优秀文化传统的传承和发展，也是中国人民从近代以来的苦难遭遇中得出的必然结论。中华民族是爱好和平的民族。中国的先人早就知道“国虽大，好战必亡”。自古以来，中华民族就积极开展对外交往通商，而不是对外侵略扩张；执着于保家卫国的爱国主义，而不是开疆拓土的殖民主义。2100 多年前，中国人就开通了丝绸之路，推动东西方平等开展文明交流，留下了互利合作的足迹，沿路各国人民均受益匪浅。600 多年前，中国的郑和率领当时世界上最强大的船队 7 次远航太平洋和西印度洋，到访了 30 多个国家和地区，没有占领一寸土地，播撒了和平友谊的种子，留下的是同沿途人民友好交往和文明传播的佳话。中国近代史，是一部充满灾难、落后挨打的悲惨屈辱史，是一部中华民族抵抗外来侵略、实现民族独立的伟大斗争史。历经苦难的中国人民珍惜和平，绝不会将自己曾经遭受过的悲惨经历强加给其他民族。中国人民不接受“国强必霸”的逻辑，愿意同世界各国人民和睦相处、和谐发展，共谋和平、共护和平、共享和平。

走和平发展道路，是基于新中国 70 多年历史经验总结和未来发展的需要。和平发展道路来之不易，是新中国成立以后特别是改革开放以来，我们党经过艰辛探索和不断实践逐步形成的。我们党始终高举和平的旗帜，从来没有动摇过。在长期实践中，我们提出和坚持了和平共处五项原则，确立奉行了独立自主的和平外交政策，向世界作出了永远不称霸、永远不搞扩张的庄严承诺，强调中国始终是维护世界和平的坚定力量。这些我们必须始终不渝坚持下去，永远不能动摇。党的十八大之后，党又在“两个一百年”目标的基础上，提出了实现中华民族伟大复兴的中国梦的奋斗目标。实现我们的奋斗目标，必须有和平的国际环境。没有和平，中国和世界都不可能顺利发展；没有发展，中国和世界也不可能有持久和平。我们一定要集中精力把自己的事情办好，使国家更加富强，使人民更加富裕，依靠不断发展起来的力量更好走和平发展道路。

走和平发展道路，是基于当今世界发展潮流的必然选择。纵观世界历史，依靠武力对外侵略扩张最终都是要失败的。这就是历史规律。世界繁荣稳定是中国的机遇，中国发展也是世界的机遇。和平发展道路能不能走得通，很大程度上要看我们能不能把世界的机遇转变为中国的机遇，把中国的机遇转变为世界的机遇，在中国与世界各国良性互动、互利共赢中开拓前进。我们要坚持从我国实际出发，坚定不移走自己的路，同时我们要树立世界眼光，更好地把国内发展与对外开放统一起来，把中国发展与世界发展联系起来，把中国人民利益同各国人民共同利益结合起来，不断扩大同各国的互利合作，以更加积极的姿态参与国际事务，共同应对全球性挑战，努力为全球发展作出贡献。

中国坚持走和平发展道路，但决不能放弃我国的正当权益，决不能牺牲国家核心利益。任何国家不要指望我们会拿自己的核心利益做交易，不要指望我们会吞下损害我国主权、安全、发展利益的苦果。中国走和平发展道路，其他国家也要走和平发展道路，只有各国都走和平发展道路，各国才能共同发展，国与国才能和平相处。

和平发展道路是中国立足本国国情探索出的一条新型发展道路，随着时间的推移，这条道路已经并将进一步显示出其世界意义。

中国和平发展打破了“国强必霸”的大国崛起传统模式，避免了那种建立殖民体系、争夺势力范围、对外武力扩张的资本主义发展的老路。中国强大了，也坚决反对各种形式的霸权主义和强权政治，不干涉别国内政，永远不称霸，永远不搞扩张。中国是维护世界和平的一支重要力量。

中国走和平发展道路，带给世界的是更多机遇。中国坚持把本国人民利益同各国人民共同利益结合起来，以更加积极的姿态参与国际事务，发挥负责任大国作用，共同应对全球性挑战。随着国力不断增强，中国必将在力所能及范围内承担更多国际责任和义务。中国发展壮大，不仅造福中国人民，而且造福各国人民。中国的和平发展是世界的机遇。

中国走和平发展道路，将推动国际力量对比朝着相对均衡的方向发展，引导国际格局演变和国际体系变革。一个繁荣发展的中国，一个民主法治的中国，一个和谐稳定的中国，必将为人类和平与发展作出更大贡献。

二、维护世界和平的战略选择——推动建立新型国际关系

维护世界和平、促进共同发展，是中国外交政策的宗旨。推动建设相互尊重、公平正义、合作共赢的新型国际关系，是党中央立足时代发展潮流和我国根本利益作出的战略选择，反映了中国人民和世界人民的共同心愿。新型国际关系，“新”在相互尊重，“新”在公平正义，特别是“新”在合作共赢。合作共赢强调把本国利益同各国共同利益结合起来，努力扩大各方共同利益的汇合点，积极树立双赢、多赢、共赢的新理念，摒弃赢者通吃的旧思维。和平而不是战争，合作而不是对抗，共赢而不是零和，才是人类社会和平、进步、发展的永恒主题。

推动建立新型国际关系，要坚决维护国家核心利益。中国始终把坚决维护国家主权、安全、发展利益作为外交工作的基本出发点和落脚点，稳妥应对涉我领土主权和海洋权益争端，坚决维护国家的领土主权。坚决在国际上遏制“台独”“藏独”“东突”等分裂势力的破坏活动，防范国际暴力恐怖活动向境内渗透，维护国家主权和安全。

推动建立新型国际关系，要在和平共处五项原则基础上发展同世界各国的友好合作。要按照大国是关键、周边是首要、发展中国家是基础、多边是舞台的外交工作布局，发展与各国的友好关系。

推动建立新型国际关系，要积极参与全球治理体系改革和建设。中国秉持共商共建共享的全球治理观，倡导国际关系民主化，坚持国家不分大小、强弱、贫富一律平等，支持扩大发展中国家在国际事务中的代表性和发言权。

推动建立新型国际关系，要加强涉外法律工作，完善涉外法律法规体系。

推动建立新型国际关系，还要把相互尊重、公平正义、合作共赢理念体现到政治、经济、安全、文化等对外合作的方方面面，推动构建人类命运共同体。

第三节 推动构建人类命运共同体

一、构建和谐世界的中国方案——构建人类命运共同体

构建人类命运共同体，是习近平新时代中国特色社会主义思想的重要组成部分，是习近平总书记着眼人类发展和世界前途提出的中国理念、中国方案，是新时代中国外交树立起来的一面旗帜。中国共产党的十九大报告把坚持推动构建人类命运共同体作为新时代坚持和发展中国特色社会主义的基本方略之一，并写入新修改的《中国共产党章程》。推动构建人类命运共同体，是对五千年中华优秀传统文化的弘扬创新，是对新中国 70 多年外交优良传统的继承发展，是对党的十八大以来我国波澜壮阔外交实践的提炼升华，体现了中国将自身发展与世界发展相统一的全球视野、世界胸怀和大国担当。

构建人类命运共同体思想，是一个科学完整、内涵丰富、意义深远的思想体系，其核心就是“建设持久和平、普遍安全、共同繁荣、开放包容、清洁美丽的世界”。这反映了人类社会共同价值追求，汇聚了世界各国人民对和平、发展、繁荣向往的最大公约数，为人类社会实现共同发展、持续繁荣、长治久安绘制了蓝图，指明了前进方向，对中国和平发展、世界繁荣进步都具有重大而深远的意义。

推动建设相互尊重、公平正义、合作共赢的新型国际关系，是构建人类命运共同体的基本路径。构建新型国际关系，就是要倡导各国秉持相互尊重原则，共同追求国际关系和国际秩序的公平正义，携手合作、同舟共济、互利共赢。相互尊重是前提，公平正义是准则，合作共赢是目标。构建新型国际关系的实质，就是要走出一条国与国交往的新路，为构建人类命运共同体开辟道路、积累条件。

推动构建人类命运共同体，必须积极发展全球伙伴关系，扩大同各国的利益交汇点。以周边和大国为重点，以发展中国家为基础，以多边为舞台，以深化务实合作、加强政治互信、夯实社会基础、完善机制建设为渠道，全面发

展同各国友好合作，不断完善我国全方位、多层次、立体化的外交布局，打造覆盖全球的“朋友圈”，与各国人民结伴而行、共创美好未来。

推进大国协调和合作，构建总体稳定、均衡发展的大国关系框架。大国之间相处，要不冲突、不对抗、相互尊重、合作共赢。中俄互为最主要、最重要的战略协作伙伴，两国关系在各自外交全局和对外政策中都占据优先地位，两国要巩固战略和政治互信，增强在涉及对方核心利益问题上的相互支持；扩大务实合作，深化人文交流；密切在国际和地区事务中的协调和配合，维护世界和平、安全、稳定。中美两国作为世界前两大经济体，在维护世界和平稳定、促进全球发展繁荣方面肩负着特殊的重要责任。发展长期健康稳定的中美关系，符合两国人民根本利益，也是国际社会的普遍期待。当前中美关系正处在新的历史起点上，已经变成“你中有我，我中有你”的利益共同体。本着相互尊重、互利互惠的原则，聚焦合作、管控分歧，确保中美关系长期稳定健康发展。欧洲是多极化世界的重要一极，是中国的全面战略伙伴。要从战略高度看待中欧关系，将中欧两大力量、两大市场、两大文明结合起来，共同打造中欧和平、增长、改革、文明四大伙伴关系，提升中欧全面战略伙伴关系的全球影响力，为世界发展繁荣作出更大贡献。全面深化金砖伙伴关系，致力于推进经济务实合作，致力于加强发展战略对接，致力于推动国际秩序朝更加公正合理方向发展，致力于促进人文民间交流，开启金砖合作第二个“金色十年”。

推动构建人类命运共同体，必须积极参与全球治理体系改革和建设。习近平总书记指出：“中国秉持共商共建共享的全球治理观，倡导国际关系民主化，坚持国家不分大小、强弱、贫富一律平等，支持联合国发挥积极作用，支持扩大发展中国家在国际事务中的代表性和发言权。中国将继续发挥负责任大国作用，积极参与全球治理体系改革和建设，不断贡献中国智慧和力量。”

当前世界各国相互联系和依存日益加深，现行全球治理体系跟不上时代发展、不适应现实需要的地方越来越多，国际社会对变革全球治理体系的呼声越来越高。推动全球治理体系朝着更加公正合理有效的方向发展，符合世界各国的普遍需求。

推动全球治理体系变革是国际社会大家的事，要坚持共商共建共享原则，使关于全球治理体系变革的主张转化为各方共识，形成一致行动。习近平总书记指出："什么样的国际秩序和全球治理体系对世界好、对世界各国人民好，要由各国人民商量，不能由一家说了算，不能由少数人说了算。"推进全球治理体系变革并不是推倒重来，也不是另起炉灶，而是创新完善，使全球治理体系更好地反映国际格局的变化，更加平衡地反映大多数国家特别是新兴市场国家和发展中国家的意愿和利益。坚定维护以联合国宪章宗旨和原则为核心的国际秩序和国际体系，维护和巩固第二次世界大战胜利成果，积极维护开放型世界经济体制，提高国际法在全球治理中的地位和作用，推动建设和完善区域合作机制，加强国际社会应对资源能源安全、粮食安全、网络安全，应对气候变化，打击恐怖主义，防范重大传染性疾病等全球性挑战的能力。

全球经济治理是全球治理体系的重要内容。全球经济增长动能不足，贫富差距、南北差距问题更加突出，变革全球经济治理体系是大势所趋。必须坚持与时俱进，建设公正合理的全球经济治理模式。要以平等为基础，更好反映世界经济格局新现实，增加新兴市场国家和发展中国家代表性和发言权，确保各国在国际经济合作中权利平等、机会平等、规则平等。以开放为导向，坚持理念、政策、机制开放，适应形势变化，广纳良言，充分听取社会各界建议和诉求，鼓励各方积极参与和融入，不搞排他性安排，防止治理机制封闭化和规则碎片化。以合作为动力，加强沟通和协调，照顾彼此利益关切，共商规则，共建机制，共迎挑战。以共享为目标，提倡所有人参与，所有人受益，不搞一家独大或者赢者通吃，而是寻求利益共享，实现共赢目标。

构建人类命运共同体思想顺应了历史潮流，回应了时代要求，凝聚了各国共识，为人类社会实现共同发展、持续繁荣、长治久安绘制了蓝图。这一思想继承和发展了新中国不同时期重大外交思想和主张，反映了中外优秀文化和全人类共同价值追求，适应了新时代中国与世界关系的历史性变化，成为中国引领时代潮流和人类文明进步方向的鲜明旗帜，对中国的和平发展、世界的繁荣进步都具有重大和深远的意义。新时代的中国将同世界各国携手合作，努力建设持久和平、普遍安全、共同繁荣、开放包容、清洁美丽的世界。

二、促进国际合作的中国方案——“一带一路”

2013 年 9 月 7 日，国家主席习近平在哈萨克斯坦纳扎尔巴耶夫大学发表演讲，提出了共同建设“丝绸之路经济带”的畅想。同年 10 月 3 日，习近平在印度尼西亚国会发表演讲，提出共同建设“21 世纪海上丝绸之路”。这二者共同构成了“一带一路”重大倡议。“一带一路”就是“丝绸之路经济带”和“21 世纪海上丝绸之路”的简称。“一带一路”旨在借用古代丝绸之路的历史符号，高举和平发展的旗帜，积极发展与沿线国家的经济合作伙伴关系，共同打造政治互信、经济融合、文化包容的利益共同体、命运共同体和责任共同体。

“一带一路”倡议，唤起了沿线国家的历史记忆。古代丝绸之路是一条贸易之路，更是一条友谊之路。在中华民族同其他民族的友好交往中，逐步形成了以和平合作、开放包容、互学互鉴、互利共赢为特征的丝绸之路精神。在新的历史条件下，我们提出“一带一路”倡议，就是要继承和发扬丝绸之路精神，把我国发展同沿线国家发展结合起来，把中国梦同沿线各国人民的梦想结合起来，赋予古代丝绸之路以全新的时代内涵。

（一）人文基础

“一带一路”贯穿欧亚大陆，东边连接亚太经济圈，西边进入欧洲经济圈。无论是发展经济、改善民生，还是应对危机、加快调整，许多沿线国家同我国有着共同利益。历史上，陆上丝绸之路和海上丝绸之路就是我国同中亚、东南亚、南亚、西亚、东非、欧洲经贸和文化交流的大通道，“一带一路”倡议是对古丝绸之路的传承和提升，获得了广泛认同。

人文交流合作也是“一带一路”建设的重要内容。真正要建成“一带一路”，必须在沿线国家民众中形成一个相互欣赏、相互理解、相互尊重的人文格局。民心相通是“一带一路”建设的重要内容，也是“一带一路”建设的人文基础。要坚持经济合作和人文交流共同推进，注重在人文领域精耕细作，尊重各国人民文化历史、风俗习惯，加强同沿线国家人民的友好往来，为“一带一路”建设打下广泛社会基础。

（二）时代要求

“一带一路”倡议提出来后，一石激起千层浪，外界反响很大，各方都在响应。各方之所以反应强烈，主要是因为这个倡议顺应了时代要求和各国加快发展的愿望，具有深厚历史渊源和人文基础。从我们自己的情况来看，这个倡议符合我国经济发展内生性要求，也有助于带动我国边疆民族地区发展。

我国是“一带一路”的倡导者和推动者，但建设“一带一路”不是我们一家的事。“一带一路”建设不应仅仅着眼于我国自身发展，而是要以我国发展为契机，让更多国家搭上我国发展快车，帮助他们实现发展目标。我们要在发展自身利益的同时，更多考虑和照顾其他国家利益。要坚持正确义利观，以义为先、义利并举，不急功近利，不搞短期行为。

（三）丰富内涵

“一带一路”倡议顺应时代潮流，适应发展规律，符合各国人民利益，具有广阔前景。要把“一带一路”真正打造成一条和平之路、繁荣之路、开放之路、创新之路和文明之路。

“一带一路”是和平之路。古丝绸之路，和时兴，战时衰。“一带一路”建设离不开和平安宁的环境。习近平总书记指出，古丝绸之路沿线地区曾经是“流淌着牛奶与蜂蜜的地方”，如今很多地方却成了冲突动荡和危机挑战的代名词。这种状况不能再持续下去。沿线各国应该尊重彼此主权、尊严、领土完整，尊重彼此发展道路和社会制度，尊重彼此核心利益和重大关切。要树立共同、综合、合作、可持续的新安全观，营造共建共享的安全格局。要着力化解热点，坚持政治解决；要着力斡旋调解，坚持公道正义；要着力推进反恐，标本兼治，消除贫困落后和社会不公。

“一带一路”是繁荣之路。发展是解决一切问题的总钥匙。推进“一带一路”建设，应聚焦发展这个根本性问题，释放各国发展潜力，实现经济大融合、发展大联动、成果大共享。要深入开展产业合作，推动各国产业发展规划相互兼容、相互促进，抓好大项目建设，加强国际产能和装备制造合作，抓住新工业革命的发展新机遇，培育新业态，保持经济增长活力。要建立稳定、可持续、风险可控的金融保障体系，创新投资和融资模式，推广政府和社会资本合作，建设多元化融资体系和多层次资本市场，发展普惠金融，完善金融服务网络。要加强互联互通合作，大力推进基础设施“硬联通”和政策规则标准“软联通”。

“一带一路”是开放之路。对一个国家而言，开放如同破茧成蝶，虽会经历一时阵痛，但将换来新生。共建“一带一路”倡议源于中国，但机会和成果属于世界，中国不打地缘博弈小算盘，不搞封闭排他小圈子，不做凌驾于人的强买强卖。“一带一路”建设以开放为导向，解决经济增长和平衡问题。结合自身国情，积极发展开放型经济，参与全球治理和公共产品供给，携手构建广泛的利益共同体。要有“向外看”的胸怀，维护多边贸易体制，推动自由贸易区建设，促进贸易和投资自由化便利化。着力解决发展失衡、治理困境、数字鸿沟、分配差距等问题，建设开放、包容、普惠、平衡、共赢的经济全球化。

“一带一路”是创新之路。创新是推动发展的重要力量。“一带一路”建设本身就是一个创举，搞好“一带一路”建设也要向创新要动力。坚持创新驱动发展，加强在数字经济、人工智能、纳米技术、量子计算机等前沿领域合作，推动大数据、云计算、智慧城市建设，连接成21世纪的数字丝绸之路。促进科技同产业、科技同金融深度融合，优化创新环境，集聚创新资源。我们要为互联网时代的各国青年打造创业空间、创业工场，成就未来一代的青春梦想。践行绿色发展的新理念，倡导绿色、低碳、循环、可持续的生产生活方式，加强生态环保合作，建设生态文明，共同实现联合国2030年可持续发展目标。

“一带一路”是文明之路。“国之交在于民相亲，民相亲在于心相通。”“一带一路”建设以文明交流超越文明隔阂、文明互鉴超越文明冲突、文明共存超越文明优越，推动各国相互理解、相互尊重、相互信任。建立多层次人文合作机制，搭建更多合作平台，开辟更多合作渠道。在文化、体育、卫生领域，要创新合作模式，推动务实项目。加强各国议会、政党、智库、民间组织往来和国际反腐合作，密切妇女、青年、残疾人等群体交流，促进包容发展。

第三部分　教学拓展

一、课后思考

1. 如何把握习近平外交思想的核心要义？

2. 如何推动建立以合作共赢为核心的新型国际关系？

3. 如何理解构建人类命运共同体思想的科学内涵？

二、备课参考

1. 习近平：《论坚持推动构建人类命运共同体》，中央文献出版社 2018 年版。

2.《习近平谈“一带一路”》，中央文献出版社 2018 年版。

3.《习近平关于中国特色大国外交论述摘编》，中央文献出版社 2020 年版。

三、实践活动

1. 主题演讲

内容：我国的外交战略。

目的：通过演讲，使学生认清尽管世界局势纷繁复杂，但和平与发展仍是当今世界的时代主题；切身体会到“一带一路”建设顺应时代潮流，适应发展规律，符合各国人民利益；构建人类命运共同体既是中国外交的崇高目标，也是世界各国的共同责任和历史使命。

操作：以小组为单位，指定组长 1 名；围绕我国外交战略积极讨论，撰写演讲稿；选派 1 人代表小组进行演讲，进行班级交流。

2. 校园调研

内容：大学生对我国外交战略认知状况调研。

目的：正确认识和平与发展仍然是当今时代的主题，加深对维护世界和平、促进共同发展是中国外交政策宗旨的理解。

操作：以小组为单位，进行问卷调查和个案访谈，撰写一篇关于大学生对我国外交战略认知状况的调查报告，字数不低于2000字，并在班级进行交流。

3. 合作学习

内容：中国特色大国外交。

目的：准确把握当今时代的主题和我国外交政策的宗旨，深入理解构建人类命运共同体思想的科学内涵。

操作：

（1）确定主题。确定合作学习的主题为中国特色大国外交。小组成员利用业余时间搜集相关资料，认真阅读，完成学习笔记。

（2）组员发言。小组成员依次发言，阐述自己对当今世界发展趋势的认识，重点是对当今时代主题和我国外交政策宗旨的理解。

（3）学习总结。总结合作学习成果，明确当今世界的发展趋势，促使学生准确把握维护世界和平、促进共同发展是我国外交政策的宗旨。

第十四章　坚持和加强党的领导

第一部分　教学概况

本章概述	本章主要包含了两个方面的内容：一、实现中华民族伟大复兴关键在党；二、坚持党对一切工作的领导。
学时安排	理论学时 2 学时（含课堂活动）
教学目的与教学目标	中国共产党面对新时代新挑战新要求，必须坚持和加强对一切工作的领导。风吹浪打何以闲庭信步，肩负使命如何不忘初心，始终做到“不要人夸颜色好，只留清气满乾坤”，坚持和加强党的领导就是战胜艰难险阻，不断取得胜利的制胜法宝。学习本章内容，有助于我们加深对党的认识，坚定在党的领导下为中国特色社会主义事业而奋斗的决心和信念。加强大学生对党的领导重要性的认识，坚定在党的领导下为中国特色社会主义事业而奋斗的决心和信念。 本章可将教学目标分为知识、价值、能力三个目标。 知识目标：通过本专题教学，使学生准确理解和把握中国共产党的领导地位是历史的必然，是人民的选择；党在新时代的历史使命；中国共产党领导是中国特色社会主义最本质的特征，是中国特色社会主义制度的最大优势；党是最高政治领导力量，勇于自我革命是我们党最鲜明品格；党的领导制度是我国的根本领导制度；党的政治建设是党的根本性建设，必须毫不动摇坚持党对一切工作的领导，全面增强党的执政本领，确保党始终总揽全局、协调各方等。 价值目标：通过上述问题的深入阐述和讲解让青年学生深刻理解和认识坚持党对一切工作的领导，是党和国家的根本所在、命脉所在，是全国各族人民的利益所系、幸福所系。 能力目标：通过演讲和讨论提升学生对教学内容的准确理解和把握能力。

本章 教材分析	“坚持和加强党的领导”是本书的第十四章。教材介绍了让青年学生准确理解和把握中国共产党的领导地位是历史的必然，是人民的选择；党在新时代的历史使命；中国共产党领导是中国特色社会主义最本质的特征，是中国特色社会主义制度的最大优势；党是最高政治领导力量，勇于自我革命是我们党最鲜明品格；党的政治建设是党的根本性建设，必须毫不动摇坚持党对一切工作的领导，全面增强党的执政本领，确保党始终总揽全局、协调各方等。 上好这一课，必须解决两个问题：一是讲清中国共产党的领导地位是历史和人民的选择。中国共产党的领导地位不是自封的，是历史和人民的选择，是由我国国体性质决定的，是由我国宪法明文规定的。二是讲清中国特色社会主义最本质的特征。中国共产党的领导是中国特色社会主义最本质的特征。这是由科学社会主义的理论逻辑所决定的，是由中国特色社会主义产生与发展的历史逻辑所决定的，是由中国特色社会主义迈向新征程的实践逻辑所决定的。党的领导是中国特色社会主义制度的最大优势。党的领导是中国特色社会主义制度优势发挥的根本保障，党的自身优势是中国特色社会主义制度优势的主要来源。通过上述问题的深入阐述和讲解让大学生深刻理解和认识坚持党对一切工作的领导，是党和国家的根本所在、命脉所在，是全国各族人民的利益所系、幸福所系。
教学 重点难点	教学重点：对增强“四个意识”——不忘初心砥砺前行；对中国共产党的领导——中国特色社会主义最本质特征的理解；对坚持党对一切工作的领导——树立鲜明的政治导向的认识；对提高党的执政能力——千秋伟业之根本。 教学难点：如何理解党在新时代的历史使命；如何理解党是最高政治领导力量；如何全面增强党的执政本领；如何理解自我革命是党最鲜明的品格。特别要说明的是，在教学过程中，要深入理解习近平在纪念改革开放 40 周年大会上的讲话精神，讲清楚要毫不动摇地把党建设得更加坚强有力，关键是中国共产党能够带领人民进行伟大的社会革命，也能够进行伟大的自我革命。

教学设计	采用线上和线下混合式教学方法。本课程线上教学在中国大学 MOOC 平台。 线下教学专题：坚持和加强党的领导。 一、如何以提高党的执政能力为重点，全面推进党的建设新的伟大工程？ 二、为什么要坚持党对一切工作的领导？ 三、如何正确认识党的建设面临的新课题新考验？

第二部分　教学转化

第一节　实现中华民族伟大复兴关键在党

一、中国特色社会主义最本质特征——中国共产党的领导

坚持党对一切工作的领导，“党政军民学，东西南北中，党是领导一切的”。习近平同志在党的十九大报告中明确作出的这一重大判断，是对面临新形势、新环境下的中国寻求新发展提出的根本要求。中国共产党是中国特色社会主义的领导核心，是社会主义现代化建设的根本保证。坚持党的领导必须加强和改善党的领导，全面提高党的建设科学化水平，全面从严治党。全面认识和把握中国特色社会主义最本质特征，需要注意以下两个问题，第一，中国特色社会主义最本质的特征是什么？第二，中国特色社会主义制度的最大优势是什么？

（一）党的领导是中国特色社会主义最本质的特征

中国共产党的领导是中国特色社会主义最本质的特征，这是十八大以来习近平提出的一个重要论断。这一论断符合科学社会主义的基本原则，反映中国特色社会主义的历史经验，适应新时代历史使命的实践要求。

第一，这是由科学社会主义的理论逻辑所决定的。坚持无产阶级政党的领导是无产阶级革命和社会主义建设取得胜利的根本保证。中国特色社会主义是科学社会主义基本原理同当代中国实践和时代特征相结合的产物，是植根于

当代中国的科学社会主义。坚持和发展中国特色社会主义，必须坚持中国共产党的领导。只有坚持中国共产党的领导，才能保证中国特色社会主义的性质和正确方向。

第二，这是由中国特色社会主义产生与发展的历史逻辑所决定的。中国特色社会主义不是从天上掉下来的，而是在改革开放 40 多年的伟大实践中得来的，是在中华人民共和国成立 70 多年的持续探索中得来的，是在我们党领导人民进行伟大社会革命 100 多年的实践中得来的，是党和人民历经千辛万苦、付出各种代价取得的宝贵成果。取得这一成果最根本的就是中国共产党的坚强领导。

第三，这是由中国特色社会主义迈向新征程的实践逻辑所决定的。实现中华民族伟大复兴，关键在党。要坚定走中国道路，把 14 亿多人口凝聚成中国力量，焕发出中国精神，实现“两个一百年”的奋斗目标，我们国家和民族必须有一个坚强的领导核心，这个领导核心就是中国共产党。现在我们踏上了决胜全面建成小康社会、分两步走到本世纪中叶建成社会主义现代化强国的新征程。要走好新时代的长征路，把新时代中国特色社会主义这篇大文章继续写好、写精彩，就要继续坚持中国共产党的领导。

十三届全国人大一次会议审议通过的宪法修正案，把“中国共产党的领导是中国特色社会主义最本质的特征”载入宪法总纲，以国家根本大法的形式强调党的领导在中国特色社会主义中的核心地位，使党的领导在国家运行机制和各项制度中具有更强的制度约束力和更高的法律效力，有利于把党的领导贯彻落实到国家政治生活和社会生活的各个领域，确保中国特色社会主义事业始终沿着正确轨道前进。

（二）党的领导是中国特色社会主义制度的最大优势

在新的历史条件下，广大人民的根本利益，从根本上说，就是要解放和发展生产力，实现国家的繁荣富强和人民的共同富裕，实现中华民族的伟大复兴。在中国能够团结和带领全国各族人民实现这个宏伟目标的政治力量，只有中国共产党。

第一，坚持中国现代化建设的正确方向需要党的领导。摆脱国家贫穷落后面貌，实现现代化和民族复兴，是中国人民的百年追求和梦想。近代中国历史反复证明，企图通过走资本主义道路使中国实现现代化，根本行不通。中国有句古语："橘生淮南则为橘，生于淮北则为枳。"这非常形象地说明，做任何事都要从实际出发，不能照抄照搬别人的做法。有人脱离中国国情，认为中国应该实行西方的多党制。这种观点在理论上是错误的，在实践上是有害的。只有坚持党的领导，走中国特色社会主义道路，才能保证现代化建设事业的正确方向，才能制定和执行正确的路线、方针、政策，保证现代化建设事业不断取得进步，最终实现中华民族的伟大复兴。

第二，维护国家统一、社会和谐稳定需要党的领导。没有国家统一和社会稳定，就没有国家的繁荣富强和人民的安居乐业。维护国家统一和社会稳定，历来是中国各族人民最关切的头等重要的大事。近代中国，深受外国入侵、军阀混战和政局动荡之害，中国人民对此刻骨铭心。在新世纪新阶段，党作为中国各族人民根本利益的忠实代表，以科学理论为指导，凭借其丰富的执政经验和驾驭全局的能力，统筹经济社会等各方面发展，努力构建社会主义和谐社会，能够维护国家统一和社会和谐稳定。

第三，正确处理各种矛盾，凝聚亿万人民力量，需要党的领导。中国幅员辽阔，人口众多，且城乡之间、地区之间发展不平衡，差异较大，面临着各种复杂的社会矛盾。面对新形势新任务，全面建成小康社会，进而建成富强民主文明和谐的社会主义现代化国家、实现中华民族伟大复兴的中国梦，必须在新的历史起点上全面深化改革。只有加强和改善党的领导，充分发挥党总揽全局、协调各方的领导核心作用，提高党的领导水平和执政能力，才能正确处理人民内部矛盾，顺利解决前进中的各种困难和问题，才能凝聚人心，汇聚力量，确保改革取得成功，共建美好未来。

第四，应对复杂国际环境需要党的领导。当前，经济全球化和世界多极化在曲折中发展，科学技术发展日新月异，综合国力的竞争日趋激烈，敌对势力仍然对我国实施西化、分化战略。在复杂的国际局势下，只有以坚强的政治核心把全国各族人民团结起来，才能保证我国真正走独立自主的和平发展道路。中国共产党就是这样一个能够把人民组织起来、团结起来走和平发展道路的政治核心。

团结凝聚全国各族人民，通过改革进一步解放和发展社会生产力，促进国民经济持续健康发展，实现社会主义现代化建设的宏伟目标，关键在党。党的领导、党的建设是经济建设和改革开放取得成功的根本保证。中国各族人民从亲身的经历中深切认识到这一点，坚定不移地选择了党的领导。

二、不忘初心砥砺前行——增强“四个意识”

时代是出卷人，党是答卷人。中国共产党面对新时代新挑战新要求，必须坚持和加强对一切工作的领导。风吹浪打何以闲庭信步，肩负使命如何不忘初心，始终做到“不要人夸颜色好，只留清气满乾坤”，坚持和加强党的领导就是战胜艰难险阻，不断取得胜利的制胜法宝。学习本章内容，有助于我们加深对党的认识，坚定在党的领导下为中国特色社会主义事业而奋斗的决心和信念。

全面认识和把握“四个意识”，需要我们了解它的深刻内涵。坚持党总揽全局、协调各方的领导核心地位，是党作为最高政治力量在治国理政中的重要体现。习近平形象地说，这就像“众星捧月”，这个“月”就是中国共产党。在国家治理体系的大棋局中，党中央是坐镇中军帐的“帅”，车马炮各展其长，一盘棋大局分明。各个领域、各个方面都必须自觉坚持党的领导，突出党的核心领导地位，发挥好领导核心作用。

十八届六中全会以来，党中央高屋建瓴，结合当下实际，提出了增强“政治意识、大局意识、核心意识、看齐意识”的理论。“四个意识”的提出，成为新的治国理政的指导思想，是全党全国人民在探索社会主义建设过程中的思想结晶和宝贵经验，也成为今后全国人民特别是党员干部行为举止的具体指导。

“政治意识”实际上是路线问题。我们党时刻清醒地认识到，党的领导地位和执政地位不是与生俱来的，也不是一劳永逸的，过去拥有不等于现在拥有，现在拥有不等于永远拥有。党在执政过程中必然要经历各种严峻的考验和挑战，因此必须不断加强和改善党的领导，不断加强和提高党自身的建设水平，全面从严治党，从而得到人民群众的衷心拥护，巩固和加强党的执政地位。所以，牢固树立政治意识，就是要坚定不移地围绕在党中央周围，信心十足地走社会主义道路，高扬社会主义旗帜，不断把社会主义建设的各项工作推向前进。

“大局意识”就是一切工作要有整体性。“不谋全局者不足以谋一域，不谋万世者不足以谋一时。”大局是站在全局和整体的高度对所有工作进行全盘性谋划的宏观战略，对局部工作具有统筹性作用，这就需要基层组织和个人要有自觉服从大局，坚决维护大局，主动靠近大局的精神，避免在工作中出现“另起炉灶”的不合理现象。从“农村包围城市”战略的成功经验，到抗日民族统一战线的巨大胜利，再到改革开放的瞩目成就，直至全面建成小康社会宏伟目标的构建，党始终站在国家、民族、社会的高度对各项工作进行整体布局，指引全国人民稳扎稳打，步步为营，实现了中华民族从“人为刀俎我为鱼肉”的被动挨打到“人民当家作主”的翻身。无数事实证明，只有以全局的思维统筹局部，将细枝末节的工作统归到全局中来，我们的事业才能取得预期效果。

“核心意识”实际上是确认我们事业的领导集体的问题。蛇无头不行，人无头不动。如果缺少了领导集体，所有工作都将是一盘散沙，毫无意义可言。北洋军阀时期，南北军阀各怀鬼胎，整个中国陷入风雨如晦的境地，国民党各个派系各自为战，对日战争中往往出现兵败如山倒的现象，究其原因，就是没有一个统一的领导集体。反观中国共产党，却在不断实践中调动一切能调动的力量团结奋战，带领全国人民实现了一次又一次的飞跃。牢固树立“核心意识”，就是要坚持中国共产党的领导，紧密团结在党中央周围，维护党中央权威，拥护党中央决策，将党中央的核心凝聚力充分辐射到社会工作的各个领域，画出一个又一个的同心圆，共同谱写中华民族伟大事业的五彩华章。

“看齐意识”实际上是行动指南。“步调一致才能得胜利。”回看历史，王明的“左”倾冒险主义错误，陈独秀的右倾投降主义错误，最终都酿成了严重后果，其原因就是没有与党中央保持一致性。由此足以见得“看齐意识”的重要性。从中我们也深刻地认识到，一切向党看，一心向中央，全国上下凝心聚力，才能形成四海八荒的战斗力，才能在攻坚克难的道路上越走越远。牢固树立“看齐意识”，就是我们的一切行动都必须要与中央的精神保持高度的一致性。中央的政策、方针要落地生根，造福于民，就需要基层组织和人员结合实际不折不扣地加以执行。

一切向前走，都不能忘记走过的路；走得再远、走到再光辉的未来，也不能忘记走过的过去，不能忘记为什么出发。面向未来，面对挑战，我们一定要不忘初心，继续前进。历史和现实都告诉我们，一场社会革命要取得最终胜利，往往需要一个漫长的历史过程。党的十八大以来，习近平站在新的历史高度，更加重视党的建设，他在上任伊始的中外记者见面会上，就态度鲜明地提出：“打铁还需自身硬。我们的责任，就是同全党同志一道，坚持党要管党、从严治党，切实解决自身存在的突出问题，切实改进工作作风，密切联系群众，使我们党始终成为中国特色社会主义事业的坚强领导核心。”

第二节　坚持党对一切工作的领导

一、树立鲜明的政治导向——坚持党对一切工作的领导

党要领导人民实现伟大梦想，建设现代化强国，那就必须承担起领导一切的历史任务。习近平总书记在党的十九大报告中，把“坚持党对一切工作的领导”作为新时代坚持和发展中国特色社会主义基本方略中的第一条，赋予这一重大政治原则新的时代内涵、引领方向与现实意义，指明了新时代党的建设的根本要求。

中国共产党的领导，是历史的选择，人民的选择。透过历史的轨迹，能够清晰看出只有中国共产党才能担当起引领民族复兴伟业的领导核心的重任。正如邓小平在《党和国家领导制度的改革》中所说：“在中国这样的大国，要把几亿人口的思想和力量统一起来建设社会主义，没有一个由具有高度觉悟性、纪律性和自我牺牲精神的党员组成的能够真正代表和团结人民群众的党，没有这样一个党的统一领导，是不可能设想的，那就只会四分五

裂，一事无成。”

第一，坚持党对一切工作的领导是应对国际国内形势发展的现实需要。当前，国内外形势正在发生深刻复杂的变化。从国际来看，世界经济复苏仍然乏力，局部冲突和动荡频发，全球性问题不断凸显，国际竞争在更深层次和更广泛的范围内展开。从国内来看，在新时代背景下，随着我国社会主要矛盾已经转化为人民日益增长的美好生活需要和不平衡不充分的发展之间的矛盾，社会发展的结构、动力、目标都会发生新的变化，各种社会思潮的交流交锋更加激烈，中国特色社会主义的未来发展将在更高层次和水平上运行。在这种背景下，亟须坚持党对一切工作的领导，最大限度凝聚社会共识，汇聚社会发展的正能量，共同应对发展过程中的困难和挑战。

第二，坚持党对一切工作的领导是对党领导革命、建设和改革历史经验的深刻总结。在新民主主义革命时期，毛泽东从大革命失败的教训中，确立把“支部建在连上”，确立了党指挥枪的原则，坚持了党对军队的领导。在社会主义建设时期，毛泽东明确指出：“领导我们事业的核心力量是中国共产党。”这就保证了完整的工业体系和国民经济体系初步建立，并取得了一系列重大工业、科技、教育成就。党的十八大以来，以习近平同志为核心的党中央强化了党的领导，带领全党全国人民解决了许多长期想解决而没有解决的难题，办成了许多过去想办而没有办成的大事，推动党和国家事业发生历史性变革。习近平深刻地把握历史的经验教训，指出：“只要我们深入了解中国近代史、中国现代史、中国革命史，就不难发现，如果没有中国共产党领导，我们的国家、我们的民族不可能取得今天这样的成就，也不可能具有今天这样的国际地位。在坚持党的领导这个重大原则问题上，我们脑子要特别清醒、眼睛要特别明亮、立场要特别坚定，绝不能有任何含糊和动摇。”

第三，坚持党对一切工作的领导是推进伟大事业的根本保证。党的建设和党领导的事业是统一的。党领导的事业越是伟大，就越要加强党的建设，就越要把党锻造为合格的最高政治领导力量。党的十九大描绘了决胜全面建成小康社会、夺取新时代中国特色社会主义伟大胜利的宏伟蓝图，进一步指明了党和国家事业的前进方向，为建设社会主义现代化强国、实现中华民族伟大复兴提供了行动纲领。要把宏伟蓝图变为现实，要把行动纲领落到实处，就要加强党中央权威和集中统一领导，把党的领导体现和落实到经济、政治、文化、社会、生态文明建设和国防军队、祖国统一、外交、党的建设等各个方面。

对中国共产党人来说，国家富强、民族复兴、人民幸福的重任在肩，越接近梦想，越需要保持艰苦奋斗、戒骄戒躁的作风，以时不我待、只争朝夕的精神，奋力走好新时代的长征路。

二、党的领导制度是我国的根本领导制度

党的领导制度是我国的根本领导制度。

“经国序民，正其制度。”2021 年 9 月 16 日出版的第 18 期《求是》杂志发表习近平总书记的重要文章《毫不动摇坚持和加强党的全面领导》中强调，中国最大的国情就是中国共产党的领导。没有中国共产党，就没有新中国，就没有中华民族伟大复兴。坚持中国共产党的领导和社会主义制度，在这一点上，必须理直气壮、旗帜鲜明。坚持和完善党的领导制度体系，是党的十九届四中全会作出的重要安排，是从制度建设层面坚持和加强党的全面领导的战略举措。习近平总书记强调：“党的领导制度是我国的根本领导制度。”

全面认识和理解党的领导制度，需要我们了解它的深刻内涵。

习近平总书记在庆祝中国共产党成立 100 周年大会上的重要讲话中提出，“我们要用历史映照现实、远观未来，从中国共产党的百年奋斗中看清楚过去我们为什么能够成功、弄明白未来我们怎样才能继续成功”。把党的领导制度明确为我国的根本领导制度，这是我们党从坚持和完善中国特色社会主义制度的高度，确定党的领导制度在我国国家制度和国家治理体系中关乎长远、关乎全局的地位和作用，抓住了制度建设和国家治理的关键和根本。

第一，党的领导制度是经过革命、建设、改革长期实践探索形成的根本制度成果。早在新民主主义革命时期，我们党就逐步探索建立了党的领导制度。古田会议确立了党对军队的绝对领导这一根本原则。新中国成立后，1954 年宪法以根本大法形式将党的领导融入国家制度，为大规模开展社会主义建设提供了坚强政治保证。党的十八大以来，以习近平同志为核心的党中央高度重

视制度建设，把制度建设摆在更加重要的位置，贯穿党的领导和党的建设全过程。十九大把“党是领导一切的”写进党章。十九届四中全会进一步将党的领导制度明确为我国根本领导制度，强调要坚持和完善党的领导制度体系，把党的领导落实到国家治理各领域各方面各环节。

第二，党的领导制度是一个系统完备、内涵丰富的制度体系，主要涵盖了六个方面的制度。包括建立不忘初心、牢记使命的制度；完善坚定维护党中央权威和集中统一领导的各项制度；健全党的全面领导制度；健全为人民执政、靠人民执政各项制度；健全提高党的执政能力和领导水平制度；完善全面从严治党制度。这些制度彼此支撑、相互联系，共同构筑了党的领导制度体系，是坚持和加强党对一切工作领导的根本制度保障。

第三，党的领导制度是我国的根本领导制度，这是由党的领导在我国政治生活中的地位和作用所决定的。“万物得其本者生，百事得其道者成。”党的领导制度在国家制度体系中的统领地位，是党的核心领导地位的必然反映、内在要求。中国最大的国情就是中国共产党的领导。什么是中国特色？这就是中国特色。中国共产党领导的制度是我们自己的，不是从哪里克隆来的，也不是亦步亦趋效仿别人的。无论我们吸收了什么有益的东西，最后都要本土化。

第四，把党的领导制度作为我国的根本领导制度，彰显了我们党的高度制度自觉、制度自信。这次抗疫斗争伊始，党中央就号召全党，让党旗在防控疫情斗争第一线高高飘扬，充分体现了中国共产党人的担当和风骨！在抗疫斗争中，广大共产党员不忘初心、牢记使命，充分发挥先锋模范作用，25000多名优秀分子在火线上宣誓入党。正是因为有中国共产党领导、有全国各族人民对中国共产党的拥护和支持，中国才能创造出世所罕见的经济快速发展奇迹和社会长期稳定奇迹，我们才能成功战洪水、防“非典”、抗地震、化危机、应变局，才能打赢这次抗疫斗争。我们必须坚持以习近平新时代中国特色社会主义思想为指导，把党的领导制度这一根本领导制度建设好、完善好，以此统领中国特色社会主义制度体系。要始终坚持党的领导，完善党的领导制度体系，把党的领导这一最大优势全方位体现到国家治理的方方面面，有效转化为国家治理优势。

党的领导制度是我国的根本领导制度。办好中国的事情，关键在党。当前国内外环境发生深刻变化，全面深化改革任务艰巨。党的执政能力和领导水平如何，直接决定和影响治国理政的能力和成效。习近平总书记明确指出，“我们党既要政治过硬，也要本领高强”。所以，要提高党把方向、谋大局、定政策、促改革的能力和定力，全面增强党的执政本领，确保党始终总揽全局、协调各方。

三、千秋伟业之根本——提高党的执政能力

执政能力建设是党执政后的一项根本性建设。新中国成立前夕，毛泽东把执政比作“进京赶考”，从作风和本领两方面提出了党的执政问题。在领导社会主义改造和建设的过程中，党的执政能力和执政水平不断提高，执政地位不断巩固，积累了宝贵的经验，也留下了深刻的教训。改革开放以来，党根据新时期的历史任务和面临的挑战考验，更加深刻认识到加强执政能力建设的极端重要性，不断改革党的领导方式和执政方式。

全面认识和把握提高党的执政能力，需要注意以下两个问题：第一，如何加强党的执政能力建设？第二，如何全面增强党的执政本领？

（一）加强党的执政能力建设

党的执政能力就是党治国理政的本领，具体来说，就是指党提出和运用正确的理论、路线、方针、政策和策略，领导制定和实施宪法和法律，采取科学的领导制度和领导方式，动员和组织人民依法管理国家和社会事务、经济和文化事业，有效治党治国治军，建设社会主义现代化国家的本领。

2004 年 9 月，党的十六届四中全会专门就加强党的执政能力建设作出决定，进行全面部署，明确提出按照推动社会主义物质文明、政治文明、精神文明协调发展的要求，不断提高驾驭社会主义市场经济的能力、发展社会主义民主政治的能力、建设社会主义先进文化的能力、构建社会主义和谐社会的能力、应对国际局势和处理国际事务的能力。十八大提出了把党建设成为学习型、服务型、创新型的马克思主义执政党的战略目标。十八大以来，党提出全面深化改革，完善和发展中国特色社会主义制度，推进国家治理体系和治理能

力现代化；全面依法治国，推进法治国家、法治政府、法治社会的一体建设；全面从严治党，提高治党管党水平，从而把党的执政能力建设推进到一个新的阶段。

习近平强调指出，全党要增强紧迫感和责任感，牢牢把握党的建设总要求，不断提高党的领导水平和执政水平、提高拒腐防变和抵御风险能力，使我们党在世界形势深刻变化的历史进程中始终走在时代前列，在应对国内外各种风险和考验的历史进程中始终成为全国人民的主心骨，在坚持和发展中国特色社会主义的历史进程中始终成为坚强领导核心。

（二）全面增强党的执政本领

中国共产党是世界上最大的政党，要领导14亿多人的社会主义大国，我们党既要政治过硬，也要本领高强。

一是增强学习本领。学习是事业进步的阶梯。面对新时代新使命，必须在全党营造善于学习、勇于实践的浓厚氛围，建设马克思主义学习型政党，推动建设学习大国。

二是增强政治领导本领。要坚持战略思维、创新思维、辩证思维、法治思维、底线思维，科学制定和坚决执行党的路线方针政策，把党总揽全局、协调各方落到实处。

三是增强改革创新本领。各级党组织和广大党员要保持锐意进取的精神风貌，进一步解放思想、与时俱进，做到登高望远、居安思危，勇于变革、勇于创新、永不僵化、永不停滞；善于运用互联网技术和信息化手段开展工作，真正过好互联网这一关，不断提高信息化条件下党的执政能力和领导水平。

四是增强科学发展本领。要坚定不移贯彻创新、协调、绿色、开放、共享的发展理念，统筹推进“五位一体”总体布局，协调推进“四个全面”战略布局，不断增强我国经济创新力和竞争力，不断开创发展新局面。

五是增强依法执政本领。依法执政是新的历史条件下党执政的基本方式。坚持依法治国与依规治党统筹推进、一体建设，坚持依法治国与依规治党有机统一，不断提升制度执行力。要加强和改善党对国家政权机关的领导，善于通过国家政权机关实施党对国家和社会的领导。

六是增强群众工作本领。要创新群众工作体制机制和方式方法，既服务群众，又带领群众坚定不移贯彻落实党的理论和路线方针政策，把党的主张变为群众的自觉行动，组织动员广大人民群众坚定不移跟党走。

七是增强狠抓落实本领。要把党的十九大确定的宏伟蓝图变为现实，关键就是要狠抓落实。要坚持说实话、谋实事、出实招，把雷厉风行和久久为功有机结合起来，勇于攻坚克难，以“钉钉子精神”做实做细做好各项工作。

八是增强驾驭风险本领。当今世界国际力量对比发生新的变化，我国发展面临的国际环境更加严峻复杂。改革进入深水区，经济发展进入新常态，各种矛盾叠加，风险隐患集聚。这就要求我们健全各方面风险防控机制，善于处理各种复杂矛盾，勇于战胜前进路上的各种艰难险阻，牢牢把握工作主动权。

党的领导地位和执政地位不是与生俱来的，也不是一劳永逸的，过去拥有不等于现在拥有，现在拥有不等于永远拥有。昨天的成功并不代表着今后能够永远成功，过去的辉煌并不意味着未来可以永远辉煌。以史为鉴可以知兴替。为了中华民族的伟大复兴，党必须勇于进行自我革命，全面增强党的执政本领，以领导人民进行伟大社会革命。

第三部分　教学拓展

一、课后思考

1. 如何理解中国共产党是中国特色社会主义最本质的特征和制度的最大优势？

2. 如何理解党在新时代的历史使命？

3. 如何理解党是最高政治领导力量？

二、备课参考

1. 习近平：《在庆祝中国共产党成立95周年大会上的讲话》，人民出版社2016年版。

2.《习近平关于全面从严治党论述摘编》，中央文献出版社 2016 年版。

3.《中国共产党的领导是中国特色社会主义最本质的特征》，《习近平谈治国理政》第二卷，外文出版社 2017 年版。

三、实践活动

1. 主题演讲

内容：不忘初心砥砺前行——纪念中国共产党成立 100 周年。

目的：展示大学生精神风貌，为纪念中国共产党建党一百周年，回顾党的奋斗历史带给我们的启发，讴歌党的光辉业绩，充分展示共产党员的精神风貌和时代风采。

操作：以小组为单位，指定召集人 1 名；认真准备，积极发言，写实记录；在讨论的基础上，撰写小组总结，进行班级交流。

2. 校园调研

内容：依据中国共产党的性质、宗旨等课堂学习，调研你身边的一名优秀共产党员。

目的：采访身边优秀共产党员对于中国共产党的性质、入党体会等问题的认识，加深大学生对党的领导的正确认识

操作：以小组为单位，进行问卷调查和个案访谈，撰写一篇优秀共产党员人物访谈的报告，字数不低于 2000 字，并在班级进行交流。

3. 合作学习

内容：查找与建党 100 周年优秀共产党员先进事迹的案例。

操作：

（1）分小组。为便于共同完成学习任务组建学习小组，小组成员以 8-10 人为宜，选出小组长。

（2）组长安排好任务分工。做好学习案例的整理，总结学习案例。

（3）学习小组 PPT 展示。各小组在案例的基础上，做好 PPT，与同学们分享心得。

后　记

本书以2021版修订的《毛泽东思想和中国特色社会主义理论体系概论》教材为依据，结合河北科技大学马克思主义学院上线爱课程网“中国大学MOOC”的“毛泽东思想和中国特色社会主义理论体系概论”在线开放课程讲义编撰而成。本书的出版是近年来河北科技大学马克思主义学院深化思政课改革的成果之一，是“毛泽东思想和中国特色社会主义理论体系概论”教研室集体智慧的结晶。我们秉承以学生为本、为教师服务的理念，结合多年的教学实践，尝试为各位同人呈现一本能够满足教师教学需要，由多样化的教学方法和教学方案组成的教学参考书。

本书结构由河北科技大学“毛泽东思想和中国特色社会主义理论体系概论”教研室共同商定。本书初稿完成后，由马进军、王文芳、焦艳统稿，马进军定稿。各章执笔人（以所撰章节先后为序）：导论：马永耀；第一章：刘敏华；第二章：侯云霞；第三章：李东雷；第四章：李东雷；第五章：黄彩英；第六章：马进军；第七章：武扬帆；第八章：王莉、马永耀；第九章：黄彩英；第十章：马永耀、王莉、马进军；第十一章：焦艳；第十二章：王文芳；第十三章：马进军；第十四章：武扬帆。

本书在编写过程中，教学概况部分和教学拓展部分，参考了马克思主义理论研究和建设工程重点教材配套用书《毛泽东思想和中国特色社会主义理论体系概论》部分内容，教学转化部分参考了许多专家学者的相关研究成果，有的未一一注明，谨此一并感谢。疏漏之处，敬请有关专家和广大读者指正，以便今后进一步修改、完善和提高。

编者

2021年10月26日